Wassersportrevier Adria
von Slowenien bis Montenegro

Wolfgang Albrecht

Revierführer Kroatische Adria

Mit Slowenien und Montenegro

Wolfgang Albrecht

Revierführer Kroatische Adria

Mit Slowenien und Montenegro

Einbandgestaltung: Luis dos Santos

Titelbild: Dr. Peter Panse

Bildnachweis: Die Fotos und Kartenskizzen stammen vom Autor, ergänzt durch Beiträge meiner Frau sowie von den Mitseglern Dr. Peter Panse und Jürgen Türschmann, wofür ich mich sehr herzlich bedanke.

In diesem Revierführer sind die für den Wassersport relevanten Informationen der Tourismusverbände der Regionen und der Kroatischen Zentrale für Tourismus Zagreb eingearbeitet worden. Alle in den Kartenskizzen wiedergegebenen Angaben beziehen sich auf aktuelle, korrigierte kroatische Seekarten des Staatlichen Hydrographischen Institutes in Split. Die Skizzen sollen der schnellen situationsbezogenen Orientierung des Schiffsführers und der Crew dienen, nicht zur eigentlichen Navigation. Die darin enthaltenen Informationen und Daten dürfen nur in Verbindung mit den entsprechenden Seekarten bzw. Küsten- und Hafenhandbüchern verwendet werden, auf die stets verwiesen wird.
Alle in das Buch aufgenommenen Angaben wurden vom Autor sorgfältig recherchiert. Bei der Fülle der Einzelinformationen sind Irrtümer jedoch nicht ganz auszuschließen. Trotz gewissenhafter Bearbeitung kann weder vom Autor noch vom Verlag eine Gewähr für die aktuelle Richtigkeit aller Details und die Vollständigkeit der Angaben übernommen werden.
Zum Zwecke der direkten und sofort nutzbaren Informationen wurden z.B. Adressen und Telefonnummern von Werften genannt. Dies geschieht ohne Kenntnis der betreffenden Unternehmen und es handelt sich nicht um Werbung oder Bevorzugung.

Eine Haftung des Autors oder des Verlages und seiner Beauftragten für Personen-, Sach- und Vermögensschäden ist ausgeschlossen.

ISBN 978-3-613-50647-3

Copyright © 2011 by Verlag pietsch, Postfach 103742, 70032 Stuttgart.
Ein Unternehmen der Paul Pietsch Verlage GmbH & Co.

1. Auflage 2011. Dieses Buch ist eine vollständig überarbeitete und aktualisierte Neuauflage der Ausgabe von 2007 (erste Auflage 2001, zweite Auflage 2003).

> Sie finden uns im Internet unter:
> www.pietsch-verlag.de

Nachdruck, auch einzelner Teile, ist verboten. Das Urheberrecht und sämtliche weiteren Rechte sind dem Verlag vorbehalten. Übersetzung, Speicherung, Vervielfältigung und Verbreitung einschließlich Übernahme auf elektronische Datenträger wie DVD, CD-ROM, Bildplatte usw. sowie Einspeicherung in elektronische Medien wie Bildschirmtext, Internet usw. sind ohne vorherige schriftliche Genehmigung des Verlags unzulässig und strafbar.

Lektorat: Angela Saur
Innengestaltung: TEBITRON GmbH, 70839 Gerlingen
Druck und Bindung: Offizin Andersen Nexö Leipzig, 04442 Zwenkau
Printed in Germany

Inhalt

Einführung — 12

Die Adria — 13
Wissenswertes von A bis Z — 15

Teil 1: Slowenien — 18

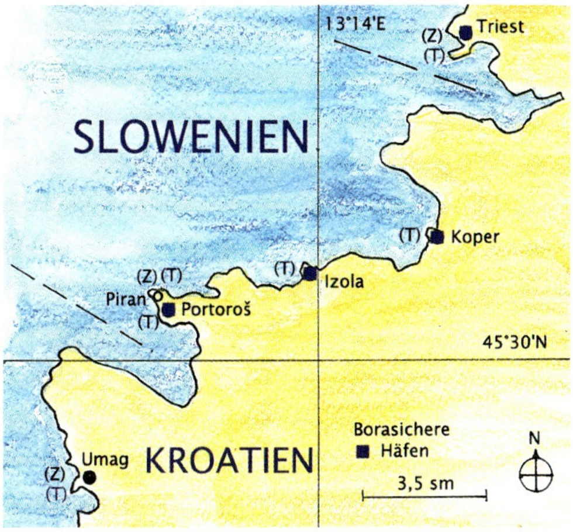

Hafen Piran — 18
Marina Portorosž — 20
Marina Izola — 21
Marina Koper — 21

Teil 2: Die Küsten Istriens — 22

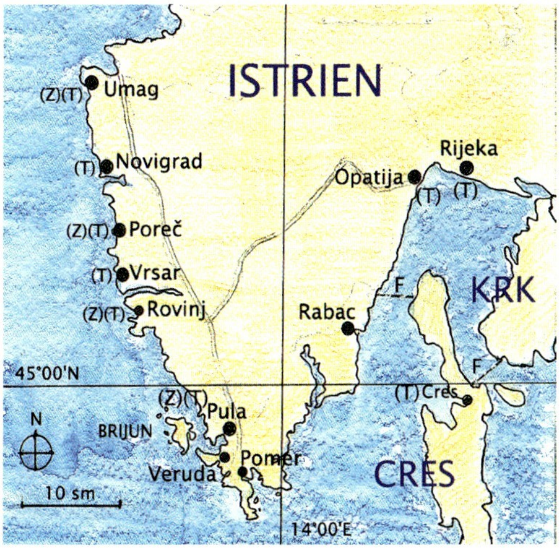

Die Westküste von Istrien — 23
ACI-Marina Umag — 26
Marina Nautica Novigrad — 27
Marina Poreč — 28
Marina Funtana — 29
Marina Vrsar — 29
Der Limski-Fjord — 31
Marina Valata — 31
ACI-Marina Rovinj — 32
ACI-Marina Pula — 34
Marina Veruda — 36
Der Brioni-Nationalpark — 36
ACI-Marina Pomer — 38
Rabac — 39

Die Ostküste von Istrien — 40
ACI-Marina Opatija — 40
Lovran — 42
Mošćenice — 42
Rijeka — 43

Teil 3: Die westlichen Inseln im Kvarner — 44

Der Kvarner-Golf — 44

Insel CRES — 46
ACI-Marina Cres — 51
Beli — 55
Valun — 56
Lubenice — 58
Die Zanja-Bucht (Blaue Grotte) — 59
Hafen Martinšcica — 60
Osor — 62

Insel LOŠINJ — 65
Marina Nerezine — 66
Veli Lošinj — 67
Rovenska — 69

Insel ILOVIK — 70
Balvanida- und Krivica-Bucht — 71
Čikat-Bucht — 71
Artaturi-Bucht — 72
Mali Lošinj — 72
Marina Mali Lošinj — 74
Stadthafen M. Lošinj — 75

Kloster Glavotok	88
Hafen Omišalj	88
Hafen Malinska	88
Hafen Baška	90
Bracol-Bucht	90
Hafen Vrbnik	91

Insel RAB	**92**
ACI-Marina Supetarska Draga	93
ACI-Marina Rab	95

Insel PAG	**98**
ACI-Marina Šimuni	99
Der Velebitski-Kanal und die Bora	100

Insel UNIJE	**76**
Maračol-Bucht	77

Insel SUSAK	**77**
Hafen Susak	78
Jadriščica-Bucht	80
Kolorat-Bucht	81
Koromačna-Bucht	81

Teil 4: Die östlichen Inseln des Kvarner 82

Insel KRK	**82**
Marina Punat	84
Hafen Krk Stadt	87

Teil 5: Zadar und seine Inseln — 102

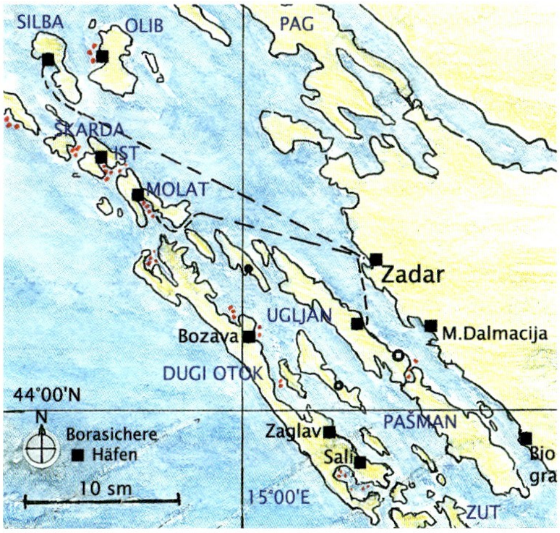

Nin 104

Region Zadar — 104
Marina Borik — 106
Tankerkomerc Marina Zadar — 106
Die historische Stadt Zadar — 107

Insel UGLJAN — 111
Hafen Ugljan — 112
Marina Sutomišcica — 112
Marina Preko — 113
Mala Lamjana-Bucht — 113
Marina Kuklijca — 113

Insel PAŠMAN — 114
Hafen Pašman — 114
Uvala Soline — 114
Landin-Bucht — 115
Zincena-Bucht — 115
Sv. Ante-Bucht — 115
Triluke-Bucht — 115
Hafen Tkon — 115

Insel VRGADA — 115
Die Ždrelac-Enge — 116

Insel IŽ — 117
Marina Iž Veli — 117

Insel SESTRUNJ — 118

Insel MOLAT — 120
Brgulje-Bucht — 120

Insel IST — 120
Marina Ist — 121
Hafen Zapuntel — 121

Insel SKARDA — 121

Insel PREMUDA — 122
Hafen Krijal — 122

Insel SILBA — 123

Insel OLIB — 123
Hafen Olib — 124

Insel DUGI OTOK — 125
Marina Veli Rat — 126
Sakuran-Bucht — 127
Hafen Božava — 127
Hafen Brbinj — 128
Lučina-Bucht — 128
Bok-Bucht — 128
Luka — 129
Marina Sali — 129

Insel RAVA — 129

Teil 6: Die KORNATEN — 130

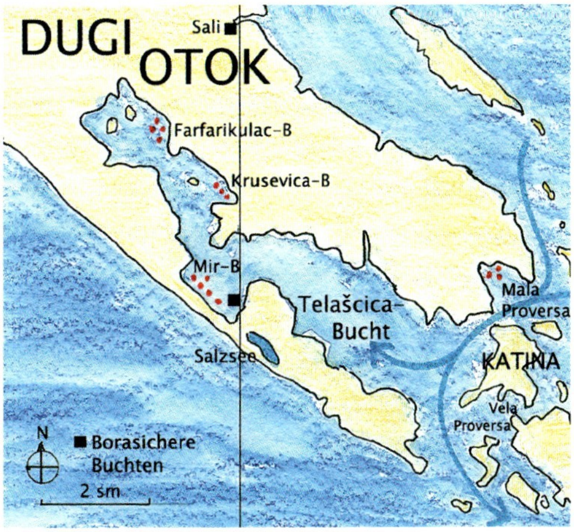

Der KORNATI-Nationalpark — 130

Inhalt

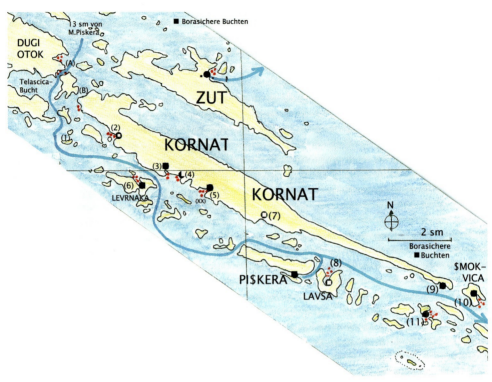

Liegeplätze in der Telašcica-Bucht	**133**
ACI-Marina Piskera	136
Insel ŽUT	**137**
ACI-Marina Žut	137
Teil 7: Region Šibenik	**138**
Nationalpark Plitvitzer Seen	140
Marina Dalmacija	141
Marina Kornati Biograd	142
Biograd	142
Vrana-See	142
Insel MURTER	**143**
Marina Hramina	144
Marina Betina	144
Tisno-Passage	145
ACI-Marina Jezera	145
Marina Tribunj	147
ACI-Marina Vodice	147
Der Sv. Ante-Kanal	149

Šibenik	**149**
Marina Mandalina	151
Skradin	152
ACI-Marina Skradin	154

Insel PRVIC	**156**	**Makarska-Riviera**	**182**
Hafen Zlarin	156	Marina Brela Soline	183
		Marina Baška Voda	183
Insel KAPRIJE	**156**	Hafen Makarska	184
Hafen Kaprije	157	Marina Tučepi	184
Mali Nozdra-Bucht	157	**Insel BRAČ**	**185**
Insel KAKAN	**157**	ACI-Marina Milna	186
Potkucina-Bucht	158	Marina Vlaska	187
		Lucice-Bucht	187
Insel ŽIRJE	**158**	Bobovišce-Bucht	187
Stupica Vela-Bucht	158	Stipanska-Bucht	187
Tratinska-Bucht	158	Hafen Bol	188
Primošten	161	Hafen Pučišca	189
Marina Kremik	163	Povlja-Bucht	190
		Blača-Bucht	190
Insel ROGOZNICA	**163**	Studena-Bucht	190
Marina Frapa	164	Nedelja-Bucht	192
Marina Vinišce	165	Zarace-Bucht	192
Marina Agana	165	**Insel HVAR**	**193**
VELI und MALI DRVENIK	**166**	Smarska-Bucht	193
Marina Zirona	166	Zaglav-Bucht	193
Krknjasi-Bucht	166	Sučuraj-Bucht	193
		Insel ŠCEDRO	**194**
		Lovišce-Bucht	194
Teil 8: Mitteldalmatien	**167**	Manastir-Bucht	194
		Hafen Jelsa	195
		ACI-Marina Vrboska	196
		Hafen Starigrad	197
		Riva Hvar	199
		Die PAKLENI-Inseln	**201**
		Insel MARINCOVAC	201
		ACI-Marina Palmižana	202
		Vinogradišce-Bucht	202
		Soline-Bucht	203
ACI-Marina Trogir	170		
Marina Kaštela	172	**Teil 9: Süddalmatien**	**204**
ACI-Marina Split	173		
Clubhafen JK Split Spinut	174	**Insel VIS**	**205**
		Mala und Vela Travna	205
Insel ŠOLTA	**180**	Uvala Ruda	205
Hafen Maslinica	180	Komiža	206
Šešula-Bucht	180		
Nečujam-Bucht	180		
Stomorska-Bucht	180		
Hafen Omiš	182		

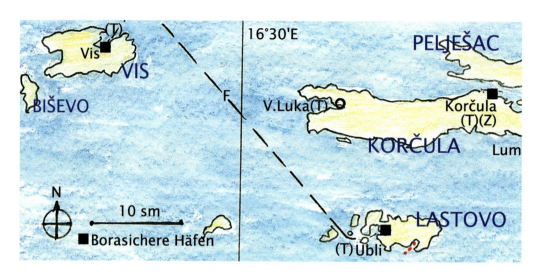

Insel BIŠEVO	**207**	Marina Lumbarda	215
Riva Vis	208	Kneza-Bucht	215
Stonica-Bucht	208	Pupnatska Luka	215
Insel KORČULA	**209**	**Insel LASTOVO**	**216**
Hafen Vela Luka	209	Marina Solitudo	217
Grscica-Bucht	210	Zaklopatica-Bucht	218
Prizba-Bucht	210		
Triluke-Bucht	210	**Halbinsel PELJEŠAC**	**218**
ACI-Marina Korčula	212	Orebic	219

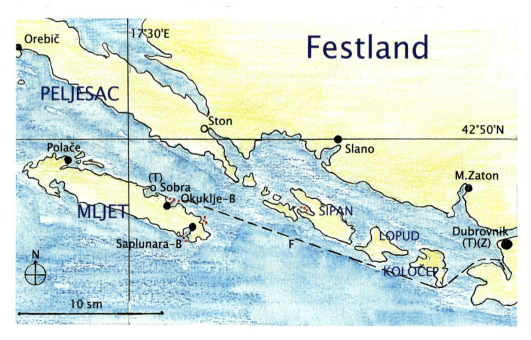

Der Stonski-Kanal	219	Marina Sv. Nikola/Bar	243
		Ulcinj	244
Insel MLJET	221		
Nationalpark MLJET	221		
Hafen Polače	222	**Weitere Informationen**	
Pomena	222	**zum Törn**	**245**
Sobra-Bucht	223		
Prozura-Bucht	223		
Okuklje-Bucht	223	**Stichwortregister**	**252**
Podskolj-Bucht	223		
Saplunara-Bucht	223		
ELAFITI-Inseln	224		
Insel ŠIPAN	224		
Šipanska Luka	225		
Insel LOPUD	226		
Dubrovnik	227		
ACI-Marina Miho Pracat	228		
Der Trsteno-Naturpark	232		
Hafen Cavtat	232		

Teil 10: Montenegro 234

Yachthafen Herzeg Novi	237
Kotor Marina	238
Marina Prcanj	241
Marina Tivat	241
Marina Porto Montenegro	241
Marina Budva	242
Sv. Stefan	242

Einführung

Film »Anreise und Überblick« zum Herunterladen unter **http://filme.pietsch-verlag.de/50647/**

Dieser Törnplaner und nautische Reisebegleiter ist ein Ratgeber für Einsteiger und Wiederentdecker des Wassersportgebietes der Adria, für Segler und Motorskipper, die hier zum ersten Mal eine Yacht gechartert haben und gleichermaßen auch für Schiffseigner, die bestimmte Adriareviere noch nicht oder nicht mehr gut kennen und sich mit den persönlichen Erfahrungen und Empfehlungen eines langjährigen Adriaseglers an Bord einfach wohler fühlen. Bitte vergessen Sie nicht, es hat sich in den letzten 20 Jahren enorm viel verändert. Demzufolge habe ich diese Ausgabe auch um die angrenzenden Sportboothäfen von Slowenien im Norden und Montenegro im Süden erweitert, da immer mehr Skipper diese Gewässer befahren wollen. Das Buch soll helfen, die wertvollen Urlaubstage, die Sie zwischen den Inseln und der Küste verbringen wollen, durch praxisbezogene und aktuelle Informationen so erlebnisreich wie möglich zu gestalten.

Der Revierführer enthält in zehn in sich abgeschlossenen Teilen alle Marinas und die aus meiner Sicht für Sportboote geeigneten Häfen sowie eine Auswahl von Buchten, wo man gut ankern oder das Schiff über Nacht an eine Boje legen kann. Die Idee, die sich durch alle Kapitel zieht, heißt »Fahrtensegeln ist mehr«, mehr als nur von A nach B zu segeln. Sie finden deshalb für viele der beschriebenen Ansteuerungspunkte nicht nur seglerisch wichtige Hinweise, sondern auch detaillierte Informationen zu Wanderungen, Ausflügen mit dem Fahrrad, das man sich an vielen Orten leihen kann, oder für einen Besuch von Theater- und Musikveranstaltungen. Weiterhin gebe ich nachvollziehbare Anregungen zu Tauchausflügen oder interessanten Spaziergängen durch mittelalterliche Städte sowie zu Gaststätten mit mediterranem Ambiente.

An dieser Stelle soll aber auch darauf hingewiesen werden, dass dieser Revierführer trotz der Fülle der gebotenen Daten eine aktuell korrigierte Seekarte nicht ersetzen kann und will, auch die Skizzen und Informationen für die Anfahrt eines Hafens oder einer Bucht wurden auf das praktisch Notwendige reduziert.

Die Texte und alle Zeichnungen enthalten deshalb ausschließlich solche Fakten und Hinweise, die für die Ansteuerung des Zielhafens relevant und für den Bootsführer direkt umsetzbar sind. Zum leich-

Traumrevier kroatische Adria.

teren Anlaufen von Häfen und Orten habe ich dieser Auflage viele Skizzen beigefügt, die Ihnen schon vor der Anfahrt eine Vorstellung von den Liegeplätzen geben sollen. Für weitere Details wird immer wieder auf Hafen- und Küstenhandbücher verwiesen. Wenn Sie dann Ihren Liegeplatz erreicht haben, wollen Sie vielleicht wissen, ob ein Schiffsservice oder eine Tankstelle vorhanden ist, wo sich eine empfehlenswerte Gaststätte befindet, um den Abend in entspannter Atmosphäre verbringen zu können, oder ob es im Ort eine Apotheke oder einen Supermarkt gibt, usw. Diese Angaben sind alle den blau hinterlegten Hafenbeschreibungen zu entnehmen. Weiter habe ich Hinweise eingefügt, die immer dann für Sie interessant sein können, wenn Sie einen Hafentag einlegen wollen (oder eine heftige Bora Sie dazu zwingt). So ergibt sich Zeit, um mehr vom Land, der Kultur und den Spezialitäten aus Keller und Küche der Region kennen zu lernen. Ausführlich beschreibe ich solche Empfehlungen in den Abschnitten mit dem Symbol ⌂.

Die Adria

Nach vielen Jahren Segelpraxis in den Gewässern von Koper bis Dubrovnik und vielen Vergleichsmöglichkeiten weltweit möchte ich meine These erneuern: Die östliche Adria ist für mich die »Karibik Europas« (auch wenn der direkte Vergleich nicht möglich ist). Dazu kommt, dass dieses schöne Wassersportrevier mit ca. 6000 km Küstenlinie praktisch vor unserer Haustür liegt. Mehr als 1800 km beträgt ihre Länge am Festland entlang, dazu kommen 1185 kleine und große Inseln allein vor der Küste Kroatiens.

Die Bevölkerungsdichte diese Gebietes ist extrem dünn. Von den insgesamt 4,4 Millionen Einwohnern leben weniger als 2 Millionen entlang der Küste oder auf den Inseln der Adria. Wobei sich diese Zahl wiederum auf wenige Städte konzentriert, wie Pula, Rijeka, Zadar, Split und Dubrovnik. Das mediterrane Klima ermöglicht es, dieses Seerevier bis in den November hinein zu befahren. Einmalig in der Welt ist die große Anzahl gut eingerichteter Sportboothäfen. Fast 60 Marinas existieren schon heute und weitere sind im Bau oder in der Planung. Daneben gibt es eine große Anzahl kommunaler Häfen und geschützter Buchten mit Moorings, teilweise sogar mit Anschlüssen für Strom und Wasser.

Darüber hinaus werden jetzt mehr und mehr Buchten mit Festmachebojen ausgerüstet, die bei größtmöglicher individueller Freiheit auch bei Wetterverschlechterung ein recht sicheres Liegen ermöglichen, denn die Anker halten auf Grund der Bodenbeschaffenheit der Buchten oft nicht besonders gut und bei auffrischenden Winden ist dann die Sicherheit des Schiffes und der Besatzung nicht mehr voll gegeben.

Die Küsten, an denen Sie vorbeisegeln oder die Buchten, wo Sie ankern, haben extrem sauberes Wasser, die Inseln sind größtenteils mit üppiger mediterraner Vegetation bedeckt und dünn oder gar nicht besiedelt. Dort findet man vorwiegend dichten Machia-Bewuchs, von Wacholder-, Lorbeer- und Ginsterbüschen durchzogen und dazwischen Thymian, Salbei, Minze und Myrte.

Dieses Land entlang der Adria mit seiner buchtenreichen Felsküste war schon lange vor unserer Zeitrechnung besiedelt und seitdem immer wieder im Blickfeld der Mächtigen des Abend- und Morgenlandes. Um dieses Küstenland haben schon viele Völker gestritten und Kriege geführt. Wichtige Einflüsse, die wir noch heute spüren, haben die Goten, Römer, Byzantiner und vor allem die Venezianer in der Kultur, den Bauwerken und mit dem Wein hinterlassen. All das wird Ihnen auf Ihren Törns begegnen.

Wenn Sie Ihr eigenes Boot aus Slowenien, Mazedonien oder Italien einführen, müssen Sie für die Einklarierung zur Zeit unbedingt den nächsten kroatischen Hafen anlaufen. Diese staatlichen Be-

Die kroatische Adria wird zu Recht »Karibik Europas« genannt.

hörden finden Sie in Umag, Poreč, Rovinj, Pula, Rijeka, Mali Lošinj, Zadar, Šibenik, Vela Luka, Korčula, Ubli und Gruž (Dubrovnik). Dort müssen Sie eine Vignette kaufen, die ein Jahr lang gültig ist.

Wo es etwas zu sehen und zu erleben gibt, wird Sie mein Revierführer hinführen. Dazu werden Sie immer wieder feststellen, dass ich vermeide, Ihnen Häfen vorzuschlagen, die aus verschiedenen Gründen für einen Urlaubstörn weniger geeignet sind oder wo es einfach nichts zu sehen oder zu erleben gibt. Außerdem habe ich mir dort Einschränkungen auferlegt, wo es wegen der unberechenbaren Wetterverhältnisse leicht kritisch werden könnte. Dazu gehören Häfen und Buchten im Velebitkanal und solche, die wegen größerer einheimischer Fischerflotten für Sportboote nicht geeignet sind, weil es an Liegeplätzen fehlt. Folgen Sie einfach den meist umfassend beschriebenen Empfehlungen in diesem Revierführer und Sie werden Ihrem Segeltörn unvergessliche Erlebnisse hinzufügen: Bilder von blühenden Lavendelfeldern, von mittelalterlichen Kreuzgängen oder Begegnungen mit den Menschen Dalmatiens. Sagen Sie einfach »dobre dan« zu Kroatien, und Sie werden mit offenen Armen empfangen.

Damit Sie Ihre Törns voll genießen können, habe ich für Sie in der folgenden Rubrik »Wissenswertes von A bis Z« die für Ihren Törn wichtigsten Informationen zusammengestellt. Damit sind Sie schon während der Planung auf viele Details vorbereitet.

Die imposante Küstenstraße schlängelt sich viele Kilometer entlang der Adria.

Im Anhang ab Seite 245 finden Sie noch viel Wissenswertes über das Revier und über das, was Sie an Land erwartet (z. B. »Welche Feiertage liegen in meiner Urlaubszeit?«, »Wie funktioniert die funkärztliche Beratung?«, »Sind die Hafenämter telefonisch zu erreichen?« und mehr.)

Und nicht vergessen, Neptun (und nur er!) erhält bald nach dem Ablegen einen großen Schluck!

Wissenswertes von A bis Z

Einen **Abstand von 50 m zur Küstenlinie** müssen Yachten unter 12 m einhalten, längere Schiffe halten sich mindestens 150 m von der Küste entfernt.

⌂ **Aktivitätsangebote an Land:** Sie finden hier Vorschläge für interessante Wanderungen, für Besuche von Konzerten unter freiem Himmel, Hinweise auf Tennisplätze, auf Ausleihmöglichkeiten von Fahrrädern und für den Notfall die Telefonnummer eines deutsch sprechenden Arztes oder Zahnarztes.

⊕ Die **Ansteuerungspunkte in den Skizzen** liegen bewusst 0,5 bis 1 sm vor dem Ziel, damit Sie Zeit genug haben, das Schiff fürs Anlegen vorzubereiten. Die hier genannten GPS-Positionen sind zur direkten Eingabe in das Gerät bestimmt. Wenn Sie diese Positionen in die Kroatische Seekarte einzeichnen wollen, muss die Länge um +0,3 Minuten (also nach Osten) verschoben werden. Die Breitenkorrektur ist so minimal (0,01′), dass sie vernachlässigt werden kann.

Das ≡ **Ambiente** einer Marina beruht auf meiner persönlichen Einschätzung.

ACI = (Adriatic International Club) ist der Name einer Kette von Sportboothäfen.

Anreise mit Gespann: Die Höchstgeschwindigkeit in Orten beträgt 50 km/h, auf Autobahnen 80 km/h.

Bora: siehe »Winde der Adria«, Seite 248 und »Sturmsichere Häfen«, Seite 16

(Z) bezeichnet in den Skizzen **Ein- und Ausklarierungshäfen**, siehe Seite 245.

Entfernungen: Zur leichten Törnplanung finden Sie in den einzelnen Kapiteln Tabellen für Entfernungen. Diese geben die Entfernung in sm auf dem Wasser zwischen zwei Häfen an.

Flughäfen im Törngebiet finden Sie in Pula, Zadar, Split, Dubrovnik sowie Sportflughäfen auf der Insel BRAČ und in Mali Lošinj.

Führerscheine: Für das Chartern einer Yacht benötigen Sie in Kroatien folgende Dokumente:
Deutschland: Sportbootführerschein, See- oder Bootsführerschein Klasse B bzw. C (Die Bodensee- und Rheinschifferpatente werden nicht anerkannt).
Österreich: Bestätigungen für die Küstenschifffahrt (Gebiet 2, 3 und 4).
Schweiz: B-Schein des CCS. Außerdem wird bei einem Crewmitglied (muss nicht der Charterer sein) ein Sprechfunkzeugnis vorausgesetzt.
Es gibt heute die Möglichkeit, kurzfristig (meist in einem Tag) einen nur in Kroatien gültigen Segelschein zu erwerben. Wenden Sie sich in diesem Fall an Ihr Charterunternehmen.

Funkanlage: Ist eine Funkanlage an Bord, muss ein Crewmitglied das Sprechfunkzeugnis besitzen. Das muss aber nicht der Schiffsführer oder -eigner zu sein.

Gefahrenstellen sind kleine Klippen oder Flachstellen, die von Bord aus u. U. nicht auf Anhieb erkennbar sind, hier gilt also besondere Vorsicht, insbesondere, wenn der Kiel länger als 1,20 m ist.

Gezeiten: Im Norden der Adria maximal 70, im Süden 30 cm. Sind also in der Regel zu vernachlässigen.

Haustiere können nach Kroatien eingeführt werden, Voraussetzung ist ein EU-Tierausweis und eine gültige Tollwutschutzimpfung. Für Hunde besteht Leinenpflicht.

Höchstgeschwindigkeiten in Buchten und Häfen betragen 4 kn.

Liegegebühren unterteile ich in A = hochpreisig, B = mittlere Preisklasse und C = moderat. Ortshäfen ohne Service und Buchten mit Bojen liegen meist deutlich darunter.

Marina-Standard: Zur Beschreibung der Ausrüstung von festen Anlegeplätzen habe ich den Begriff »Marina-Standard« eingeführt. Jeder Anleger, der diese Klassifizierung aufweist, bietet neben Moorings, Strom und Wasser am Steg auch Sanitäranlagen (Duschen, WC) sowie meist eine Gaststätte und einen Reparaturservice.

Weiterhin existieren Einkaufsmöglichkeiten in der Nähe.

Meeresströmungen laufen in der Adria vom Ionischen Meer nordwärts bis in den Golf von Triest und wieder zurück. Diese Strömung hat eine geringe Geschwindigkeit von lediglich 6 sm pro Tag.

Namen von Inseln und Orten: Der größte Ort auf einer Insel führt oft den gleichen Namen wie die Insel selbst. Zur Unterscheidung werden in diesem Buch Inselnamen immer in VERSALIEN gedruckt.

Promillegrenzen: An Land 0,5 Promille, auf See 0 Promille!

Reitgewicht: Wenn Sie in einer Bucht auf herkömmliche Art ankern, empfehlen langjährige Adriaskipper einen zweiten Anker oder ein Reitgewicht auszubringen, da der Wind in der Nacht seine Richtung ändern und sich dabei zum Starkwind entwickeln kann. Ich habe in mehr als 20 Jahren sehr gute Erfahrung mit einem Reitgewicht gemacht. Sie können sich auf einem Charterschiff so helfen: Suchen Sie an Land ein paar große Steine, die es ja überall gibt, und packen Sie diese in ein Einkaufsnetz (alternativ: Beutel, Plastiksack o. ä., den Sie mit Löchern versehen). An den Griffen befestigen Sie einen großen Schäkel (oder ein Stück Leine), den Sie nach dem Setzen des Hauptankers über die Ankerkette/-leine auf den Grund herab lassen. Dieses Gewicht sollte etwa in der Mitte zwischen Hauptanker und Schiff den Ankergrund berühren.

Restaurantempfehlungen beruhen auf eigenen Erfahrungen und bedeuten in keinem Fall eine Herabsetzung hier nicht erwähnter Lokale.

Rivas sind Anlegebereiche in kommunalen Häfen, die uns Sportskippern zur Verfügung stehen, meist gibt es Moorings, heute vielfach auch Strom- und Wasseranschlüsse (Beispiel: Anlegepier Hvar auf HVAR).

Maximale Schiffsgeschwindigkeit: Wenn Sie dieser mehr theoretische Wert in Bezug auf die gecharterte Yacht interessieren sollte, benutzen Sie folgende Formel: 2,43 x Wurzel aus Länge der Wasserlinie (z. B. für eine 9-Meter-Yacht: 2,43 x 3 = 7 kn oder für 12 m: 2,43 x 3,5 = 8,5 kn).

Symbole der Liegeplätze

■ **Liegeplätze an Stegen mit Moorings** sind sichere Anlegepunkte, wie sie z. B. in Marinas angeboten werden.

● **Relativ gute Sicherheit** haben Sie an einem Steg ohne Moorings, wie man Sie vielfach vor Gasthäusern in Buchten findet.

● **Festmachebojen:** Das Schiff hängt an einem Betonblock, der am Grund der Bucht liegt.

⚓ **Ankerbuchten:** Die Sicherheit hängt davon ab, wie gut der Anker hält. Hier empfehle ich, ein Reitgewicht auszubringen, denn ein Wetterumschwung kann extrem schnell eintreten (s. Reitgewicht).

Schiffspapiere: Der Internationale Bootsschein des ADAC wird anerkannt.

Sicherheitsausrüstung: Rettungswesten für jedes Crewmitglied, Anker mit Kette oder Trosse, Paddel, Lenzeinrichtung, Feuerlöscher und Erste-Hilfe-Ausrüstung sind für jedes Wasserfahrzeug vorgeschrieben.

Sturmsichere Häfen (bei Bora) finden Sie auf den Abbildungen der Seiten 19, 23, 45, 92, 103, 119, 132, 134, 135, 139, 168, 204, 216, 221, 223, 224, 226, 234.

Tankstellen haben in meinen Skizzen und Beschreibungen dieses Zeichen: (T).

Uhrzeiten sind Ortszeiten (MEZ).

Die **Wasserqualität der Adria** ist sehr hoch, das Revier ist mit dem Öko-Label »Blaue Flagge« ausgezeichnet (siehe auch www.blaue-flagge.de).

Die **Wassertemperaturen** sinken im Winter selten unter 10° C und steigen im August kaum über 24° C.

Eine **Vignette** ist der Beleg für die Gebühr, die man bei der Einreise in kroatische Hoheitsgewässer zahlen und am Schiff sichtbar anbringen muss.

Die **Wassertiefe der Adria** nimmt von N nach S zu.

Wetterprognosen: In der Regel ist das Wetter im Sommer an der Adria warm und friedlich (manche sagen: zu friedlich), aber keiner kann Wetterkapriolen vorhersagen. Deswegen empfehle ich, die Wetterberichte regelmäßig abzuhören und insbesondere eine Borawarnung immer sehr ernst zu nehmen. (VHF-Kanäle 67, 69, 73). Die Zeiten entnehmen Sie bitte der entsprechenden Revierbeschreibung.

Offizielles Zahlungsmittel in Kroatien sind Kuna (HRK), der Wechselkurs (Stand 2011): 100 HRK entsprechen ungefähr 13 € und für 100 € tauscht man ca. 760 Kuna. In vielen Gasthäusern werden auch Euro akzeptiert.

Allgemeines zur Benutzung dieses Revierführers: Benutzen Sie die feste blaue Einlage mit vielen wichtigen Hinweisen, die dem Buch beiliegt, als Lesezeichen, dann haben Sie die wichtigsten Informationen immer zur Hand. Wenn Sie weitere Fragen haben oder vor Ihrem Törn aktuelle Änderungen und Neuerungen im Wassersportgebiet erfahren möchten, dann klicken Sie bitte auf www.kroatische-adria.info oder schreiben Sie mir eine Mail: w.d.albrecht@gmx.de
Am Schluss des Buches finden Sie ein umfangreiches Register, außerdem, wie schon angesprochen, viele generelle Informationen, die für Ihren Törn relevant werden können. Weiterhin habe ich die deutsche Übersetzung einiger kroatischer Ausdrücke eingefügt, die Sie auf Seekarten oder in Häfen finden sowie relevante Internetadressen und weiterführende Telefonnummern, die Ihnen bei der Vorbereitung evtl. dienlich sein können.
Ich glaube, Sie sehen schon jetzt, dieser nautische Reisebegleiter ist nicht für Ihr Bücherregal verfasst, er ist durch jahrelange Erfahrung gewachsen und für die Praxis geschrieben. Er soll Sie zunächst bei der Planung Ihrer Reise beraten und während des Törns immer griffbereit auf dem Navitisch liegen.

Nun wünsche ich Ihnen erst einmal viel Spaß bei der Auswahl Ihres Törngebietes an der Nahtstelle zwischen Orient und Okzident, wo Sie Ihren Urlaub verbringen wollen. Durch gute und umfassende Informationen machen Sie Ihre Reise zu einem einmaligen und spannenden Erlebnis.

Der Autor auf Törn.

Fahrtensegeln ist nach wie vor von den Launen des Meeres, des Wetters und durch viele Besonderheiten des Reviers mitbestimmt. Deswegen gehört zum vorliegenden Buch eine filmische Einführung des Autors in dieses faszinierende Wassersportrevier vor unserer Tür, die Sie im Internet unter **http://filme.pietsch-verlag.de/50647/** in einzelnen Kapiteln, jeweils entsprechend den Regionen im Revier herunterladen können. Hinweise zum Herunterladen der Filme finden Sie im jeweiligen Kapitel. Die Aufnahmen von insgesamt knapp einer Stunde Länge zeigen viele Szenen meiner Törns von Slowenien bis nach Montenegro ganz im Süden der Adria. Genießen Sie diesen Vorgeschmack auf Ihr nächstes Törnrevier im Süden Europas.
Zusätzliche Informationen über aktuelle Änderungen im Revier zwischen den Auflagen über behördliche Regelungen, wesentliche Neuerungen und Vorschriften finden Sie im Internet auf der Seite des Autors unter www.kroatische-adria.info.

Ihr Skipper-Doc
Wolfgang

Teil 1:
Slowenien

Film »Slowenien« zum Herunterladen unter
http://filme.pietsch-verlag.de/50647/

Das Land am nördlichsten Zipfel der Adria ist seit 2004 Mitglied in der EU-Gemeinschaft, nachdem es sich am 25.6.1991 von Jugoslawien getrennt hat. Slowenien ist ein kleines Land mit nur 2 Millionen Einwohnern, wovon allein 0,3 Millionen in der Hauptstadt Ljubljana leben. Dort befindet sich auch der internationale Flughafen. Reisende, die in Österreich, der Schweiz oder in Deutschland ansässig sind, benötigen bei der Einreise lediglich den Personalausweis.

Das Land hat nur eine kurze Küstenlinie, ganze 12 sm sind es von Koper bis zum Rt. Savudrija, der Grenze zu Kroatien.

Die offizielle Währung ist seit 2008 der Euro, die Zeit ist wie bei uns MEZ (UTC + 1h).

Der Einklarierungshafen ist Piran. Der betreffende Steg ist bei der Anfahrt gut zu erkennen, auf der kleinen Skizze ist er mit (Z) markiert. Wenn Sie bei wenig Betrieb für eine Nacht am Steg liegen bleiben dürfen, haben Sie Gelegenheit, schon den Abend nach Ihrer Ankunft hier zu verbringen und die ersten Schritte in diesem südlich-mediterranen Revier von Europa zu tun. Fragen Sie den Zollbeamten bei der Einklarierung, ob Sie eine Nacht bleiben dürfen.

Der markante Turm des Hl. Georg ist Ihr Wegweiser, und bald stehen Sie auf dem großen Hauptplatz, umrahmt von einem venezianischen Häuserensemble. Überqueren Sie den Platz und spazieren durch die schmalen Gassen weiter hinauf, dort finden Sie z. B. das Gasthaus Cisterne, wo Sie in schönem Ambiente gut bedient werden. Hinauf zur Kirche mit einem schönen Ausblick auf Ihr Segelgebiet ist es nun auch nicht mehr weit.

Um auf dem Wasserwege von Italien nach Kroatien einzureisen, ist es allerdings günstiger, gleich nach Umag zu halten, dem nördlichsten Einklarierungshafen für dieses Land.

Piran

Der kleine Hafenort Piran ist auf einem spitzen, in die Adria hinausragenden Felsvorsprung gelegen. Er wird schon im 7. Jh. als unter byzantinischer Herrschaft stehende Siedlung erwähnt. Geprägt wurde das Gebiet aber erst später durch 500 Jahre venezianische Oberhoheit. Im 18. Jh. trat dann die Habsburger Monarchie das Erbe an und konnte es

Hafen Piran
VHF-Kanal 17
■ Stegplätze mit Moorings, Strom und Wasser
≡ **Ambiente:** Vorgeschmack auf unser Urlaubsrevier.
Anfahrt: ⊕ **45°32,3'N-013°33'E**
Versorgung: An der Uferpromenade finden wir nette Cafés und Speiselokale direkt am Wasser (1) mit freiem Blick aufs Meer.

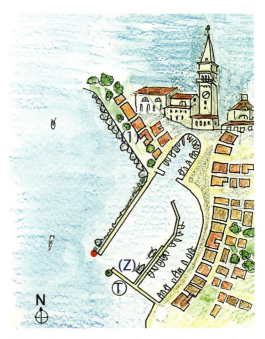

Hafen Piran. (Z) Ein- und Ausklarierung, (1) Uferpromenade, (T) Tankstelle.

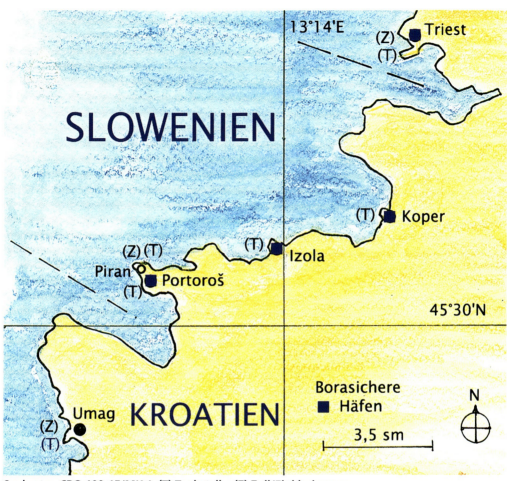

Seekarten CRO 100-15/MK 1. (T) Tankstelle, (Z) Zoll/Einklarierung.

bis zum Ende des Ersten Weltkrieges erhalten. Dann folgte eine Zeit der italienischen Herrschaft, bis nach dem Zweiten Weltkrieg die Stadt mit Umland zum damaligen Jugoslawien kam.

Ein Spaziergang durch die krummen Gassen von Piran ist ein Erlebnis, jetzt weiß man, dass man an der Adria angekommen ist. Die verwinkelte Altstadt ist heute ein reiner Fußgängerbereich.

Auf dem höchsten Punkt der Stadt erhebt sich der freistehende Turm der St. Georgskirche aus dem 17. Jh., er ist dem Campanile von Venedig nachempfunden und war seit Anbeginn das Wahrzeichen der Stadt. Von hier oben hat man einen freien Blick auf unser Revier, die Adria.

Auch wenn Sie nur kurz zum Ein- oder Ausklarieren angelegt haben, sollten Sie wenigstens bis zum Hauptplatz gehen, der mit schönen historischen Gebäuden und dem Teufelsgeiger-Monument sehr eindrucksvoll ist.

Wenn Sie etwas mehr Zeit haben, genießen Sie dort einen Cappuccino und lassen Sie das Stadtensemble aus einer früheren Zeit auf sich wirken. Sofort fällt uns der rote venezianische Palazzo mit Spitzbogenfenstern auf, er stammt aus dem 15. Jh. Von hier führen enge Gassen zu netten kleinen Plätzen und zwischen den schmalen Häusern findet man immer wieder Durchblicke hinaus auf die Adria.

Hauptplatz von Piran mit dem Standbild des Teufelsgeigers Giuseppe Tartini von 1704.

Marina Portorosž

650 Plätze, Tel.: 3865-676 1100, Fax: -676 1210, reception@marinap.si, VHF-Kanal 17, (T) Tankstelle
■ Stege mit Moorings, Wasser und Strom
≡ **Ambiente:** Sehr gut eingerichteter Segelhafen.
Anfahrt: 45°32,3'N-013°33'E
Versorgung: Am Liegeplatz: Marina-Standard, daneben ein schönes Restaurant, Café, Tennisplätze, Supermarkt, Fitness-Center, Golfanlage, technischer Service, alle weiteren Einkaufsmöglichkeiten und ärztliche Versorgung in der Stadt. Ganz in der Nähe der Marina wurde ein Sandstrand künstlich aufgeschüttet, auf dem man gegen eine kleine Gebühr in einem Liegestuhl erstes Adriagefühl erlangen kann.
Im nahen Ort gibt es Restaurants jeder Preisklasse, in Fußgängerentfernung z. B. das Zupanciceva (Tel.: 056-734111). Das sehr interessante Saline-Museum ist von 9 bis 18 Uhr geöffnet. Der nächste Flughafen ist Triest, 60 km entfernt, Ljubljana 150 km.

Portorosž

Im Gegensatz zum kleinen romantischen Piran ist die Stadt Portorosž ein lebhaftes und sehr exklusives Seebad und hat nach wie vor einen Hauch der Eleganz früherer Zeiten. Es wird Ihnen gleich an der prächtigen Promenade mit vielen großen Hotels und eleganten Geschäften auffallen. Bereits am Vormittag steigen elegante Damen aus ihrem Cabrio und flanieren auf den breiten Boulevards in ihr Café.

Markant ist die imposante Kulisse hoher Berge im Hintergrund, wodurch die Stadt so majestätisch wirkt. Man findet hier am Abend alle Möglichkeiten der Unterhaltung, bis hin zum Casino. Mit Fahrtensegeln hat das allerdings nichts zu tun.

Den großen Sportboothafen findet man nicht weit von der Hauptdurchgangsstraße entfernt, eigentlich unübersehbar.

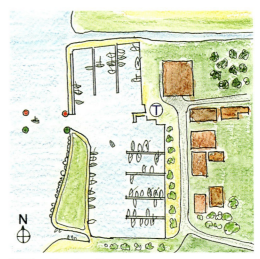

Marina Portorosž

Die prächtige Kulisse von Portorosž.

Izola
Izola ist ein bezauberndes Fischerdorf, nur wenige Kilometer von der italienischen Grenze entfernt mit vielen schönen mittelalterlichen Bauten in den engen Gassen, wie dem Uglu-Palast und der Basilika St. Maurus aus dem 16. Jh. Man kann noch erahnen, wie hier der Schwarzhandel mit Fisch, Meersalz, Öl und Wein einst blühte.

Marina Izola
600 Plätze/4,4 m, Einklarierung von Mai bis Oktober, Tel.: +386(5)662 5400
Fax: +386(5)662 5406, info@marinaizola.com
VHF-Kanal 17
■ Stege mit Moorings, (T) Tankstelle
≡ **Ambiente:** Großzügig, mit viel Flair und stadtnah.
Anfahrt: ⊕ **45°33'N-013°39'E**
Versorgung: Marina-Standard, Swimmingpool, im Ort alle Geschäfte für den täglichen Bedarf sowie Apotheke, Ärzte, Zahnarzt, Tennisplätze.

Marina Koper. (Z) Ein- und Ausklarierung, (T) Tankstelle

Marina Koper
75 Plätze/ 3,5 m, Tel.: 003865-6626100,
Fax: -6626162, info@marina-koper.si
www.marina-koper.si
VHF-Kanal 17
(T) Tankstelle
■ Stege mit Moorings, Strom und Wasser
≡ **Ambiente:** Marina mit direkten Anschluss an die mittelalterliche Stadt.
Anfahrt: ⊕ **45°33,4'N-013°43'E**
Versorgung : Am Liegeplatz Marina-Standard, im Ort: Apotheke, Ärzte, Ambulanz.

Koper
Koper ist die nördlichste und damit erste Marina in slowenischen Hoheitsgewässern, wenn man von Italien her anreist. Auf unserer »Buch-Reise« werden wir von Slowenien aus nun südwärts halten und Kroatien mit seinen mehr als tausend Inseln besuchen und dann weiter bis nach Montenegro segeln.

Marina Izola. (Z) Ein- und Ausklarierung, (T) Tankstelle.

Teil 2:
Die Küsten Istriens

Film »Istrien« zum Herunterladen unter
http://filme.pietsch-verlag.de/50647/.

Umfang des Reviers
Teil 2 beschreibt die Westküste Istriens von Umag im Norden bis zur Südspitze der Halbinsel PREMANTURA, die BRIJUN-Inseln sowie die Ostküste bis nach Opatija. Die slowenischen Häfen in diesem Teil der Adria sind im Teil 1 beschrieben.

Seekarten
Alle hier verwendeten Angaben beziehen sich auf die Kroatischen Seekarten Nr. 100-15, 16, 18 sowie die kroatischen Sportbootkarten MK 1-5.

Einreise
Für die Einreise auf dem Wasserwege oder über Land benötigen Sie ein Permit, das Ihnen beim Einklarieren ausgestellt wird. Das betrifft Boote ab 3 m und wenn der Antrieb 5 kW oder mehr hat, unabhängig von der Länge des Bootes. Es ist ein Jahr gültig. Die ungefähren Kosten betragen zur Zeit für 8 m Länge 100 €, für 10 m 140 € und für 11 m 160 €. Man muss unbedingt die erste Zollpier in Kroatien anlaufen, von Norditalien oder Slowenien kommend ist das die Marina Umag.

Seewetterberichte
Im Abstand von 10 Minuten sendet Pula Radio auf UKW-Kanal 73 und Rijeka Radio auf Kanal 69 Wettermeldungen, die man auch in deutscher Sprache empfangen kann. Eine Aktualisierung erfolgt täglich um 07:00, 13:00 und 19:00 Uhr. Ausführliche Vorhersagen erhält man von Rijeka-Radio in Englisch um 05:35, 14:35 und 19:35 Uhr auf UKW-Kanal 04, 20, 24 und 81.

Hafenhandbücher
Die Broschüre »808 Häfen und Buchten« von K.-H. Beständig, hier kurz »808 Häfen« genannt, Seite 8 bis 20 sowie das »Hafenhandbuch Mittelmeer Teil III Adria Nord«, hier folgendermaßen bezeichnet: z. B. IIIA D-1-a.

Die Halbinsel Istrien
Von der nördlichsten Huk von Kroatien bis zum Porer-Feuer beträgt die Länge des Dreiecks an der Westküste 45 sm, die Ostküste vom Porer bis nach Rijeka ist etwa 42 sm lang. Die Ufer sind sowohl im Westen als auch im Süden von Istrien flach, werden aber an der Ostküste nach Norden hin immer steiler und höher.
Wenn Sie bei der Anreise mit dem Pkw durch Istrien fahren, werden Sie schnell feststellen, wie abwechslungsreich und interessant die Landschaft ist. Die Straßen durchziehen kurvenreich enge Täler und überqueren Höhenrücken, die immer wieder weite Blicke freigeben. Und wenn man die Durchgangsstraße verlässt, ist man bald am Meer. Am Ufer der Adria angekommen, wird einem schnell klar, dass sich hier alles, aber auch wirklich alles um das Meer dreht, es ist der Mittelpunkt allen Lebens. Und spätestens ab jetzt können Sie sich gedanklich auf die schöne Zeit voller Unabhängigkeit auf der Adria einstellen.

Fischfang ist ein wichtiger Erwerbszweig.

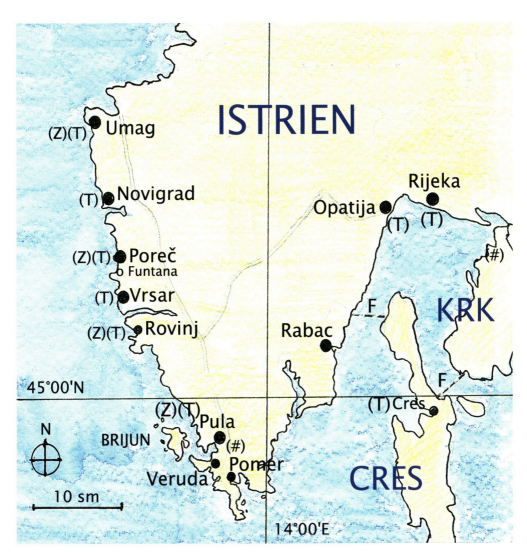

● Borasichere Häfen/Seekarten CRO 100-15, 16, 18/MK 2-5. (T) Tankstelle, (#) Flughafen, (Z) Zoll/Einklarierung, -F- Fähre zum Festland.

Die Westküste von Istrien

Wenn Sie von Norden her auf eigenem Kiel nach Kroatien anreisen, ist Umag der erste kroatische Hafen, in dem Sie einklarieren müssen; weitere Zollhäfen (ports of entry) sind Poreč und Rovinj und vom 1.4. bis 30.10. auch Novigrad bei Anreise aus südlichen italienischen Regionen. Umag müssen Sie zum Einklarieren anlaufen, wenn Sie aus Slowenien kommen. Nur 8 sm südlich der Staatsgrenze liegt die neue Marina Nautica, dicht bei der sympathischen kleinen Stadt Novigrad. Die alte Marina mit den ziemlich wackligen Schwimmstegen ist aufgelöst worden. Wenn Sie von dort weiter nach Süden halten, finden Sie dann nach 6 sm Poreč, ein Städtchen mit ausgesprochen mediterranem Flair und einem kulturellen Leckerbissen, der Euphrasius-Basilika. Im kleinen Ort Funtana existiert ein weiterer Sporthafen und noch etwas südlicher davon liegt die Marina Vrsar. Es wird viele freuen, die schon mal hier waren: Das Ambiente des kleinen Fischerdorfes ist trotz modernen Ausbaus nach wie vor urig-mediterran. Der durch Muschelbänke und Austernzucht bekannte Limski-Kanal zwischen Poreč und Rovinj ist ab der Mitte für Sportboote gesperrt, man sollte ihn ggf. bei der Anreise mit dem Auto besuchen und dort in einem der beiden Restaurants die frischen Erzeugnisse des Meeres probieren.

Die Bilderbuchstadt Rovinj, auf einer Halbinsel ins Meer hinaus gebaut, bietet in einer gut ausgerüsteten Marina sehr komfortable Liegemöglichkeiten.

Auf dem Weg nach Pula oder Veruda bleibt man weiter auf direktem Südkurs. Nach dem Feuer Sv. Ivan na Pučini kann man seinen Kurs nach Südosten korrigieren und auf Fažana zuhalten. Von hier wird der überwiegende Teil des Ausflugsverkehrs zu den BRIJUN-Inseln abgewickelt, wo der interessante Nationalpark besucht werden kann. Es sind die 14 großen und kleineren Inseln, die als Sommersitz von Tito berühmt geworden sind (mehr auf S. 36).

In oder vor Fažana gibt es kaum Anlegemöglichkeiten für Sportboote, deshalb ist ein Anlaufen dieses Ortes vom Wasser aus wenig ratsam.

Südlich von BRIJUN befindet sich dann die Einfahrt zum großen Naturhafen Pula. In dieser bedeutenden Stadt liegt eine Sportboot-Marina direkt zu Füßen der römischen Arena.

In den sich nach Süden hin anschließenden Buchten gibt es außerdem hervorragende Ankerplätze sowie in der langen Veruda-Bucht die sehr gut eingerichtete Marina Veruda.

Ganz am Ende der Halbinsel imponiert von weitem das Porer-Feuer, ein für die Großschifffahrt bisher enorm wichtiges Seezeichen. Studieren Sie bitte auf der Seekarte die vielen Untiefen, die zwischen dem Leuchtturm und dem Rt. Kršine liegen, gewissenhafte Navigation kann ich hier unbedingt empfehlen, im Zweifelsfalle lieber »außen herum« halten.

Die an der Westküste von Istrien gelegenen Häfen und Marinas sind ein idealer Ausgangspunkt für Törns zu den Inseln des Kvarner und weiter nach Dalmatien.

Die Anreise mit dem Auto ist komfortabler geworden, man hat ab der kroatischen Grenze jetzt fast durchgehend Autobahn und mit den Flughäfen Pula und Triest gibt es weitere ideale Anreisemöglichkeiten hierher.

Kulinarisches

Etwas Besonderes ist der **Käse von den Inseln** im Kvarner (CRES, LOŠINJ, KRK). Er wird aus Schafsmilch zubereitet, die hier auf diesen Inseln ein eigenständiges Aroma entfaltet. In Olivenöl eingelegt, kann er sich viele Monate halten.

Eine weitere Spezialität vieler kroatischer Köche ist es, Fisch oder auch Fleisch in eisernen Töpfen **unter der Backhaube** ganz langsam zu garen. Sehr beliebt ist Kalbshaxe, die mit Gemüse sowie mit mehreren Kräutern und Kartoffeln zubereitet wird.

Ob Sie Ihr eigenes Schiff trailern oder eine Yacht gechartert haben, die erwähnten Marinas an der Adria sind alle technisch gut ausgerüstet. Schon mit einem Wochentörn können Sie einen ganzen Teil der istrischen Küste für sich erkunden. Dort empfiehlt es sich z. B. die 2000 Jahre alte Basilika von Poreč zu besichtigen, und in Pula wartet ein Amphitheater der Römer auf Sie. Viel Raum ist aber auch überall für Erholung, Spaß und gutes Essen.

In schmalen Gassen und an schönen Plätzen finden Sie romantische Weinstuben und gute Gostionicas für ein typisches Abendessen.

Die Westküste von Istrien

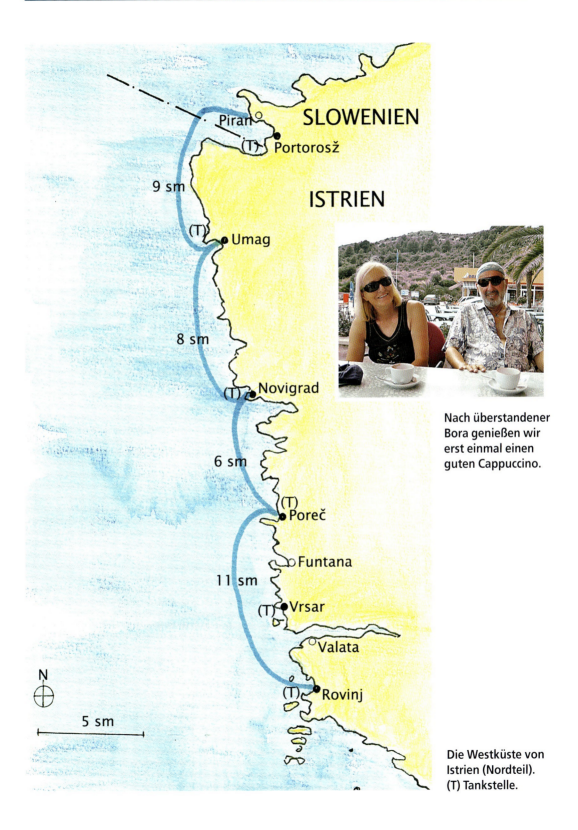

Nach überstandener Bora genießen wir erst einmal einen guten Cappuccino.

Die Westküste von Istrien (Nordteil).
(T) Tankstelle.

Umag

Der erste Segelhafen in kroatischen Gewässern ist die Marina Umag. Wenn Sie nach dem Anlegen noch etwas Zeit haben, schlendern Sie doch ein wenig durch die engen Gassen der mittelalterlichen Stadt, wo Sie u.a. noch Reste der Stadtmauer aus dem 14. Jh. finden. Sehenswert ist auch die Barockkirche Mariä Himmelfahrt und die Kirche St. Pelegrim mit schönem Holzaltar aus dem 15. Jh. Es gibt hier mehrere gute Fischrestaurants, die meisten mit Blick aufs Meer.

ACI-Marina Umag

490 Plätze, CRO 100-15, UKW-Kanal 17. Dieser Einklarierungshafen ist ganzjährig geöffnet.
Tel.: 052-741 066, Fax: 052-741 166,
m.umag@aci-club.hr, www.aci-club.hr.
(T) Tankstelle im Nordteil des Anlegebereiches.
■ Stege mit Moorings, Strom und Wasser
Liegegebühren: B
≡ **Ambiente:** Ein großzügiger Platz in einer kleinen Stadt.
Anfahrt: ⊕ **45°26,2'N-013°30,5'E.** Achtung, Untiefe Plicna Paklena NE der Zufahrt. (»808 Häfen«, S. 8)
Versorgung: Hier haben Sie Marina-Standard, ein gediegenes Restaurant (Tel.: 741 382), Wäscherei, WLAN, im Ort findet man Ärzte, Zahnärzte, ein Krankenhaus, Apotheke, Ambulanz (Tel.: 052-702 202). Weitere empfehlenswerte Gaststätte: Gostionica Istra (Tel.: 052-752 030). Flughafen Pula 80 km (Tel.: 530 111), Triest 70 km.
Alternativer Liegeplatz: Bojenfeld im großen Hafenbecken.

Marina Umag. (Z) Einklarierung, (T) Tankstelle.

Der Löwe, das Symbol der Macht Venedigs, wird uns nun stets begleiten.

Wir halten weiter nach Süden. Schon nach wenigen Seemeilen können wir in einem charmanten Küstenstädtchen festmachen, im alten Novigrad. Hier haben wir die Wahl zwischen einer neuen, großzügig ausgestatteten Marina mit allem Komfort, einer Anlegepier und vielen Bojenplätzen.

Novigrad

Die schöne alte Stadt Novigrad (Cittanova) hatte in venezianischer Zeit große Bedeutung. Reste von schweren Mauern zeugen noch heute davon. Teilweise sind sie gut erhalten geblieben. Wenn Sie durch den kleinen Ort spazieren und Gelegenheit haben, die Domkrypta zu besuchen, werden Sie dies schnell bestätigt finden. Novigrad ist ein beliebter Ferienort für Einheimische wie für Italiener. Im charmanten Ort finden Sie eine Reihe von Gaststätten, die an der Einfahrtsstraße friedlich nebeneinander bestehen. Ich besuche gern das Restaurant Damir i Ornela (Tel: 052-758 134), es ist eine sehr gute Wirtschaft mit familiärem Ambiente. Die Spezialität ist roher Fisch.

Wir sind nun in einem gut eingerichteten Segelhafen angelangt, der Marina Nautica Novigrad.

Marina Nautica Novigrad
360/4 m, CRO 100-15, Tel.: 052-600 480, Fax: 052-600 480, www.aci-club.hr, www.nauticahotels.com.
VHF-Kanal 17
(T) Tankstelle
■ Neue Schwimmstege, Strom und Wasser.
≡ **Ambiente:** Moderne Marina mit allem Komfort.
Anfahrt: 45°19′N-013°33′E
Liegegebühren: C
Versorgung: Marina-Standard, Internetzugang, Swimmingpool, Wellness-Centrum, Wäscherei, Hotel, Motorservice (Tel.: 052-758 080).
Alternativer Liegeplatz: Festmachebojen (s. Skizze)

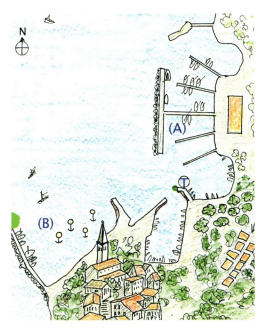

Marina Nautica Novigrad. (A) Anlegepier, (B) Bojenfeld, (T) Tankstelle.

Poreč
Nur wenige Seemeilen südlich von Novigrad kommen Sie zur Marina Poreč mit einem einmaligen kunsthistorischen Leckerbissen, der Euphrasius-Basilika.

In der Basilika aus dem 6. Jh.

Durch die steinbepflasterten Gassen der kleinen Altstadt mit Fassaden gotischer und Renaissance-Architektur gelangen Sie zu einem eindrucksvollen Bauwerk, der Euphrasius-Basilika aus sehr frühen Zeiten. Erlauben Sie sich mindestens eine Stunde für die Altstadt, die sehr malerisch auf einer Halbinsel gelegen ist. Auf der Hauptstraße aus römischen Zeiten beachten Sie bitte die spätgotischen Paläste und das romanische Haus aus dem 12. Jh. mit seinem umlaufenden Holzbalkon.

Vor mehr als 2000 Jahren, als Poreč die römische Kolonie Parentium war, eroberten die Byzantiner die Stadt und errichteten die Basilika, eine Perle der Baukunst, die ich Ihnen sehr ans Herz legen möchte. Besonders sehenswert sind die Mosaiken im Altarbereich, die durch großen Reichtum an Farbnuancen auffallen. Ich bin mir sicher, der alte Kirchenbau wird Ihnen als unvergessliches Erlebnis lange in Erinnerung bleiben (täglich von 8 bis 19 Uhr geöffnet).

Wie durch ein Wunder sind die prachtvollen Inkrustationen aus Marmor, Perlmutt und Emaille aus dem 6. Jh. erhalten geblieben. Der Altar mit seinem Baldachin stammt von 1277. Ich war schon oft hier, aber bei jedem Besuch entdecke ich neue Details.

Nicht weit von der Basilika entfernt finden Sie zwischen den alten Häusern aus Naturstein auch ein Café oder eine Gostionica, wo Sie sich bei einem Drink oder mehr stärken können.

Auf dem Weg von der Marina zur Basilika haben Sie sicher an der Hauptstraße auch den antiken fünfeckigen Verteidigungsturm gesehen, er ist erstaunlicherweise noch sehr gut erhalten geblieben.

Viele interessante Orte kann man auch mit den Jadrolinija-Fähren erreichen.

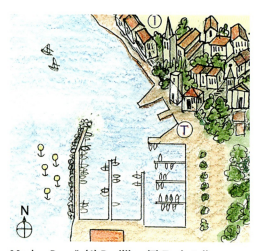

Marina Poreč. (1) Basilika, (T) Tankstelle.

Marina Poreč
100 Plätze/6 m CRO 100-15, UKW-Kanal 17
Tel.: 052-451 913, Fax: 052-451 050,
info@marinaporec.com, www.marinaporec.com.
(T) Tankstelle
■ Stege mit Moorings, Wasser und Strom
Liegegebühren: C
≡ **Ambiente:** Marina mit einem kulturellen Leckerbissen.
Anfahrt: ⊕ 45°13,7'N – 013°35,1E. Bei der Anfahrt aus Norden beachten Sie unbedingt die Untiefe Meja sowie von Süden kommend den Plič Bekarija. Hafenhandbücher: »808 Häfen«, S. 10. III AS-1 a/9.
Versorgung: Am Liegeplatz: Marina-Standard, Wäscherei. Im Ort Poreč findet man alle Geschäfte für den täglichen Bedarf, außerdem eine Ambulanz und weitere Ärzte (Tel.: 052-451 611, 431 700, 434 850). Zahnarzt: Tel.: 052-452 136. Motorenservice Tel.: 052-436 660. Gaststätten: Dicht bei der Basilika liegt das nette Lokal Barilla (Tel.: 052-452 742) und auch das Restaurant Petrokutua Kula im venezianischen Torturm bietet ein einmaliges Ambiente (Tel.: 052-451 378).
Alternativer Liegeplatz: ⊙ Festmachebojen vor der Marina. ■ **Marina Vrsar**, wenige Seemeilen weiter südlich.

Kulinarisches

Pasta mit geriebenem weißem Trüffel gibt es in dieser Gegend in vielen Gasthäusern. Der Trüffel kommt vorwiegend aus dem Wald bei Motovun im Tal der Mirna. Ein Gedicht, über Bandnudeln gerieben. Für die feinsten Stücke zahlt der Wirt bis zu 3000 € pro Kilo.
Eine Spezialität, nach der man fragen muss, sind **Sardinen vom Grill**. Wichtig dabei ist, dass sie erst in der Nacht zuvor gefangen worden sind, dann sind sie zum Mittag eine Delikatesse. Wenn Sie ein Liebhaber von Fischgerichten sind, sollten Sie einen Test machen.

Poreč/ Der Ort Vrsar

Zwischen Poreč und dem nächsten kulturellen Höhepunkt Ihres Istrien-Törns, Rovinj, liegen noch zwei weitere ruhige, gut ausgestattete Marinas, Marina Funtana und Marina Vrsar sowie der Limski-Kanal, in den man allerdings nur ein Stück weit einfahren darf (Seite 31).

Wegen der vielen Untiefen und unzähliger kleiner Felseninselchen in der Nähe der Küstenlinie sollte man zwischen Poreč und dem Limski-Kanal einen respektvollen Abstand zum Festland einhalten. Die Einfahrt nach Funtana ist durch Seezeichen gut gekennzeichnet.

Marina Funtana

180/3 m, CRO 100-15
UKW-Kanal 17, MK 2
Tel.: 052-428 500, Fax: 052-428 501,
funtana@.montraker.hr, www.montraker.hr
■ Stege mit Moorings (zweifach)
Liegegebühren: A
≡ **Ambiente**: Kleiner, recht ruhiger Hafen.
Anfahrt: ⊕ **45°11'N-013°36'E.** Da nur wenige Gastplätze zur Verfügung stehen, empfiehlt es sich, vor dem Anlaufen nachzufragen. Wegen der Untiefen ist die sicherste Anfahrt von Westen her nördlich der Insel SKOLJ mit Kurs 105°.
Versorgung: Marina-Standard, Wäscherei. Im Ort finden wir Postamt, Bankomat, Supermarkt und Ärzte, und in der Nähe des Hafens mehrere Konobas.

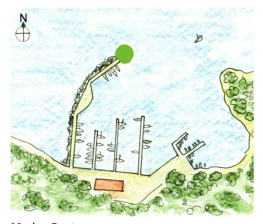

Marina Funtana.

Marina Vrsar

220/14 m, CRO 100- 15/ MK 2, Tel.: 052-441 052, vrsar@montraker.hr, www.montraker.hr
UKW-Kanal 17
(T) Tankstelle
■ Stege mit Moorings, Wasser, Strom
Liegegebühren: B
≡ **Ambiente:** Gut angelegte, moderne Marina gegenüber der historischen Altstadt
Anfahrt: ⊕ **45°09,12'N-013°36,0'E**. Hafenhandbücher: »808 Häfen«, S. 12. Bitte unbedingt die Seekarte zu Rate ziehen.
Versorgung: Marina-Standard, Wäscherei, Motorenwerkstatt (Tel: 052-441 250). Im Ort: Postamt, Bankomat, Supermarkt, Ärzte. Weitere Gaststätten: z. B. Konoba Stella mit Gartenterrasse oder Gostionica More (Tel.: 052-445 103). In verschiedenen Lokalen werden Gerichte mit frischen Trüffeln angeboten, die von speziell abgerichteten Trüffelhunden nicht weit im Hinterland aufgespürt werden.

Marina Vrsar. (T) Tankstelle.

Der Ort Vrsar

Wenn Sie vor dem Abendessen noch ein wenig Zeit haben, sollten Sie sich die interessante Kirche Sv. Marija aus dem 12. Jh. ansehen, sie zählt zu den schönsten romanischen Bauten in Istrien. Es ist auch möglich, den Glockenturm zu besteigen. Den nächste Liegeplatz finden wir in Rovinj.

Viele sichere Ankerbuchten (meist mit Bojen) warten an der Westküste Istriens.

Die Westküste von Istrien, Südteil. (T) Tankstelle, (#) Flughafen.

Die Hauptanziehungspunkte an diesem Küstenabschnitt sind Rovinj mit seinen Renaissance- und Barock-Palais und einer komfortablen Marina. In Pula erwartet uns ein gut erhaltenes römisches Amphitheater, annähernd so groß wie das in Rom.

Der Limski-Fjord

Bevor wir Rovinj erreichen, passieren wir noch einen eindrucksvollen Einschnitt ins Landesinnere. Der Kanal ist für Sportboote nur ein Stück weit befahrbar, der größte Teil ist für Yachten aller Art gesperrt. Wenn Sie nicht unter Zeitdruck stehen, könnten Sie ein Stück in den grünen Fjord einfahren, der an beiden Ufern von recht beachtlichen Bergrücken eingerahmt wird.

Die Gelehrten sind sich immer noch nicht einig, ob der Fjord das Bett eines längst ausgetrockneten Flusses ist oder eine enge lange Bucht der Adria. Heute jedenfalls betreibt man in dem Mischwasser sehr erfolgreich Muschelzucht. Wenn man bei der Anreise auf dem Landweg diesen Bereich mit einplant, kann man die frischen Erzeugnisse des Meeres gleich an Ort und Stelle genießen und z. B. auf der Terrasse des Restaurants Viking vom Urlaubstörn und dem ersten Schlag auf die Adria hinaus träumen.

Sollten Sie zur Marina Valata wollen, dann müssen Sie den Kanal benutzen, aber dabei gibt es einen anderen »Haken«: Dieser Segelhafen darf nur von einer vollständig textillosen Crew angelaufen werden, der Anleger ist eine FKK-Marina.

FKK-Marina Valata
150/5 m, Tel.: 052-811 033, Fax: 052-816
valata@valata.hr www.valata.hr
UKW-Kanal 17
■ Stege mit Moorings
Anfahrt: ⊕ **45°08'N-013°35'E**
Versorgung: Am Liegeplatz: Marina-Standard.

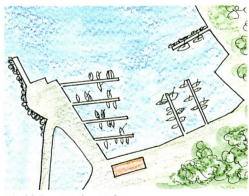

Die kleine Marina Valata.

Wir segeln weiter nach Süden, queren also den Fjord und sehen auch bald Rovinj vor uns, das sich zwei Seemeilen voraus imposant als Halbinsel weit in die Adria hinaus schiebt.

Rovinj ist immer noch eine sehr italienisch anmutende kleine Stadt, die unbedingt einen Stopp wert ist, auch die herrliche Kathedrale Sveta Euphemia sollten Sie nicht verpassen.

Rovinj

Vieles klingt hier noch italienisch, auch der meist gebrauchte Name der Stadt, Rovigno. Aber das ist nach 500 Jahren venezianischer Herrschaft wirklich kein Wunder!

Bereits von der Marina aus hat man einen herrlichen Blick auf die malerische Kulisse der Stadt,

Herrliche Blüten überall sagen uns, wir sind in Südeuropa angekommen. Nun geht es weiter nach Rovinj.

aber besser noch, man schlendert nach dem Anlegen durch die romantischen Gassen mit den kleinen Cafés und Bars. Die ganze Altstadt mit ihren Barock- und Renaissance-Palais wurde wegen der vielen gut erhaltenen Bauwerke aus dieser Zeit 1963 zum Denkmal erklärt. Lassen Sie einfach das Ensemble der Häuser und Plätze auf sich wirken! Gut zu wissen: Alle ansteigenden Gassen führen zur ebenfalls sehenswerten Kirche der Hl. Euphemia, die auf der Spitze des Stadthügels alles überragt. Berauschend ist der Blick von der Terrasse, die von uralten Zypressen umstanden ist, hinunter auf »unser Meer«. Die Wetterfahne oben auf dem Campanile zeigt uns ganz deutlich die Richtung des Windes, vielleicht ist sie morgen auch unsere? Zum Abendessen werden Sie im Gasthaus Mali Raj an der Euphemia-Kirche (Tel.: 052-815 975) oder im Giannino von Corrado Pelliz in der Ferri 38 gut bedient (Tel.: 052-813 402). Beide Lokale liegen in der Altstadt, nicht weit von Ihrem Schiff entfernt. Von Rovinj aus halten wir weiter südlich. An Backbord passieren wir die BRIJUNI-Inseln, wenn wir nicht den inneren Weg wählen zwischen der Inselgruppe und Fažana. Von unserem letzten Hafen bis zur Einfahrt in die große Bucht sind es ca. 15 sm. Dann haben wir den großen Fjord erreicht, der uns direkt nach Pula führt. Vor uns liegt bald die einst so wichtige Stadt, die trotz Werften und starker Industrialisierung bis heute Ihren Charme nicht verloren hat.

ACI-Marina Rovinj

380 Plätze/12 m, CRO 100-15, 16, KK 2,3,
Tel.: 052-813 133, Fax: 052-842 366,
m.rovinj@aci-club.hr, www.aci-club.hr
UKW-Kanal 17
(T) Tankstelle
■ Schwimmstege mit Moorings
Liegegebühren: B
≡ **Ambiente:** Charmante Urlaubsstadt.
Anfahrt: ⊕ **45°04,8'N-013°37,7'E.** Zwischen der Insel Sv. Katarina und dem Pier des Stadthafens. Von Süden kommend halte man sich dicht am Wellenbrecher der Marina (Untiefe!). Hafenhandbücher: »808 Häfen«, S.12 sowie IIIA-D-1a/12.
Versorgung: Marina-Standard, Tankstelle im Nordteil des Stadthafens (Tiefe 4 m). Im Ort haben Sie Einkaufsmöglichkeiten jeder Art sowie ein Krankenhaus (Tel.: 052-813 004), Apotheke. Flaschengas erhält man neben der Tankstelle.

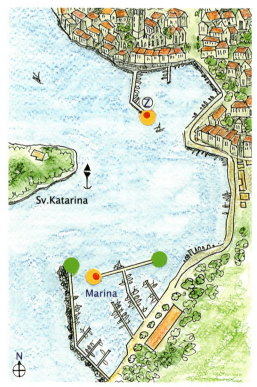

Marina Rovinj. (T) Tankstelle, (Z) Ein- und Ausklarierung.

Stillleben mit Boot.

Pula

Die Stadt war wegen ihrer strategischen Lage einst das »Rom Istriens« und ein wichtiger Platz für die Handels- und Kriegsflotten der jeweiligen Herrscher. Das hatte die Ansiedlung von Werften und Industriebetrieben zur Folge, die Sie bei der Ansteuerung der Marina nicht übersehen können. Lassen Sie sich aber nicht beirren, nehmen Sie bitte die Seekarte zur Hand und laufen langsam weiter. Als Urlaubshafen würde man sicherlich ein ruhigeres Fleckchen suchen, wie z. B. die Marina Veruda (Seite 36), für einen Kurzaufenthalt zur Besichtigung der historischen Stadt jedoch ist die ACI-Marina einfach ideal, man liegt praktisch vor den Toren des besterhaltenen römischen Amphitheaters außerhalb Italiens. In allen Straßen und besonders auf dem Platz der Republik spiegelt sich nach wie vor die Geschichte der Stadt wider. Ein kultureller Höhepunkt unter den vielen interessanten Kulturdenkmälern ist der 2000 Jahre alte Augustustempel aus der römischen Epoche.

Schöne Dörfer im Inneren von Istrien.

Pula ist heute eine moderne und gleichsam kulturhistorisch sehr interessante Hafenstadt. Im Sommer schlendern Touristen aus aller Welt durch die engen Gassen oder genießen in der historischen Kulisse antiker Paläste einen Cappuccino. Unternehmen Sie mit mir einen Bummel durch das alte Zentrum der Stadt, auf Seite 35 habe ich Ihnen einen kurzen Rundgang zu den wichtigsten sehenswerten Punkten skizziert. Alternativ hat auch das Hinterland einen ganz besonderen Reiz. Das könnte für Sie interessant sein, wenn Sie mit dem Auto anreisen und die Segelei geruhsam angehen lassen wollen. Hier im Inneren Istriens kann man in urigen Gaststätten eine besondere Spezialität der Region genießen: Gerichte mit frischem Trüffeln, ein Genuss (und auch bezahlbar!). Und es ist für Wassersportler auch kein Sakrileg, sich bei der Anreise mal ein paar Stunden von der Küste zu entfernen und das Innere der Halbinsel zu erkunden. Ich kann Ihnen verraten, es gibt viel zu sehen.

Eingang zu einem kleinen Ort im Inneren der Halbinsel.

ACI-Marina Pula

210 Plätze/9 m, CRO 100-16, MK 3,
Tel.: 052-219 142, Fax: 052-211 850,
m.pula@aci-club.hr www.aci-club.hr
UKW-Kanal 17
(T) Tankstelle
■ Schwimmstege mit Moorings
Liegegebühren: B
≡ **Ambiente:** Ein Platz wie mitten im antiken Rom.
Anfahrt: ⊕ **44°53,4'N-013°47,4'E**
Versorgung: Am Liegeplatz: Marina-Standard, Wäscherei, WLAN. In der Stadt Pula finden wir Schiffsausrüster, Motorservice (Tel.: 052-211 033 oder 213 995), eine Werft, Ärzte (Tel.: 23035 und 542142), Krankenhaus (Tel.: 051-214 433 und 052-215 884), Zahnarzt: (052-577 058), Apotheke, Tierarzt. Gaststätten: Gostionica Surida (Tel.: 517 100), Restaurant Velanera in der Piescana uvala (Tel.: 217 022).
Alternativer Liegeplatz: Ruhige Liegeplätze finden Sie in der ACI-Marina Pomer und in der Marina Veruda (von dort Bus nach Pula).

Der Triumphbogen der Sergier ist der Eingang zur Altstadt. Hier führt auch der Weg zum Forum vorbei.

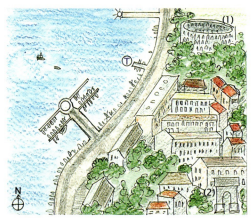

Marina Pula. (1) Amphitheater, (2) Weg zum Triumphbogen und zum Platz der Republik, (T) Tankstelle.

Lassen Sie sich von dem großstädtischen Gehabe von Pula nicht abschrecken und besuchen Sie bitte das alte Zentrum der Stadt, ich schlage Ihnen auf Seite 35 einen kurzen Rundgang vor.
Sie werden schnell gefangen genommen von den gewaltigen Ausmaßen des gut erhaltenen Forums, das Sie schon von der Marina aus sehen und auch besuchen können. Auf dem Wege in die Stadt schreiten Sie dann durch den Triumphbogen in das historische Zentrum, das sehr gut erhalten oder restauriert worden ist.
Die heute größte Siedlung Istriens hat eine sehr wechselvolle Geschichte hinter sich. Schon im 5. Jh. vor Christus soll hier eine illyrische Burg gestanden haben. Später, um die Zeitenwende herum, haben die Römer an dieser Stelle ein bedeutendes Verwaltungszentrum für die nördlichen Regionen ihres Weltreiches aufgebaut, das bald danach langsam an Einfluss und Macht verlor. Nach dieser großen Bedeutung in römischer Zeit verlor Pula seine herausragende Stellung und war dann Jahrhunderte lang eine unbedeutende Provinzstadt, bis Mitte des 19. Jh. die K.u.K.-Monarchie den extrem gut geschützten Hafen für ihre große Kriegsflotte entdeckte und damit Pula neues Leben einhauchte. Österreich war dadurch die mächtigste Seemacht an der Adria geworden.

Im römischen Amphitheater.

🏠 **Wandern Sie mit mir eine Stunde durch die alte Römerstadt.**
Mein kleiner Rundgang ist auf Schiffsbesatzungen abgestimmt, die meist wenig Zeit haben, weil sie ja schnell weiter wollen. Wir beginnen unsere Tour beim römischen Amphitheater, das Sie bereits von der Marina aus sehen können, es ist täglich von 10 bis 17 Uhr geöffnet. Diese gigantische Arena, dem Kolosseum in Rom sehr ähnlich und fast so groß, hat Kaiser Vespasian im 1. Jh. erbauen lassen. Es ist mit wenig Phantasie noch zu erahnen, welche grausamen Szenen sich bei den Kämpfen der Gladiatoren hier abgespielt haben müssen. Dann kommen Sie zum römischen Torbogen Porta Herculea am Eingang zum Archäologischen Museum, durch das die siegreichen Heere in ihre Heimatstadt zurückgekehrt sind, und dann erreichen Sie die einstige Paradestraße, jetzt Fußgängerzone mit vielen Geschäften und Restaurants. Durch den 2000 Jahre alten Sergier-Triumphbogen (siehe Abb. S. 34) betreten Sie die Altstadt. Hier wird die antike Geschichte schnell wieder lebendig.
Spazieren Sie bitte noch ein wenig weiter und bald öffnet sich vor Ihnen der Platz der Republik. Er war von der Antike bis ins Mittelalter hinein der absolute Mittelpunkt der Stadt. Hier befand sich das römische Forum, das heute nicht mehr zu sehen ist, und der Tempel der Roma und des Augustus mit den sechs korinthischen Säulen aus dem 1. Jh. Daneben sehen Sie das Rathaus aus dem 13. Jh., gebaut auf den Fundamenten eines Dianatempels.
Ich verweile an solchen geschichtsträchtigen Orten gern für einen Augenblick, hier auf dem Platz gibt es dazu viele Möglichkeiten. Auf dem Rückweg kommen Sie sehr wahrscheinlich am Dom Mariä Himmelfahrt vorbei. Im Inneren ist er leer, hohl. Er wirkt verlassen. Es ist kein Verlust, wenn man an dieser Kirche einfach vorbei geht.

Tempel der Roma und des Augustus.

Mit Pula durch öffentliche Verkehrsmittel fest verbunden liegt etwas südlich der Stadt die Marina Veruda. Sie verfügt über alle technischen Einrichtungen und eine Tankstelle. Für einen mehrtägigen Aufenthalt ist dieser Liegeplatz damit sicher komfortabler als die Marina Pula selbst. Aber den Triumphbogen, das römische Amphitheater und den Augustustempel sollten Sie sich in jedem Fall anschauen.

Marina Veruda

600 Plätze/4 m, CRO 100-16, Tel.: 052-385 395, Fax: 211 194, Marina-veruda@pu.t-com.hr, www.marveruda.hr
UKW-Kanal 17
(T) Tankstelle
■ Schwimmstege mit Moorings, Strom und Wasseranschluss am Steg
Liegegebühren: B
≡ **Ambiente:** Große und komfortable Marina, ein guter Startplatz für lange Törns.
Anfahrt: ● 44°49,8'N-013°50,1'E (Einfahrt in die Veruda-Bucht).
Versorgung: Am Liegeplatz: Marina-Standard, Tankstelle, Internet-Zugang, Volvo-, Yanmar-Service, Wäscherei, Campinggas am hinteren Eingang. Das Marinarestaurant ist sehr empfehlenswert. Eine Segelmacherei finden Sie ebenfalls in Pula: Fa. Sebel, Tel.: 052-502780 sebel@pu.t-com.hr.
Motorenwerkstätten erreichen Sie telefonisch wie folgt: Honda: 091-1112327, 091-1112128, Yanmar: 098-406117, 052-214546, Yamaha: 052-223408.

Wer ankern möchte oder sein Schiff lieber an eine Boje hängt, findet diese Alternative in der weitläufigen Soline-Bucht südlich der Marina (s. unten). Bei Gewitter und Bora sind hier allerdings starke Sturmböen beobachtet worden und auch hier werden Liegegebühren erhoben.

Wenn Sie länger als eine Nacht in Pula liegen, erwägen Sie einmal einen Besuch des Brioni-Nationalparks. Aber bitte rechtzeitig einplanen, Sie müssen sich einen Tag vorher anmelden.

Alternative Liegeplätze vor Anker

⚓ Soline-Bucht
CRO 100-16/MK, die südlich von Pula tief ins Land einschneidet.
Anfahrt: ● 44°49,8'N-013°49,5'E
Den nächsten Sportboothafen finden Sie in Pomer (S. 38), der Flughafen Pula liegt 10 km entfernt.

Marina Veruda und Soline-Bucht. (1) Marina-restaurant, (2) Bus nach Pula, (T) Tankstelle, (3) Hotelhafen.

Der Brioni-Nationalpark

Die 14 Inseln sind voller Sehenswürdigkeiten aus der Zeit ab dem 2. Jh. vor Christi bis ins Mittelalter hinein, aus dem auch die sehr sehenswerte dreischiffige Basilika stammt.
Zu Titos Zeiten war hier seine Sommerresidenz. Seit 1983 sind die Inseln ein Nationalpark, der wegen seiner Tiere und seltenen Pflanzen gern besucht wird. Meine Empfehlung ist, vom Küstenort Fažana aus ein Ausflugsschiff zu nehmen, das man von Pula aus mit dem Bus erreicht. Melden Sie sich für einen Besuch der Insel aber bitte unbedingt einen Tag vorher an (Tel.: 052-52 5888). Wenn Sie die extrem hohen Liegegebühren nicht schrecken und Sie unbedingt mit dem Schiff dort anlegen wollen, wo früher viele Staatsgäste empfangen wurden, dann müssen Sie auch anfragen: E-Mail: brijuni@brijuni.hr.
In der Bucht Mikula auf der Insel MALI BRIJUN, eine der kleineren Brioni-Inseln, sind seit einiger Zeit Ankerbojen ausgebracht, aber auch dafür sollen die Liegegebühren extrem hoch sein.
In jedem Fall ist es etwas Besonderes, auf den Spuren von Tito zu wandeln.

Die Südspitze Istriens. (T) Tankstelle, (#) Flughafen.

Die Halbinsel PREMANTURA ist ein Ferien- und Erholungsgebiet der Einwohner von Pula. Entlang der Küste gibt es viele Pensionen und Campingplätze. Für uns Skipper gilt deshalb, bei der Anfahrt mit dem Schiff nach Pomer sehr sorgfältig auf Surfer und Schwimmer zu achten. Auf der Insel CEJA gibt es im Sommer ein kleines Gasthaus mit festem Steg für die Besucher.

Am östlichen Ufer der großen Bucht liegt vor dem Ort Medulin die Marina Medulin (CRO 100-16, MK 4), allerdings mit nur wenigen Gastplätzen. Das Wasser ist hier extrem flach, für mich nur ein Nothafen. Und wie man mir bei einem Besuch sehr deutlich sagte, man sei auch nicht auf Tagesgäste eingerichtet. Ich empfehle deshalb, besser die gut ausgestattete ACI-Marina Pomer anzulaufen.

Der südlichste Punkt von Istrien liegt von der Marina Veruda aus nur wenige Seemeilen in südöstlicher Richtung. Wenn Sie vorhaben, die Marina Pomer zu besuchen, halten Sie am sichersten auf das Porer-Feuer zu und lassen Sie es an Ihrer Backbordseite. Danach steuern Sie einen östlichen Kurs bis zur Insel FENERA. Erst danach, also östlich dieser Insel mit dem steinernen Obelisken, halten Sie fast genau nördlich (310°) auf die Marina Pomer zu, s. Skizze Seite 37. Hier beachten Sie bitte auch die verschiedenen Flachstellen im Medulinski Zaljev, die in Ihrer Seekarte genau markiert sind. Beachten Sie, dass dieser südliche Zipfel von Istrien ein beliebtes Ziel für Campingurlauber mit und ohne Boot ist. Achtung vor allem auf schnelle Surfer.

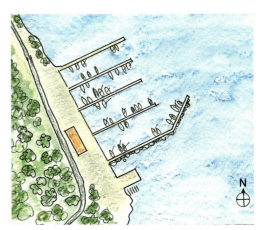

ACI-Marina Pomer

ACI-Marina Pomer

250 Plätze/6 m, CRO 100-16, MK 3,4,
Tel.: 052-573 162 Fax: -573 266,
m.pomer@aci-club.hr, www.aci-club.hr
UKW-Kanal 17
■ Schwimmstege mit Moorings
≡ **Ambiente:** Immer noch ein kleines istrisches Fischerdorf.
Anfahrt: ⊕ **44°46,2'N-013°57,4'E.** Der Ansteuerungspunkt liegt ca. 0,2 sm östlich der Insel FENERA (mit dem Obelisken). Lassen Sie sich nicht von der breiten Bucht irritieren, wenn Sie das Rt. Kamenjak erreicht haben, sie hat viele Flachstellen, erst nach Passieren der Insel FENERA in die Bucht einfahren. Hafenhandbücher: »808 Häfen«, S. 16 und III A-D-1a/16a.
Versorgung: Am Liegeplatz finden wir Marina-Standard.
Sonstiges: Flughafen Pula ca. 15 km entfernt.
Alternativer Liegeplatz: Marina Veruda (Seite 36)

Pomer

Im Ort Pomer finden wir u.a. die Gostionica Miramare und kleine Geschäfte für den täglichen Einkauf. Ärzte praktizieren im nahen Pula. Zwischen Pomer und der großen Hafenstadt besteht regelmäßige Busverbindung. Den Reparaturservice Istra Yacht Service erreichen Sie unter Tel.: 052-573 565.

Unser Törn geht nun an der Ostküste von Istrien nordwärts. Wir steuern zuerst das Kap Marlera an, den äußersten südöstlichen Punkt von Istrien. In diesem Bereich gibt es weiter nordwärts kaum lohnende Segelhäfen oder gute Ankerbuchten. Die meisten sicheren Stege sind von den Schiffen der Einheimischen belegt. Ein Grund dafür ist, dass sich ab Rt. Marlera die Buchten nach Osten oder Südosten öffnen und deshalb bei Bora und vielfach auch bei Jugo wenig Schutz bieten, außerdem ist es hier zum Ankern sehr tief. Die kleinen Fischerhäfen in den kleinen Orten sind für uns auch tabu, denn sie sind dicht besetzt mit Booten der Einheimischen, Sportboote finden hier keinen Platz.

Eine der wenigen Ausnahmen an dieser Küste ist der Hafen Rabac, er ermöglicht bei gutem Wetter den Besuch der antiken Stadt Labin, die oben auf den Hügeln liegt. Starke Winde aus Nord und Süd, die auch im Sommer Sturmstärke erreichen können und ein Gezeitenhub von 1,80 m, verbunden mit einem gefährlichen Seegang, machen diesen Teil der Küste ansonsten nicht sonderlich besuchenswert. Ich möchte Ihnen aber trotzdem die schönen Orte an diesem Küstenabschnitt zeigen, es sind Rabac mit einem kleinen Segelhafen sowie Labin, eine schöne venezianische Stadt oben am Berg mit sehenswerten Palästen und Kirchen. Und natürlich das historisch wichtige Opatija, wo wir wieder einen vorzüglich eingerichteten Yachthafen vorfinden. Von dort können wir die Stadt für uns erobern und auf dem Lungomare herrlich lange Uferwanderungen unternehmen.

Die historische Stadt Albona (Labin)

Blick auf Rabac.

Rabac ist der nächste Hafen in nördlicher Richtung. Die kleine Stadt ist ein wichtiger Punkt an diesem Küstenabschnitt. Das ehemalige Fischerdorf in einer grünen Bucht mit steil aufragenden Bergen im Hintergrund hat sich seit einigen Jahren zu einem lebhaften Bade- und Ferienzentrum entwickelt. Wenn man ein wenig den Hang hinauf spaziert, hat man von vielen Stellen einen weiten Panoramablick bis zur Insel CRES.

Auf dem Weg in die kleine Stadt Albona, die wie in Zeiten der Römer dort oben einsam thront, wird man immer wieder durch schöne Aussichten aufs Meer hinaus belohnt.

pingplatz Olivia vorbei nach oben zu der Stadt, die sehr sehenswert ist.

Labin – wie ein Vogel über den Häusern schwebend – verbirgt vor dem, der eilig vorüberfährt, viele wunderschöne Paläste, Türme, Kirchen und eine sehenswerte Loggia. Der Weitblick vom Glockenturm aus dem 17. Jh., den man für wenige Kuna besteigen kann, entschädigt für so manchen vergossenen Schweißtropfen. Er ist nicht immer geöffnet, aber ein Versuch lohnt sich. Von hier oben hat man einen weiten Blick aufs Meer hinaus und zur Insel CRES.

Es gibt auch eine bequeme Möglichkeit, die alte Stadt zu besuchen, den Bus. Hinter den drei großen Hotels befindet sich die Haltestelle, von wo man mehrmals täglich zur venezianischen Stadt am Berg fahren kann. Die Abfahrtszeiten erfahren Sie im Touristenbüro am Kai, wo auch Ihr Schiff liegt.

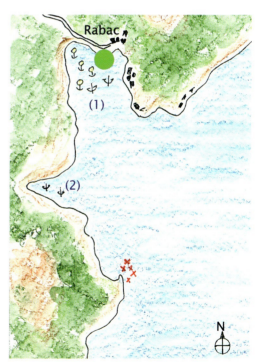

In der Römerstadt Labin.

Die historische Stadt Albona (Labin)

Wenn das Wetter stabil zu bleiben verspricht, lohnt sich eine Wanderung hinauf zur venezianisch geprägten Altstadt über dem Meer. Ein schmaler Weg mit roten Markierungen (nicht die Straße benutzen) führt Sie in ca. 45 Minuten direkt am Cam-

Marina Rabac. (1) Bojenfeld, (2) Ankermöglichkeiten.

In der Marina Rabac findet man Liegeplätze mit Moorings, Strom und Wasser, außerdem, wie in der Skizze zu sehen, in der nahen Bucht ein Bojenfeld.

Die Ostküste von Istrien

Opatija

Langsam nähern wir uns der historisch wichtigen Stadt Opatija, wo wir eine komfortablen Marina vorfinden. Neben dem erstklassig eingerichteten Segelhafen haben wir durch den Lungomare direkten Zugang zum »historischen Opatija«.

ACI-Marina Opatija

300 Plätze/4 m, CRO 100-18, MK 5,
Tel.: 051-704 004, Fax: 051-704 024,
m.opatija@aci-club.hr, www.aci-club.hr
UKW-Kanal 17
(T) Tankstelle im Hafen Lido
■ Betonstege mit Moorings
≡ **Ambiente:** Yachthafen mit Anschluss an eine historisch bedeutende Stadt.
Anfahrt: ⊕ 45°19,6N-014°18,2'E. Hafenhandbücher: »808 Häfen«, S. 20.
Versorgung: Am Liegeplatz: Marina-Standard. In der Stadt findet man alle Einkaufsmöglichkeiten, Ärzte (Tel.: 051-271 227 sowie 051-291 632), Apotheke, Tierarzt (Tel.: 051-701 280), Motorservice (Tel.: 051-271 685).
Weitere Liegeplätze: ■ **Marina Admiral.** Vor dem gleichnamigen Hotel in Opatija bietet sie einige wenige Liegeplätze. Rufen Sie aber bitte vorher an: Tel.: 051-271 882, Fax: 271 882, marina-admiral@lrh.tel.hr. In der Saison gibt es wenig Platz und nur für Yachten mit maximal 10 m Länge.

Der Lungomare ist ein herrlicher Spazierweg entlang der Küste mit seinen grandiosen Hotelpalästen. Er ist ein besonderer Ausflug in vergangene Zeiten.
Direkt von der Marina aus haben Sie einen Zugang zu diesem herrlichen Uferweg, der sich viele Kilometer oberhalb der Adria immer entlang des Wassers schlängelt. Dort finden Sie auch mehrere Gasthäuser und Cafés, wie beispielsweise das Kaneta (Tel.: 051-313 271).
Auch seitlich der Hauptstraße, wo sich Wege und Straßen in vielen Biegungen durch den Ort winden, warten auf Sie schöne Parkanlagen und Restaurants mit großen Terrassen zum Meer hinaus.

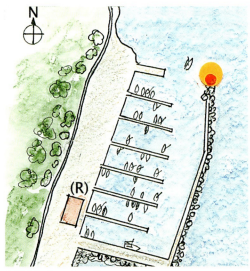

ACI-Marina Opatija.

Steilufer bei Opatija.

Wenn der Startpunkt Ihres Törns die Marina Opatija ist, bietet sich für die Anreise die Autobahn über Ljubljana bis Postojna an. Wenn Sie fliegen wollen, kann man heute mit verschiedenen Airlines preiswerte Flüge buchen. Auch die Deutsche Bahn fährt tags und auch nachts mit Liegewagen Rijeka an. Von dort haben Sie regelmäßige Busverbindungen nach Opatija.

Die schöne Stadt liegt unten am Meer, deswegen ist der Teil, den Sie bei der Durchfahrt von der Straße aus zu sehen bekommen, nicht das berühmte Opatija. Wenn Sie mit dem Pkw unterwegs sind, empfehle ich Ihnen deshalb, eine Stunde Pause einzulegen. An der schönen Strandpromenade atmen die prächtigen Hotels nach wie vor den Hauch der Wende vom 19. ins 20. Jh.

Ein für die Stadt sehr wichtiges Jahr war 1894, als sich der deutsche und der österreichische Kaiser in Opatija trafen. Von da an war die High Society von Europa nicht mehr zu halten. Jeder, der etwas auf sich hielt, wollte hier an diesem mondänen Fleck der Adria eine Villa besitzen. Aber auch uns macht es heute noch Spaß, auf der berühmten Strandpromenade, dem Lungomare, spazieren zu gehen, irgendwo einen Cappuccino zu trinken und der Brandung zu lauschen. Viele der herrschaftlichen Villen vergangener Tage und der leicht morbide Charme der K.u.K.-Zeit ist bis heute erhalten geblieben, doch er gehört zu Opatija mit seiner kaiserlichen Vergangenheit wie die Adria »vor der Tür«. Sollten Sie auf dem Wasserwege nach Opatija reisen, sind Sie in der komfortablen ACI-Marina sehr gut aufgehoben.

🏠 **Entlang der Opatija-Riviera nach Lovran.** Wenn Sie Ihr Schiff in der Marina sicher wissen und ein wenig mehr Zeit haben, eröffnen sich sehr reizvolle Ausflüge zu mittelalterlichen Städten entlang des Kvarner. Sie haben die Wahl, den Bus Nr. 32 zu nehmen, der oben vor der Marina hält oder sich ein Fahrrad zu mieten, fragen Sie in der Rezeption danach.

Die ACI-Marina Opatija.

Lovran

Von Opatija aus sind es hierher nur zwei Kilometer. Die Altstadt liegt rechts der Straße, leicht an den Hang gelehnt, umgeben von Eichen-, Lorbeer- und Walnussbäumen. Der Ort ist seit dem 17. Jh. durch seine Maronen (Marunda) berühmt. Die Früchte aus dieser Gegend sind äußerst schmackhaft und werden auf vielerlei Arten zubereitet. Wenn Ende Oktober zwei Wochen lang das bekannte und für den Ort bedeutende Maronenfest gefeiert wird, sind wir Wassersportler dann meist wieder zuhause.

Der Ort Lovran selbst ist ein schönes Beispiel traditioneller Küstenarchitektur. In den engen Gassen findet man noch viele original erhaltene sehenswerte Fassaden, alte Wappen und glagolitische Inschriften. Zu jeder Zeit gut bewirtet werden Sie in der Konoba Punta, Tel.: 051-292 408.

Mošćenice

Auch diesen interessanten Ort kann man von der Marina aus leicht mit dem Bus oder dem Fahrrad besuchen. Die Haltestelle ist Mošćenicka Draga unten am Meer. Sie sollten, wie die Einheimischen, von dort aus die 753 Stufen hinauf in die Stadt gehen, in jenen Ortsteil, der früher Mittelpunkt des dörflichen Lebens war. Um den damals zum Schutz vor Piraten versteckt angelegten Treppenweg zu finden, folgen Sie nach Verlassen des Busses nicht dem Straßenschild Mošćenice, sondern wenden sich nach links hinunter zum Strand, vorbei an dem großen Hotelkomplex Marina. Bald erreichen Sie die Strandpromenade. Von dort aus gehen Sie den schönen Spazierweg entlang des Wassers nach rechts und nach zehn Minuten werden Sie das Restaurant Villa Rubin erreichen. Hier beginnt der schattige Treppenweg hinauf zur »Stadt am Berg«, wie das alte Lovran bei den Einheimischen heißt. Wenn Sie dann auf 173 m über der Adria angekommen sind, empfehle ich Ihnen, ein wenig durch die Gassen zu schlendern. Der kleine Ort oben am Berg schwebt wie ein Adlerhorst über dem Tal, er ist ein interessantes Beispiel einer befestigten mittelalterlichen Stadt. Sie werden sicher schnell von der einmaligen Atmosphäre gefangen genommen, die von den malerischen Häusern und verwinkelten Gassen ausgeht.

Sie werden bald bemerken, dass einige der Häuser des Dorfes Teile der Stadtmauern waren. Besuchen Sie bitte auch die Pfarrkirche, sehenswert sind der Altar und die Bänke aus Marmor, eine echte Seltenheit.

Nun entlasse ich Sie auf die Terrasse des sehr empfehlenswerten Restaurants Perun zum Abendessen. Hier oben liegen Ihnen die Inseln CRES und LOŠINJ zu Füßen und Sie können die letzten Sonnenstrahlen genießen, bevor der Abend langsam hereinbricht.

Der alte Ort Mošćenice oben auf dem Hügel.

Malerischer Hauseingang in Lovran.

Blick nach Rijeka.

Rijeka

Nicht vergessen möchte ich natürlich Rijeka, die Stadt ganz am nördlichen Ende des großen Golfes. Sie ist mit 140.000 Einwohnern die drittgrößte Siedlung Kroatiens und der wichtigste Seehafen des Landes. Für uns Wassersportler hat die Stadt dagegen wenig Anziehungskraft. Wegen der Industrieanlagen, Werften und dem starken Schiffsverkehr ist der Liegeplatz im großen Hafen weder ruhig noch interessant. Ich empfehle Ihnen ggf. auf der An- oder Abreise mit dem Auto einen kurzen Stopp in der Altstadt, wo nach und nach die prächtigen Bauten aus der Habsburgischen Zeit restauriert werden. Oder Sie haben vielleicht eine Stunde Zeit, einen kleinen Spaziergang zu unternehmen, wenn Sie auf Ihrem Wege weiter nach Süden von der Bahn in den Fernbus umsteigen. Für eine Mittagspause bietet sich gleich neben der Fischhalle das Restaurant Na Kantun an. Ihr Gepäck können Sie sicherlich so lange im Jadrolinija-Büro deponieren.

Der Flughafen Rijeka befindet sich wegen der Hanglage der Stadt dicht beim Ort Omišalj auf der Insel KRK.

Nun sind wir wieder in unserem Element, auf dem Wasser. Mit Südkurs halten wir in unserer Betrachtung entlang der Ostküste von Istrien. In der Meerenge Vela Vrata zwischen der Insel CRES und dem Festland durchfahren wir ein sogenanntes »Verkehrstrennungsgebiet« (Seekarte CRO 100-18), dessen Regeln auch wir Sportschiffer beachten müssen. Wichtig ist für uns, dass alle Yachten unter 20 m Länge die sichere Durchfahrt eines größeren Maschinenfahrzeugs nicht behindern dürfen. Mit anderen Worten: Wir Segler müssen kommerziellen Schiffen ausweichen und bei der Querung des Gebietes muss die kürzeste Strecke gewählt werden, Kreuzen ist in diesem Seegebiet nicht erlaubt.

Nun halten wir im Nordwesten der Insel CRES auf das Rt. Prestenice zu mit dem Ziel Marina Cres, die geschützt in einer tiefen Bucht des Kvarner Golfes liegt (Näheres ab Seite 51). Hier können wir nach dem langen Schlag über den Kvarner in schönem Ambiente in einem guten Terrassenrestaurant den Sonnenuntergang genießen und uns von der Reise entspannen.

Die häufigste Route der Skipper führt jedoch nicht hier entlang, sondern orientiert sich im Revier zwischen CRES und KRK. Der Ansteuerungspunkt dafür ist ⊕ **45°05,4'N-014°25°E**. Von hier führt der Kurs am Kloster Glavotok vorbei (Seite 88) und zum Südende von CRES oder zur großen Marina Punat (Seite 84). Für weiter südliche Ziele steuert man die Passage zwischen den Inseln CRES und PLAVIK an: ⊕ **44°59,1'N-014°28,5'E.**

Danach kann man das Südende der Insel CRES direkt anliegen. Von hier aus sind es noch ca. 20 sm bis zum Rt. Sv. Damian. Der Wegepunkt dafür: ⊕ **44°38,2'N-14°33,3'E**.

Der Törn geht weiter.

Nun werden wir die Inseln im Kvarner-Golf näher betrachten. Als erste besuchen wir CRES, sie gehört zu den nördlichen der großen Inseln in diesem Bereich der Adria. Aus ihrer geographischen Lage ergeben sich klimatische Besonderheiten, aber auch die Tatsache, dass auf diesem Boden Jahrhunderte lang das römische Reich gegen die Barbaren des Nordens verteidigt werden musste. Viele Spuren sprechen davon noch heute eine deutliche Sprache.

Von Opatija aus durchfahren wir die Vela Vrata (s.o.) und halten an der Küste von CRES entlang bis zur sicheren und größten Marina auf der Insel.

Teil 3:
Die westlichen Inseln im Kvarner

Umfang des Reviers
Dieser Teil des Revierführers beschreibt die Inseln CRES, LOŠINJ, ILOVIK, UNIJE und SUSAK.

Seekarten
Ich verwende hier die kroatischen Seekarten Nr. 100-17 und -18 sowie die kroatischen Sportbootkarten MK 4, 5, und 8.

Seewetterberichte
Im Abstand von zehn Minuten senden Pula Radio (UKW-Kanal 73) und Rijeka Radio (Kanal 69) Seewettermeldungen, auch in deutscher Sprache. Diese Berichte werden jeweils um 07:00, 13:00 und 19:00 Uhr aktualisiert. Ausführliche Vorhersagen auf Englisch empfangen Sie von Rijeka Radio auf den UKW-Kanälen 04, 20, 24 und 81 um 05:35, 14:35 und 19.35 Uhr (Sommerzeit).

Der Kvarner-Golf
Das Seegebiet Kvarner ist der große Golf der östlichen Adria mit 36 Inseln zwischen der Halbinsel Istrien im Westen und der Festlandküste von Rijeka bis etwa Starigrad im Osten. Als erstes betrachten wir den Westteil mit den auf der Kartenskizze dargestellten Inseln CRES, LOŠINJ, UNIJE, SUSAK und ILOVIK.

Diese Inseln und Städte sind voll geschichtlicher und kultureller Werte vergangener Jahrhunderte. Faszinierend vielfältig ist auch die Vegetation auf den Inseln des Golfes, die durch viele landschaftliche Kontraste geprägt sind.

Der Kvarner kann so friedlich sein.

Hafenhandbücher
Hafenhandbuch Mittelmeer Teil III Adria Nord (kurz III A) D-1-d sowie »808 Häfen und Buchten« (kurz »808 Häfen«), Seite 42.
Kroatiens venezianische und römische Vergangenheit ist hier noch überall sichtbar, denn Istrien war fast 800 Jahre lang Teil der Provinz Venedig. Im Kvarner können wir einerseits viele historisch interessante Städte für uns entdecken und trotzdem abends ruhige Buchten genießen. Beides lässt sich hier gut miteinander verbinden.

Immer wieder entdecken wir bei uns nie gesehene Blüten.

Der Kvarner-Golf

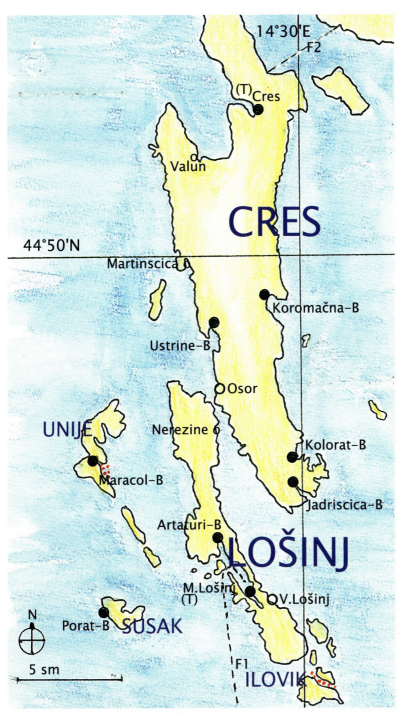

● Borasichere Häfen. (T) Tankstelle, (Z) Zoll/Einklarierung,
-F- Fähre zum Festland.

Seekarten CRO 100-18/ MK 5, 6, 8

Die Tramuntana im Norden der Insel.

Insel CRES

Lang gestreckt liegt sie in der Mitte des Kvarner. Sie zeigt ihre Schönheit nicht unmittelbar, für viele hat sie sogar ein abweisendes Gesicht, für naturverbundene Menschen jedoch ist sie unwahrscheinlich erlebnisreich, denn sie hat ihren natürlichen Charme bis heute bewahrt.

Anreise

Wenn Sie mit dem Auto kommen, haben Sie die Möglichkeit, 35 km entlang der Opatija-Riviera zu fahren und dort auf die Autofähre umzusteigen, die jede Stunde verkehrt. Die Fahrzeit des Schiffes von Brestova nach Porozina beträgt 25 Minuten, gerade Zeit für einen Espresso. Der zweite Weg führt von Rijeka über die große Brücke zur Insel KRK. Dort fahren Sie bis nach Valbiska, von wo es eine weitere Fährverbindung nach Merag auf CRES gibt. Besonders umfassende Eindrücke von der Tramuntana gewinnen Sie, wenn Sie vom Festland nach Porozina übergesetzt haben. Sie fahren von dort aus ein ganzes Stück länger auf dieser alten Route über die Insel. Die Straße ist jetzt schon sehr gut ausgebaut, aber es empfängt Sie links und rechts des Weges nach wie vor eine Landschaft mit steinübersäten Hängen und tiefen Schluchten.

Die Berghänge hier in der Tramuntana bereiten den Kleinbauern bei der Bearbeitung ihrer Felder viel Mühsal. Der karge Boden lässt sich etwas Wein, Oliven und Gemüse abtrotzen, und auch für die Schafe bieten die Bodengegebenheiten Nahrung und einen wirksamen Windschutz für die Nacht. Uralte verkrümmte Eichen, gelbe Ginsterbüsche und Macchia aus Wacholdersträuchern sowie alle Arten von Disteln wechseln sich mit Kiefern ab, die vom Wintersturm gebogen am Boden kauern, dazwischen entdecken wir Olivenbäume, knorrig, aber aufrecht. Man sagt, so seien auch die Menschen hier auf dieser Insel.

Achten Sie bitte bei der Anfahrt auch auf Schafe, die ohne Rücksicht Ihren Weg kreuzen. Das passiert vor allem im Frühsommer, wenn die jungen, unerfahrenen Lämmer ihre leidvollen Erfahrungen sammeln, denn kurvenreich und teilweise unübersichtlichen windet sich die Straße den Hang hinauf, um nach wenigen Kilometern erneut hinunter zu kriechen.

Vor 4000 Jahren kamen die ersten Siedler aus dem Norden, lange vor den Römern. Orte wie Beli und Lubenice zeugen von dieser langen Geschichte der Freundschaft, die durch mehrere Jahrhunderte von Rom, Byzanz und immer wieder Venedig geprägt wurde.

Die Westküste der Insel CRES

Zuerst betrachten wir die Küste zwischen Porozina im Norden und Osor an der Schwelle zu LOŠINJ. Sie beeindruckt durch extrem steile und kahle Hänge, die bis zu 600 m tief zum Meer hin abfallen.

Für uns Wassersportler beschreibe ich in diesem Küstengebiet die ACI-Marina und den Stadthafen Cres, die Anleger Valun und Martinšcica, sowie die Ustrine-Bucht. An der Grenze zu LOŠINJ ist Osor zu nennen, bekannt durch seinen Kanal zwischen den benachbarten Inseln. Zum Besuch dieser kleinen Stadt bietet sich neben der Ustrine-Bucht jetzt eine kleine Steganlage südlich des Osor-Kanals an.

Nun aber fahren wir erst einmal auf dem Landweg vom nördlichen Fährhafen Porozina über die Insel CRES nach Süden zu unserem Liegeplatz, schon hier gibt es viel zu sehen und zu entdecken.

Stopp auf der Höhe von CRES

Bei der Abzweigung zum Ort Beli ist durch den Ausbau der Straße ein großer Parkplatz entstanden, gerade recht für einen ersten Halt. Hier – 400 m über dem Meer – hat man freie Sicht nach beiden Seiten. Einerseits über KRK hinweg zum mächtigen Velebitgebirge am Festland, zur anderen Seite blickt man über den Golf zur istrischen Halbinsel. Vielleicht haben Sie Glück und bemerken den Flügelschlag des »Herrschers von CRES«, eines der seltenen Gänsegeier, die seit Jahrhunderten an den Felswänden der Ostküste ihre Nester bauen. Sie haben sicherlich auch schon bemerkt, dass die Landschaft zu beiden Seiten der Straße weitgehend von Steinen beherrscht wird, die von den hier lebenden Menschen immer wieder zu Trockenmauern aufgeschichtet werden.

Gänsegeier in der Tramuntana.

CRES ist eine Insel, die ihre Schönheit nicht unmittelbar zeigt, sie ist jedoch für naturverbundene Menschen sehr erlebnisreich und hat ihren natürlichen Charme bis heute bewahrt. Wenn Sie mit der Fähre von KRK gekommen sind, haben Sie vom Hafen Merag einen wesentlich kürzeren Weg zum Ort Cres. Die gut ausgebaute, recht neue Straße windet sich langsam auf die Anhöhe hinauf. Zur Marina Cres fahren Sie an der Abbiegung zum Ort Cres vorbei und nach ca. 100 m führt Sie der Wegweiser hinunter zur Marina. Alle, die zur Insel LOŠINJ wollen, halten sich weiter geradeaus.

Die Vegetation auf den Inseln des Kvarner-Golfes ist auf Grund des warm-gemäßigten Klimas faszinierend vielfältig und voller Kontraste. Es kann Ihnen passieren, dass Sie unvermittelt vor großen Lavendelfeldern stehen, riesige Olivenhaine erblicken und gleich wieder eng an den Hang gezwängte einzelne Feigenbäume vorfinden. Nicht weit davon entdecken Sie kunstgerecht in Terrassen angelegte Weingärten und dazwischen Blütensträucher, die wir zuhause nur in Blumentöpfen oder im Botanischen Garten bewundern können. Als schroffen Gegensatz dazu gibt es ausgedehnte Plateaus mit kargen Steinweiden und oft ohne Übergang üppige Waldvegetation aus immergrünen Steineichen.

Ob Sie Ihr Trailerboot irgendwo an der Küste zu Wasser lassen, auf eigenem Kiel von Italien oder Slowenien nach Kroatien kommen oder als Charterer Ihr Schiff in einer der Marinas übernehmen, Sie haben eine Freikarte in Händen, die weitgehend unberührten Buchten, die es hier überall noch gibt, für sich zu entdecken. Das Wasser der östlichen Adria ist beeindruckend sauber und ohne bakterielle Verunreinigungen, was Wassertests, u. a. vom ADAC, bestätigen. Das ist auch für uns Skipper wichtig, wenn wir in einer schönen Bucht ankern und am Morgen ins Wasser springen, bevor der Frühstückskaffee fertig ist.

Ein Geheimnis des klaren Wassers ist die hohe Reinigungskraft der Kiesel.

Auch für Schnorchelfans gibt es in den abwechslungsreichen Unterwasserlandschaften eine Menge zu sehen! Natürlich kann man die ganze Fülle der Flora und Fauna mit leuchtend roten Gorgoniengärten meist nur auf einem echten Tauchgang erleben, aber auch mit Schnorchel und Brille ist die Unterwasserwelt zwischen unserem Anker und dem Ufer der Bucht sehr vielfältig und erlebnisreich. Wenn Sie ein geübter Taucher sind, gibt es überall Möglichkeiten, die entsprechende Ausrüstung zu leihen und diesen Sport auszuüben, auch wenn es nur für einen Tauchgang ist. Fragen Sie doch in der Marina danach.

Das Kvarner-Gebiet eignet sich auch für kleinere Boote, denn die kurzen Entfernungen zwischen den Inseln ermöglichen es, jeden Abend einen Hafen, eine Marina oder eine sichere Ankerbucht anzulaufen. Bei aufkommenden Starkwinden findet sich bei rechtzeitiger Entscheidung immer noch ein Unterschlupf in einer sicheren Bucht in der Nähe.

Das Phänomen Bora habe ich an anderer Stelle genauer beschrieben (Seite 100), bitte nehmen Sie diese Wetterkapriole sehr ernst, dann wird auch jeder Tag auf dem Wasser ein positives Erlebnis für Sie und Ihre Crew. (Besonders schön ist es, wenn man auf seinem Törn trotz allem keine Bora erlebt). Im Film zum Buch können Sie eine Bora-Situation beobachten.

Entdecken Sie die Inseln des Kvarner für sich, viele Städte sind voll geschichtlicher und kultureller Werte vergangener Jahrhunderte und manche Schätze sind noch gar nicht gehoben. Im Kvarner können wir historisch äußerst interessante Plätze für uns entdecken oder den mediterranen Charme einsamer Buchten genießen, beides lässt sich auch gut miteinander verbinden. Werfen Sie Anker in einer der vielen Buchten der großen Insel CRES. Wenn Sie nicht in der Hochsaison kommen, sind Sie oft ganz für sich allein.

Windschutz für die Schafe auf der Weide.

Malerische Distel am Wegesrand.

Die Westküste der Insel CRES

Oleander finden wir hier in allen Farben.

Oft stehen noch uralte Bäume am Wegesrand.

Auf dem Wasserweg von Süden her nach Cres anfahrend, bieten sich mehrere Möglichkeiten, den Tag sehr abwechslungsreich zu gestalten. Vielleicht ist Ihnen nach einem erfrischenden Bad mit einer besonderen Note? Ich sage hier nur »Zanja-Bucht«, mehr dazu auf Seite 59. Oder wollen Sie einen Zwischenstopp einlegen? Der kleine urige Hafen Valun bietet sich da beispielsweise an.

Kulinarisches

Im Inneren des Landes findet man im Frühsommer überall **wilden Spargel** von intensivem Geschmack, fragen Sie einfach mal danach. **Pasta mit geriebenem Trüffel** gibt es ebenfalls in vielen Konobas, er kommt aus dem Wald von Motovun im Tal der Mirna.

Auf der Hochebene der Insel CRES.

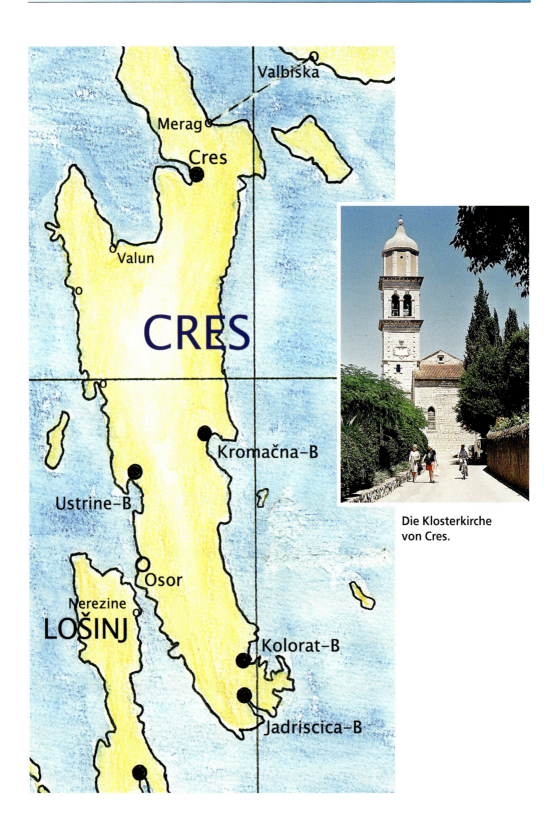

Die Klosterkirche von Cres.

Die Stadt Cres

Der interessanteste Anlaufpunkt auf der Insel CRES ist die gleichnamige Marina, ausgerüstet mit allen Einrichtungen für Schiff und Besatzung.
Bei der Ansteuerung der Marina Cres überqueren wir nach Umrundung des Rt. Pernat mit östlichem Kurs die große Bucht von Valun und halten dann auf das Rt. Kovačine zu, die tiefe Bucht, die an der Stadtmarina und den äußeren Wohngebieten vorbei zur Marina Cres führt.

ACI-Marina Cres
470 Plätze/5 m, CRO 100-16, 18, MK 6
Tel.: 051-571 622, Fax: 051-571 125,
m.cres@aci-club.hr, www.aci-club.hr
UKW-Kanal 17
(T) Tankstelle
■ Schwimmstege mit Moorings
Liegegebühren: B
☰ **Ambiente:** Großzügig angelegte Marina, umgeben vom Grün der Olivenfelder.
Anfahrt: ⊕ **44°57,4'N-014°23,4'E.** Bei der Einfahrt in die Marina dicht an der Seite des Wellenbrechers halten! Hafenhandbücher »808 Häfen«, S. 36 sowie IIIA-D-1/33.
Versorgung: Am Liegeplatz finden Sie gehobenen Marina-Standard mit sehr guter Ausrüstung. Dazu gehört ein exzellentes Restaurant, WLAN, Tennisplätze, Gasflaschenfüllung. Fahrradverleih, Apartments, Radweg um die Bucht zu guten Badeplätzen (2). Im Ort finden Sie alle Geschäfte für den täglichen Bedarf sowie ein Krankenhaus (Tel.: 051-571 116), Tierarzt, Apotheke, Touristenbüro, Postamt, Motorenservice (Tel.: 051-573 117 oder 237 379). Gaststätten im Ort Cres: Gasthaus an der Kirche Konoba Bussola (Seite 52) sowie das Belona an der Stadtpromenade neben der Feuerwehr (Tel.: 051-571 203).
Alternativer Liegeplatz: ⊖ Stadthafen Cres: Platz mit Moorings und Strom findet man im Stadthafen, direkt am Mandrac (Tel.: 051-571 544). Hier liegen Sie mitten in der kleinen Stadt, direkt im urbanen Leben. Bei Jugo kann dieser Platz allerdings recht ungemütlich werden.

Die Stadt Cres
Von der Marina führt der Weg immer am Wasser entlang, am Benediktinerkloster (3) aus dem 18. Jh.

ACI-Marina Cres. (1) Marina-Terrassenrestaurant, (2) Fuß- und Radweg zu schönen Badestränden mit Duschen, (3) Benediktinerkloster, (4) Franziskanerkloster.

und dem Franziskanerkloster (4) vorbei direkt in den alten Ort. Ich empfehle Ihnen am zweiten Kloster einen kurzen Stopp einzulegen. Gehen Sie um das Hauptgebäude herum und dann links neben der Kirchentür in den Innenhof des Klosters, es empfängt Sie ein schlichter, aber sehenswerter Kreuzgang aus dem 13. Jh. Wenn Sie dann in die nächste Straße nach links abbiegen, führt Sie der Weg direkt zum Innenhafen. Hier entlang der Promenade des charmanten Ortes können Sie schon einen ersten Eindruck vom urbanen Leben hier gewinnen.

Die Stadt mit heute 2300 Einwohnern wurde ab dem 15. Jh. entscheidend von der 400-jährigen venezianischen Herrscherperiode geprägt, charakteristische Bauwerke und typische Wappen an vielen Häusern erinnern sehr lebendig an diese Zeit. Cres hat bis heute seine rustikal-mediterrane Atmosphäre bewahrt, die Sie noch überall spüren. Alle Gassen und Straßen führen zum Zentrum, dem Mandrac, einem mittelalterlichen »inneren Hafen«, umgeben vom Marktplatz und den Uferstraßen mit kleinen Geschäften, Marktständen, Eisdielen, Cafés und Gasthäusern. Dort sitzt man bei einem Glas Wein und kann den Fischern zuschauen, wie sie ihre Boote für die nächtliche Fahrt vorbereiten. Sie sind in einer mediterranen Stadt angekommen, die sich in ihrer Grundstruktur in den letzten 400 Jahren kaum verändert hat, und so tragen viele Straßen weiterhin italienische Namen. Wenn Sie vom Mandrac, dem Innenhafen, nach rechts sehen, erkennen Sie sofort den Uhrturm, der sehr an Venedig erinnert, daneben die offene Loggia mit dem Schandpfahl. Heute stehen hier die Marktfrauen mit Körben voll Obst und Gemüse, das in ihren kleinen Gärten gereift ist. Eigentlich könnte man bereits hier um den Platz herum verweilen und in einem der Korbstühle sitzen bleiben, bis es Zeit wird für ein herzhaftes Abendessen, vielleicht in der Konoba Bussola mit Tischen direkt an der Mauer der alten Kirche (Tel.: 051-571 676).
Oder gehen Sie einfach auf eigene Faust durch die schmalen Gassen. Am Ende Ihres Rundganges sollten Sie am Stadttor Porta Bragadine heraus kommen. Beachten Sie dort die noch gut erhaltenen venezianischen Reliefs auf der Innenseite des Torbogens. Auf der gegenüber liegenden Straßenseite sehen Sie schon ein sehr empfehlenswertes Lokal, die rustikale Gostionica Belona mit einem großen Speisenangebot (Tel.: 051-571 203). Hier werden Sie besonders mit frischen Fischen und Muscheln verwöhnt.
So, Gaumen und Magen sind zufrieden gestellt, nun ist es vielleicht Zeit, nochmals durch die schmalen Gassen und über die malerischen Plätze der Altstadt zu schlendern.

Romantische Straßen verbinden die kleinen Orte miteinander, schön, wenn man hier motorisiert ist.

Lassen Sie sich bei Ihrem Rundgang auch faszinieren von den mit Rosen bewachsenen Mauern in den schmalen Gassen und Hinterhöfen. Alle Wege führen dann irgendwie wieder zurück zum Trg, dem Marktplatz dicht am Hafen (14).
Vielleicht wollen Sie jetzt noch ein Eis genießen, oder ist Ihre Kehle wieder trocken? Um den Innenhafen herum gibt es unzählige Möglichkeiten für ein gutes Eis oder einen weiteren Trunk. Schlendern Sie einfach weiter oder gehen Sie der Uferkrümmung nach und Sie haben einen schönen Spaziergang entlang der Bucht, durch die Sie in die Marina eingefahren sind.

Wenn Sie mein Rundgang nicht interessiert und Sie den bisherigen Empfehlungen nicht gefolgt sind, kann ich noch eine der beiden Pizzerien erwähnen, die Sie auf der anderen Seite des Innenhafens erkennen können, gut und preiswert.

Obwohl es sehr verlockend ist, in den alten Gassen zu verweilen, werden wir wohl irgendwann den Rückweg antreten, denn morgen geht der Törn vielleicht schon weiter. Jetzt haben wir die große Bucht an unserer rechten Seite, wo sich die Sonne oder (wenn es später geworden ist) die Lichter der Stadt in allen Farben spiegeln. Bald erkennen wir auch die weitläufige Hafenanlage, wo unser Schiff liegt. Auf der Terrasse des Marinarestaurants, drei Stufen über den Yachten, sitzen noch viele Skipper beim Wein. Ich bin fast sicher, auch Sie können nicht widerstehen, noch ein Bier oder einen Schoppen zu trinken.

Cres Stadt und Binnenhafen.

Die Stadt Cres:

① ACI-Marina Cres
② Benediktinerinnenkloster
③ Hafenkapitän
④ Franziskanerkloster
⑤ Stadthafen
⑥ Touristenbüro
⑦ Agentur Autotrans
⑧ Postamt Mandrač (Innerer Hafen)
⑩ Uhrturm
⑪ Loggia mit Schandpfahl
⑫ Restaurant »Adria-Grill«
⑬ Porta Bragadine
⑭ Marktplatz (Trg)
⑮ Pfarrkirche St. Marija im Schnee
⑯ Kirche Hl. Isedor
⑰ Stadttor Marcella
⑱ Brodogradiliste
⑲ Venezianisches Haus
⑳ Stadthafen, jetzt z. T. mit Moorings und Strom

Mandrač, der Innenhafen der Stadt Cres.

Viele, die einmal hier waren, kommen immer wieder in die Marina Cres wegen der einmaligen Atmosphäre und der hervorragenden Küche des Restaurants.
Wenn Sie zu müde waren für meinen eben beschriebenen Stadtausflug, reservieren Sie gleich hier im Marinarestaurant Ihren Tisch für ein vorzügliches Abendessen und genießen Sie von dort den einmaligen Sonnenuntergang, Tel.: 051-571 072. Sie werden hier gut bedient und können vorzügliche Speisen und Bier vom Fass genießen.

Wanderung entlang der Oliventerrassen

Um Cres herum gibt es viele Olivenplantagen, was auf die Bedeutung der Stadt für die Ölgewinnung hinweist. Hier und da sieht man in den Höfen oder Gärten noch die großen Steingefäße, die Kamenice, in denen früher das Öl aufbewahrt wurde.

Das schöne Marinarestaurant Cres.

Das Gelände der Marina ist voller Blüten.

Die Olivenhaine um Cres herum sind wegen der Hanglage häufig in Terrassen angelegt, die man von der Marina aus gut zu Fuß besuchen kann. Gehen Sie dazu an den Tennisplätzen vorbei zwischen den Gärten in Richtung Berge, und schon sind Sie mitten in den kleinen Weinbergen und Olivengärten dieses ländlichen Bereichs der Stadt Cres.

Wenn Sie noch einen Tag haben, den Sie hier verbringen können, empfehle ich Ihnen einen Ausflug nach Beli, aber lesen Sie erst einmal, was Sie dort erwartet.

Beli

Die 4000 Jahre alte Stadt Beli am Nordende der Insel CRES liegt 130 m über dem Meer, sie wurde einst als sichere Fluchtburgsiedlung errichtet. Sie können diese historisch wichtige Stadt mit dem eigenen Wagen, aber auch mit dem Bus erreichen, der oben an der Aussichtsstelle hält, die ich schon erwähnt habe. In diesem Falle haben Sie noch eine interessante Wanderung von ca. 45 Minuten über eine extrem selten befahrene schmale Straße vor sich, die sich zwischen uralten Olivenbäumen, Steineichen und Wacholder ins Tal windet. Und immer wieder haben Sie neue Ausblicke auf die alte Stadt Beli und das Meer. Vielleicht sehen Sie hier einen der seltenen Gänsegeier mit einer Spannweite von bis zu 3 m am Steilhang seine Kreise ziehen.

Jenseits der Adria streift Ihr Blick immer wieder das Velebitgebirge entlang des Festlandes. Sie durchwandern eine seit Jahrhunderten kaum veränderte Landschaft mit uralten Olivenbäumen, so struppig wie die Schafe, die ungerührt die Straße kreuzen.

Ein Bummel durch die uralte Stadt versetzt Sie ohne Umwege zurück ins Mittelalter. Beli hat bereits vor 1000 Jahren das Stadtrecht erhalten, worauf man sehr stolz ist. Besonders beeindruckend ist der Versammlungsplatz vor der Kirche mit den uralten Steinbänken, er strahlt noch immer eine unausgesprochene Würde aus, wie ein großes Zimmer, das nur zu Festtagen benutzt wird. Und so war es wohl in den Zeiten der Römer, die hier Söldner stationiert hatten, um Angriffe aus dem Norden schon frühzeitig abwehren zu können. Caput Insulae nannten die Römer deshalb den Ort oben auf dem Felsplateau, Beli war ein wichtiger nördlicher Vorposten. Heute zählt der Ort noch 40 Einwohner, meist ältere Menschen. In der ehemaligen Schule hat das »Eco-Center Caput Insulae« 1993 ein sehenswertes kleines Museum eingerichtet, das verletzte Gänsegeier pflegt und auch die Geschichte des Ortes bewahren möchte.

Blick nach Beli.

Am Wegesrand werden Sie viel Bekanntes und Unbekanntes entdecken.

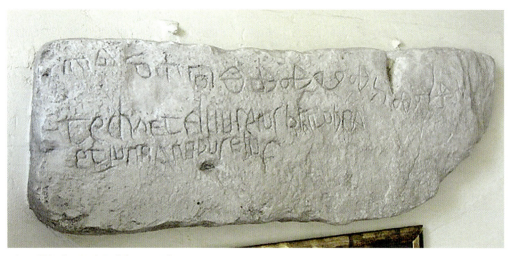

Glagolitische Steintafel von Valun.

Das Eco-Center hat das Ziel, die besondere Natur des Inselarchipels und den seltenen Gänsegeier zu schützen. Im Garten des Museums kann man einige dieser großen Vögel sehen. Jetzt ist auch das große Freigehege fertig.

Nach dem interessanten Rundgang durch den Ort kommt sicher eine Erfrischung in der urigen Gostionica Beli gerade recht, Sie haben rechts vor dem Anstieg in den Ort schon das kleine Gasthaus gesehen, weiterhin hat Beli auch einen kleinen Hafen.

Valun

Nun wieder aufs Wasser, wenige Seemeilen sind es nur bis nach Valun. Diese Törnvariante ist geeignet, von Cres aus am Vormittag Beli zu besuchen und Valun dann immer noch zu erreichen, denn der Ort ist nur 4,5 sm von Cres entfernt. Er bietet eine kunsthistorische Seltenheit aus dem 11./12. Jh., das älteste bekannte Denkmal glagolitischer Schrift mit lateinischer Übersetzung. Der Ort ist nach wie vor ein typisches Fischerdorf, eng an den Hang gelehnt. Die berühmten Steintafeln sind in der Kapelle des Friedhofs Sv. Marko oben am Berg zu sehen. Sie haben für die Geschichtsschreibung und damit für Nachwelt eine große Bedeutung. Die Besonderheit dieser Steintafeln besteht darin, dass sie gleichzeitig glagolitische wie altlateinische Schriftzeichen enthalten, wodurch die Entzifferung der bis dahin schwer zu deutenden altslawischen Buchstaben erleichtert wurde. Da Segler keine Bergsteiger sind, gibt es eine sehr gute Kopie dieser Tafeln an der äußeren Wand der Taverna Juna zu sehen, gleich gegenüber der Anlegepier, vielleicht bei Kaffee und Kuchen unten im Ort Valun.

Hafen Beli, gut für eine Dorfvisite.

Tafel in glagolitischer Schrift.

Hafen Valun/CRES

🔴 Anlegen an der Hafenmole mit Buganker, hier hat man max. 2 m Tiefe. In der Saison liegen Moorings aus und es gibt E-Anschluss.

≡ **Ambiente:** Mediterraner Minihafen mit viel Charme.

Anfahrt: ⊕ **44°54,4'N-014°21,8'E**, CRO 100-18, Hafenhandbücher: »808 Häfen«, S.36, IIIA-D-1-d/30.

Versorgung: Nahe Liegeplatz: Supermarkt, Restaurants, Touristenbüro. Eine empfehlenswerte Gaststätte ist das Na Moru, direkt am Ufer (Tel.: 051-525 056), von der Anlegepier nach links.

Valun hat seine Ursprünglichkeit voll bewahrt. Es gibt einen festen Anleger und in der Hauptsaison werden auch einige Moorings ausgebracht, es gibt hier keinen Hafenkapitän und für Strom braucht man ein langes Kabel. Um eine kleine Liegegebühr kommt man trotzdem nicht herum.

Hinter den Fischerbooten finden wir zwei kleine Gostionicas; mir schmeckt der Fisch auf der Terrasse des Na Moru besonders gut. Ich bin mehrmals von Cres aus dort gewesen, es ist ein Tag, der meist

Charmantes Valun.

mit einem langen Abend bei einem guten Roten ausklang, denn wenn es kühler geworden ist, verlassen die Skipper ihre Boote und sitzen in der kleinen Gostionica, und beim dritten Glas Roten hört man dann viel Seglerlatein in mehreren Sprachen. Das ganze Ambiente ist etwas Besonderes, die Zeit scheint hier wirklich auf der Stelle zu treten.

Auf Ihrem Törn weiter nach Süden werden Sie immer öfters Buchten finden, die mit Bojen ausgestattet sind, wofür natürlich auch ein Liegegeld kassiert wird, das aber Gottlob niedriger ist als in den Marinas.

Lubenice

Bei der Weiterfahrt nach Süden können Sie einige Seemeilen nach Umrundung des Rt. Pernat oben auf dem Hochplateau die uralte Stadt Lubenice liegen sehen. Ein Besuch ist sehr zu empfehlen, wenn Sie mit dem Auto zur Insel CRES angereist sind. Eine schmale, sehr kurvenreiche Straße, von niedrigen Steinmauern eingesäumt, führt hinauf in die uralte Ansiedlung. Im August finden hier die »Lubenicer Musiktage« mit internationalen Künstlern statt, die Sie auf der Piazza oder in der Kirche erleben können.

Aber der alte Ort ist zu jeder Jahreszeit besuchenswert. Unternehmen Sie dann einen Rundgang durch die schmalen Gassen. Danach sollten Sie sich in der einfachen Gostionica vor dem Glockenturm bei lokalem Wein und Schinken laben, er ist eine Delikatesse. Als kostenlose Zugabe können Sie von der Terrasse einen überwältigenden Blick hinunter auf »Ihr Meer« genießen.

25° zeigt die Peilung nach Lubenice.

Festmachetonnen findet man in dieser Gegend immer häufiger.

Die alten Häuser von Lubenice blicken wehmütig nach Westen

Sollte einmal auf Ihrem Törn nach Süden der nötige Segelwind fehlen und Sie müssen motoren, empfehle ich Ihnen, so dicht wie möglich am Westufer der Insel CRES entlang zu halten. Keine Sorge, es ist bis ans Ufer heran sehr tief. Jetzt erst zeigt sich die ganze Schönheit der schroffen, von Wind und Wasser bizarr verformten Felsen, die je nach Tageszeit abrupt in azurblaues oder smaragdgrünes Wasser eintauchen. Sie werden eine Vielzahl kleiner Buchten entdecken, an die man allerdings ganz nah heran muss, um annehmbare Ankertiefe zu finden, wenn Sie an einen Badestopp denken.

Etwas südlich von Rt. Miracine können Sie in 400 m Höhe den spitzen Glockenturm einer Kirche entdecken. Wenn Sie den Ort vorher nicht einmal auf dem Landweg besucht haben, können Sie vom Wasser aus nur ahnen, dass sich oben am Bergrücken eine Siedlung befindet. Es ist die alte Stadt Lubenice, die schon seit 4000 Jahren bewohnt ist. Ich habe sie bereits auf Seite 58 kurz beschrieben, denn ein Besuch auf dem Landweg lohnt sich wirklich. Mehr sehen Sie im Film zum Buch.

Etwas später passieren Sie dann auch die Sveti-Ivan-Bucht direkt unterhalb des eben erwähnten Ortes. Seit vielen Jahrzehnten ziehen hier die Fischer ihre Boote aus dem Wasser und tragen dann den ganzen Fang des Tages ins Dorf hinauf.

Die Zanja-Bucht

Einige Seemeilen weiter südlich, nicht weit entfernt vom Feuer Visoki, haben Sie dann die Höhe der Bucht mit der »Blauen Grotte« erreicht. Dort findet sich eine nur vom Wasser aus zugängliche Höhle, in die man mit Maske und Schnorchel einige Meter hinein schwimmen kann. Erwartungsgemäß wird es selbst im Hochsommer drinnen Meter um Meter kühler. Bei meinem ersten Besuch hatte ich mit dem Felsengewölbe über mir das Gefühl, mich in einer Tropfsteinhöhle zu bewegen.

Es ist ein Erlebnis der besonderen Art, in die Grotte hinein zu schwimmen, aber machen Sie doch am besten Ihre eigene Erfahrung. Wie schon erwähnt, das Wasser ist hier sehr tief (noch dicht am Kieselstrand hat man 12 bis 15 m). Die beste Lösung ist, einer bleibt an Bord, der Rest der Mannschaft kann dann schwimmend den kleinen Ausflug genießen. Die Felsengrotte ist bei Fremden noch nicht sehr bekannt. Sie zu besuchen ist ein wirklich interessanter Stopp auf der Fahrt in den Süden und gleichermaßen eine Erfrischung. Die GPS-Koordinaten sind ⊕ **44°52,3'N-014°19,1'E,** wenn Sie die Bucht genau ansteuern möchten. Einige Seemeilen weiter südlich öffnet sich dann in weitem Bogen die Bucht von Martinšcica. Hier finden Sie mehrere verschiedene Anlegemöglichkeiten.

Die Zanja-Bucht mit der Höhle.

Die ruhige Ustrine-Bucht (CRES).

Hafen Martinšcica/CRES

◼ Steinerne Hafenmole mit Moorings und Wasseranschluss (CRO 100-18). Hier legt oft ein Ausflugsschiff an, deshalb muss die Südseite freigehalten werden. Alternative:
◼ Westmole, ebenfalls mit Strom und Wasser, aber Achtung auf Wassertiefe!
≡ **Ambiente:** Dörflich und einfach.
Anfahrt: ⊕ **44°48,5′N-014°21,1′E.** Bei Jugo tritt hier im Hafenbereich oft hoher Schwell auf, der am Steg zu Problemen führen kann. Bei ruhiger Wetterlage ist der Anleger eine gute Entscheidung für eine ruhige Nacht an Bord. Hafenhandbücher: »808 Häfen«, S. 86, sowie IIIA-D-1-d/24.
Versorgung: Im Ort: Supermarkt, Postamt, Arzt (Tel.: 574 178 und 051-571 128). Es gibt von hier regelmäßig Busverbindung nach Mali und Veli Lošinj, Flaschengas erhält man auf dem Campingplatz Slatina. Eine aus meiner Sicht empfehlenswerte Gaststätte ist die Gostionica Koralj, direkt am Wasser, wo man die Abendsonne lange genießen kann.

Weitere Liegeplätze: 5 sm südlich finden Sie die ⊕ **Ustrine-Bucht** (CRO 100/18)
Anfahrt: ⊕ **44°44,4′N-014°22,9′E.** Hier kann man auf 3 bis 6 m ankern, am besten im innersten Nordzipfel. Sehr oft ist man dort ganz allein, da die Bucht außer Ruhe nichts zu bieten hat. Ich lege mich auf meinen Törns von Cres südwärts gern für eine Nacht hier vor Anker, es ist fast ein Abschiednehmen von der Zivilisation. Jetzt sind es nur noch 2 sm bis zum Osor-Kanal, der den Weg in den Süden freigibt.

Martinšcica

Der Ort ist ein einfaches Fischerdorf, ruhig, besinnlich, keine Extras, heute ein kleiner, recht lebhafter Urlaubsort in den Wochen der Hochsaison. Sein Name kommt vom Heiligen Martin, dem auch eine Kirche oberhalb des Kieselstrandes geweiht ist. Wenn Sie Lust verspüren, sich etwas zu bewegen, bietet sich eine kurze Wanderung zum Dorf Vidovice an, das etwa 280 m über dem Meer liegt und einen erhebenden Ausblick nach Südwesten erlaubt. Der Weg ist ca. 2 km lang und zum Verschnaufen lädt oben ein Gasthaus ein.

Osor in Sicht!

Bei der Anfahrt aus Nord, also z. B. nach einer Nacht in der Ustrine-Bucht oder von Cres kommend, sieht man schon mehrere Seemeilen voraus den Glockenturm der Kathedrale von Osor.

Wenn man von Westen aus anfährt, z. B. von der Südspitze Istriens oder von UNIJE, passiert man am Rt. Osor den markanten Leuchtturm Hr. Galijola mit den Koordinaten ⊕ **44°44,0'N-014°10,5'E** und läuft dann auf südöstlichem Kurs auf die Stadt zu. Wenn Sie zur morgendlichen Öffnung um 09:00 Uhr angefahren sind, ist es sicherlich Ihr Ziel, die Schleuse zügig zu durchfahren, um schnell nach Süden voran zu kommen. Wenn Sie dagegen vor der abendlichen Öffnung des Kanals um 17 Uhr noch ein wenig Zeit haben, legen Sie Ihr Schiff an den Wartekai nördlich des Kanals, ggf. im Paket, um wenigstens einen kurzen Blick in die sehenswerte antike Stadt zu werfen, die einst zu den mächtigsten im Adriaraum gehört hat.

Von Süden kommend können Sie erwägen, eventuell über Nacht zu bleiben, denn es gibt jetzt auf der Südseite einen Anlegesteg mit Moorings. Mit wenigen Schritten erreichen Sie so die alte Stadtmauer und stehen vor der wunderschönen Kathedrale am Dorfplatz.

Osor war mit seinem Kanal einst eine eminent bedeutende Stadt mit wichtigen Kirchen, Klöstern und ist seit dem Jahre 500 Bischofssitz. Die bisher schon bestehende Möglichkeit, in der Bijar-Bucht zu ankern, ist nach wie vor eine schöne Alternative. Dieser Liegeplatz befindet sich nördlich der Durchfahrt vor der Ruine des ehemaligen Benediktinerklosters.

Liegeplätze nahe Osor
⚓ **Bijar-Bucht (CRES)**
Anfahrt: ⊕ **44°42,2'N-014°23,1'E.** Das ist die Ansteuerung der Buchteinfahrt. Am besten bringt man eine Heckleine zur Mole aus. Sie haben hier guten Schutz bei allen Winden (außer bei stürmischem West) und direkten Zugang zum schönen Ort Osor.

Ein romantischer Fußweg führt in fünf Minuten von der Ankerbucht am alten Kloster vorbei zum Ort, wo Sie einkaufen können und auch für Ihr Abendessen gute Gasthäuser finden, wie das Bistro Osor oder das Restaurant Bonifacic. Sie finden auch ein Geschäft für Artikel des täglichen Bedarfs, weiterhin das Postamt sowie ein Touristenbüro.

Die Alternative heißt ankern: ⚓ Radiboj- bzw. Ustrine-Bucht (siehe Seite 60). Von diesen beiden Plätzen können Sie den Ort Osor allerdings nicht erreichen.

Die Bijar-Ankerbucht nördlich von Osor.

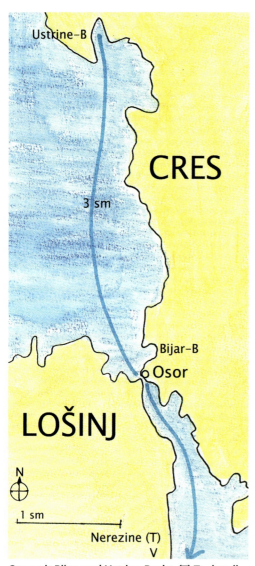

Osor mit Bijar- und Ustrine-Bucht. (T) Tankstelle

Wenn Sie die ersten Schritte über das antike Kopfsteinpflaster getan haben, werden Sie sofort vom Charme der kleinen Stadt gefangen genommen. Der ehemalige Glanz dieser so bedeutenden Siedlung als Knotenpunkt zwischen der Nordadria und den Städten der dalmatinischen Küste lässt sich noch an den gut erhaltenen oder restaurierten Bauwerken ablesen. Der Schlüssel für die große Bedeutung der Stadt aber war die Kavada, die 150 m lange und 12 m breite Durchfahrt vom Osorski Zaljev im Norden in den Lošinski-Kanal im Süden der Stadt. Diese Wasserverbindung wurde (sehr wahrscheinlich) bereits von den Römern geschaffen und war bis Anfang des 17. Jh. der bedeutendste Seeweg zwischen Venedig und Otranto.

Das spezielle Wahrzeichen der Bijar-Bucht.

Osor

Im Jahre 1000 segelte der venezianische Doge Peter Orseole mit seinen Schiffen nach Osor, der damaligen Hauptstadt der Inseln CRES und LOŠINJ. Ohne Kampf ergaben sich die Einwohner und das Gebiet wurde von diesem Augenblick an Teil der Republik Venedig. Danach kamen Byzantiner, später die Kroaten und darauf die Ungarn, bis das Cres-Osorer Fürstentum nochmals fast 400 Jahre lang zu Venedig gehörte.

Es ist interessant, durch die engen Gassen des Ortes zu wandern oder oben an der alten Stadtmauer auf die Osor-Bucht zu schauen und den Gedanken ihren Lauf zu lassen.
Stellen Sie sich einmal vor, wie in der Antike die venezianischen Adligen mit ihren Damen aus den Palästen traten, über die mit Bodenmosaiken reich verzierten Wege zur Andacht in die Kathedrale schritten oder an der Kavada ein Schiff bestiegen, um zu einem gesellschaftlichen Ereignis nach Veli Lošinj zu reisen, der damals größten Stadt auf der Doppelinsel.

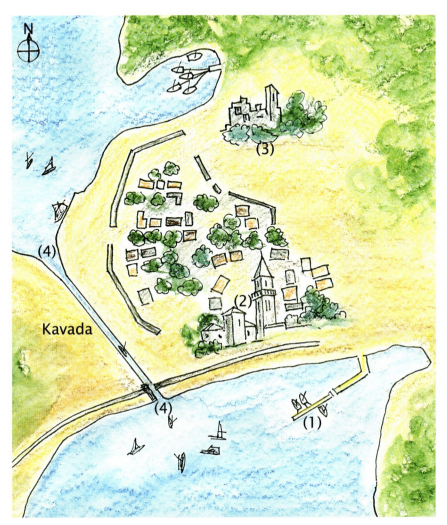

Osor-Kanal (Kavada) mit dem Ort Osor.
(1) Anlegesteg (neu)
(2) Kathedrale
(3) Benediktiner-Kloster
(4) Kavada

In der Blütezeit betrug deren Einwohnerzahl bis 30.000, heute sind es gerade noch 80! – Was war geschehen? Ein wichtiger Grund war die Weiterentwicklung der Segel und des Riggs. Man konnte dadurch den Wind besser nutzen und damit war die Möglichkeit zum Kreuzen gegeben. Die Abkürzung durch den Kanal war nicht mehr unbedingt nötig. Dazu kam, dass die Schiffe immer größer wurden, der Kanal war dafür nicht mehr geeignet und bald zu schmal und zu flach. So verlor die Kavada schnell ihre Bedeutung. In diesen Jahren wütete dazu eine schlimme Malariaepidemie und raffte den Großteil der Einwohner hinweg. Heute ist Osor wieder ein Ort voller Leben, ich lege gern hier an.

Alle Skipper warten auf die Öffnung der Brücke (4), die um 09:00 und 17:00 Uhr erfolgt.

Wir passieren den Osor-Kanal.

Osor ist heute eine bekannte Museums- und Musikstadt. Das hat mehrere kroatische Künstler angeregt, Skulpturen zum Thema Musik zu schaffen und in den Straßen aufzustellen. Gerade dieser Akzent gibt dem kleinen Ort ein besonderes Flair. Im Juli und August finden in der Kathedrale die weit über den Kvarner hinaus bekannten »Osorer Musiktage« statt, mit einheimischen und internationalen Künstlern. Informationen erhalten Sie im Touristenbüro des Ortes oder über Tel.: 051-273 110 oder 273 007. Die Eintrittspreise waren bis jetzt noch sehr moderat.

Wenn Sie in der stillen Bijar-Bucht vor Anker liegen, haben Sie einen kurzen schattigen Fußweg zum Ort Osor. Der verträumte Pfad führt zuerst an der Friedhofskapelle Sv. Marija vorbei und weiter entlang der ehemaligen Stadtmauer, die teilweise noch sehr gut erhalten ist. An deren Ende stoßen Sie auf das ehemalige Eingangstor zur Stadt, und am Eckhaus können Sie nach wie vor das eingemauerte Symbol des Hl. Markus, das Steinrelief des geflügelten venezianischen Löwen sehen. Folgen Sie diesem breiten Weg nach rechts zum Platz vor der Kathedrale. Auf Ihrem Weg durch den Ort werden Sie sicher auch der schönen Flötenspielerin begegnen.

Suchen Sie die Schöne von Osor.

Blick zur Kathedrale.

Sollten Sie sich erfrischen wollen oder hungrig sein, finden Sie bei Ihrem Rundgang sehr leicht die Konoba Bonifacic mit einem gemütlichen Garten (Tel.: 051-237 413) oder nicht weit davon entfernt das Bistro Osor, ebenfalls in einem wunderschönen ruhigem Ambiente gelegen (Tel.: 051-237 221).

Vom großen zentralen Platz können Sie das harmonische Renaissanceportal der Kathedrale aus dem 15. Jh. am besten bewundern, bevor Sie das Gotteshaus betreten. Von besonderem Interesse ist außerdem die kleine gotische Kirche des Hl. Gaudentius, des Schutzheiligen der Stadt, gleich rechts neben der Kathedrale. Dem Heiligen wird nachgesagt, alle Giftschlangen von der Insel vertrieben zu haben.

Die bedeutendste Einrichtung des alten Ortes war jedoch die Kavada, der Kanal, der beide Inseln trennt und auch verbindet. Für uns Sportskipper ist er heute eine wichtige Verbindung zwischen Istrien und den Inseln RAB, PAG und weiter südlichen Punkten von Dalmatien. Zweimal am Tag – um 09:00 und 17:00 Uhr – wird die Straßenbrücke zur Seite geschwenkt und die Fahrt durch die 12 m breite und 150 m lange Kavada ist frei. Die von Süden kommenden Schiffe, gleich welcher Größe, passieren zuerst. Beachten Sie bitte, dass im Kanal sehr starke Strömung entstehen kann. Deswegen hat es sich generell als richtig erwiesen, die kurze Wasserstraße zügig zu durchfahren. Dann im Lošinski-Kanal lässt man die roten Baken dicht an Steuerbord, denn es besteht nur eine schmale Fahrrinne mit maximal 3 m Wassertiefe. Aus Süden kommend hat man vor Erreichen des Kanals an Backbord den Ort Nerezine mit einer kleinen Marina, die ich auf Seite 66 beschreibe.

Relativ neu ist ein Anlegesteg mit Moorings südlich des Kanals (siehe Skizze S. 63), von wo man trockenen Fußes den Ort besuchen kann. Meine Restaurantempfehlungen finden Sie im entsprechenden Kapitel. Weiterhin gibt es seit einiger Zeit nördlich von Nerezine eine Tankstelle mit 2,40 m Wassertiefe. Dort findet die nicht mit dem Tanken beschäftigte Crew ein Café, einen kleinen Supermarkt und auch Toiletten. Wegen des insgesamt flachen Seebereiches sollte der Tankkai etwa im rechten Winkel zum Ufer angefahren werden.

Südlich von Osor bietet die Südwestküste der Insel CRES ein völlig anderes Bild als nördlich des Kanals. Die Ufer sind flach und bis ans Meer heran dicht mit mediterranem Urwald bewachsen. Die vorherrschende Farbe ist das intensive Grün der undurchdringlichen Macchia, idealer Schutz für Damhirsche, die man hier noch sehen kann. In der Seekarte finden sich viele kleine Ankerbuchten für einen kurzen Badestopp, die bei gutem Wetter auch über Nacht geeignet sind, wie z. B. die unbewohnte Martinšcica-Bucht.

Insel LOŠINJ

In Osor durch eine Brücke mit CRES verbunden schließt sich im Süden die Insel LOŠINJ fast nahtlos an. Der Name Lošinj bedeutet »grün in blau«, womit der Charakter dieser warmen und heiteren Insel sehr treffend beschrieben ist. Das ganzjährige milde Klima und seine natürliche Schönheit haben dem Eiland schon vor über 100 Jahren viele Erholung suchende Touristen aus ganz Europa gebracht, die ersten waren Österreicher von gehobenem Stande. Seit dieser Zeit wird die Insel von Ärzten wegen der würzigen Seeluft und der Heilkräfte des Meeres empfohlen.

Für uns Wassersportler bietet LOŠINJ zusammen mit ihren Nachbarinseln ein ansprechendes und sehr abwechslungsreiches Revier, auch für kleinere Yachten und Trailerboote.

Und es gibt wieder Delphine! Die Gewässer um LOŠINJ bis hinauf nach CRES wurden zum Delphinreservat erklärt, wo die sympathischen Säugetiere unter besonderem Schutz stehen. Zur Zeit wird die

Kolonie mit 150 Exemplaren angegeben, sie gehören alle zur Familie der »Großen Tümmler« (Tursiops Truncatus oder Bottlenose-Delfin).

Marina Nerezine

Wenn man um 17 Uhr aus Norden kommt und den Lošinj-Kanal durchfahren hat, bietet sich diese einfache Marina für die Nacht an. Sie liegt mitten in dem kleinen Ort und so sind es nur wenige Schritte vom Deck des Schiffes zu einem der urigen Gasthäuser entlang der schmalen Dorfstraße, und einen guten Wein gibt es allemal. Aus Süden kommend ist diese Marina ein guter Stopp dicht vor dem Privlaka-Kanal, wenn man am anderen Morgen seinen Törn zu nördlichen Zielen fortsetzen will.

Marina Nerezine/LOŠINJ

30 Plätze/4 m, marina.nerezine@ri.t-com.hr, www.marina-nerezine.hr
(T) Tankstelle
■ **Betonpiers mit Moorings**
≡ **Ambiente:** Sympathischer kleiner Hafen im Fischerort Nerezine.
Anfahrt: ● **44°39,7'N-014°24,1'E.** Hafenhandbücher: »808 Häfen«, S. 38 sowie IIIA-1-d/41
Versorgung: Am Liegeplatz: Strom und Wasser. Im Ort: Supermarkt, Postamt, Arzt, Krankenhaus, Apotheke, Bank. Im Touristenbüro Informationen für eine Bergtour auf den Televrina (588 m). In der kleinen Werft werden alle Reparatur- und Pflegearbeiten durchgeführt (Tel.: 051-237 297).
Alternativer Liegeplatz: ● **Stegplätze in der Werft-Marina Nerezine** dicht südlich der Marina Nerezine. Fragen Sie aber vorher an, ob es noch einen Platz gibt (Tel.: 051-237 297).

Die kleine Marina Nerezine. (1) Badestrand, (2) Restaurants.

Anfahrt auf Nerezine.

Auf der Weiterfahrt in südlicher Richtung wird uns an Backbord nun das Südende der Insel CRES begleiten. Hier finden sich an der recht grünen Küste fast am Ende die schon kurz erwähnte Bucht Martinšcica. Hier kann man auf Sandgrund ankern, allerdings Vorsicht, die Wassertiefe nimmt unregelmäßig schnell ab. Wenn Sie einen sicheren Ankergrund suchen, dann halten Sie noch ein wenig weiter zur Südküste der Insel CRES und gehen in die Jadriscica-Bucht (mehr Informationen auf Seite 80).

Auf unserem Törn weiter an der Insel LOŠINJ südwärts sehen wir nach einigen Seemeilen zwar schon die Wohnviertel von Mali Lošinj, die sich bis ans Ostufer der Insel erstrecken, es bestehen aber an dieser Küste außer der unsicheren Baldarka-Bucht keine weiteren offiziellen Anlegemöglichkeiten.

Der Südteil der Insel LOŠINJ mit den Satelliteninseln.

Die Küsten von LOŠINJ. Interessant auch die ORJULE-Inseln mit Ankerplätzen (aber: zwischen TRASORKA und LOŠINJ hat man nur 1 m Tiefe!)

Da wir die Öffnungszeit des Privlaka-Kanals verpasst haben (09:00 und 17:00 Uhr), halten wir noch ein paar Meilen weiter nach Süden und erreichen Veli Lošinj.

Veli Lošinj

Bei der Anfahrt kann es passieren, dass man den Kirchturm hinter den gewaltigen Pinien erst spät entdeckt, vertrauen Sie deshalb lieber den Ansteuerungskoordinaten: ⊕ **44°31,6'N-014°30'E.**
An Steuerbord passieren wir zuerst den großen Hotelkomplex auf der Anhöhe, dann liegt die schmale Bucht des Ortes vor uns. Die Zufahrt ist eigentlich nur ein schmaler Kanal mit einer Wassertiefe von 3 bis 4 m, ein Hafen oder eine Marina existieren hier nicht, Anlegemöglichkeiten finden wir nur längsseits an der Steinpier unterhalb des Kirchenschiffes und vor den Restaurants. Wir legen kurz an, trinken einen Cappuccino und beraten, was wir tun sollen, denn über Nacht kann man hier nur bei wirklich beständig ruhigem Wetter liegen.

Der kleine Ort Veli Lošinj ist aber in jedem Fall sehenswert, und wenn es nur für einen Kurzbesuch ist. Vielleicht sollten wir nur die schöne Kirche besuchen und dann gleich neben dem Schiff eine Mahlzeit einnehmen. Der interessante Ort breitet sich malerisch um die Hafenbucht nach beiden Seiten hin aus. So haben wir nur wenige Schritte, um den kleinen Ort etwas kennenzulernen.
Warnung! Obwohl der Ort sehr malerisch ist und zu einem längeren Aufenthalt einlädt, beachten Sie bitte, dass hier der Schirokko extrem hohen Seegang erzeugt und die Bora sehr gefährlich direkt einwehen kann, denn die kleine Bucht ist nach Norden hin völlig offen. Fazit: Der Hafen ist deshalb nur bei absolut ruhiger Wetterlage als Liegeplatz über Nacht geeignet.
Eine Alternative bietet sich ja im kleinen Hafen Rovenska, ca. 2 sm südlicher, hier gibt es ebenfalls mehrere nette Gaststätten (oder man kann Veli Lošinj von dort auch zu Fuß erreichen).

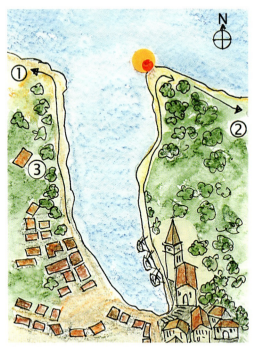

Die schmale Hafenbucht Veli Lošinj. (1) Weg nach Mali Lošinj, (2) nach Rovenska, (3) Gasthaus mit schöner Aussicht.

Rundgang durch Veli Lošinj
Die barocke Pfarrkirche Sv. Antun aus dem 18. Jh. ist einen Besuch wert, sie birgt dank der Kapitäne dieser Stadt die größte Kunstsammlung der Kvarner-Inseln, die ihre Dankbarkeit dadurch haben zeigen können, dass sie in Venedig Teile der zur Renovierung anstehenden Kirchen kauften und hierher brachten. So schmücken allein sieben barocke Altäre das Kirchenschiff.
In der Bora-Bar in Veli Lošinj können Sie zur Abwechslung mal italienisch essen. Pilze und Trüffel sind hier die Spezialität. Reservieren Sie in der Saison einen Tisch unter Tel.: 051-867 544.

🏠 **Romantischer Uferweg.** Ein schöner Weg immer am bewaldeten Ufer entlang existiert zwischen Mali Lošinj und Veli Lošinj. Das ist in beiden Richtungen eine nette Abwechslung nach einem langen Segeltag, oder spazieren Sie zum Abendessen nach Rovenska. Hinter der oben erwähnten Kirche in Veli Lošinj beginnt der Weg zu einem schönen Aussichtspunkt, von da weiter am Ufer entlang und nach 15 Minuten erreichen Sie den winzigen Ort Rovenska.

Anfahrt von Veli Lošinj.

Rovenska

Dicht südlich von Veli Lošinj findet sich in Rovenska ebenfalls ein kleiner Anlegekai. Vielleicht kennen Sie den kleinen Ort ja bereits. Unweit vom Steg gibt es mehrere kleine Gasthäuser, die alle um die wenigen Crews sehr bemüht sind.
Anfahrt: ● **44°31,4'N- 014°30,3'N.**

Zwei Buchten an der Ostküste von LOŠINJ, Veli Lošinj und Rovenska.

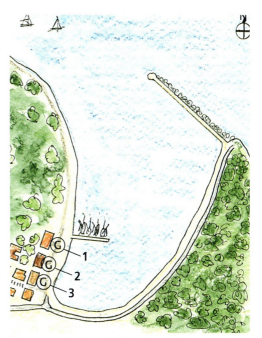

Rovenska-Bucht, (1), (2), (3) Gasthäuser.

Der kleine Anleger von Rovenska.

Es wäre unverzeihlich, von hier den kleinen Abstecher nach ILOVIK zu unterlassen. Die Inselgruppe, die neben der Hauptinsel noch SV. PETAR und KOZJAK umfasst, ist bei erfahrenen Adriaseglern gut bekannt. Der Ansteuerungspunkt aus nördlichen Richtungen ist ⊕ **44°28,0'N-014°32,4'E.**

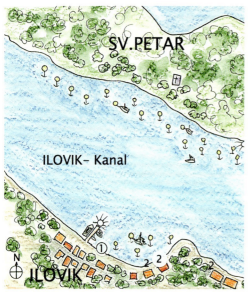

**Viele Bojen liegen im Kanal vor ILOVIK.
(1) Kleiner Anlegesteg, (2) mehrere Gasthäuser.**

Insel ILOVIK

Meeresrauschen, dazwischen das Zirpen der Zikaden, Möwenschreie, ein verlorenes Schaf blökt nach seiner Mutter – das ist häufig die Musik von ILOVIK am Abend, wenn die Ausflugsschiffe wieder abgefahren sind. Dann gehören der Hafen, der Kanal und natürlich die Restaurants entlang des Ufers allein den Bootsleuten, die mit ihren Dingis übersetzen. Andere bereiten nach einem erfrischenden Bad das Essen an Bord vor und freuen sich vielleicht auf einen romantischen Abend.
Die kleine Insel im Süden von LOŠINJ ist voll vom Charme des Unberührten. Auf dem Archipel sind noch 150 Einwohner zurückgeblieben, die fast ausschließlich vom Wassertourismus leben, also meist in der Gastronomie arbeiten. Viele der hier Geborenen sind schon lange ausgewandert, die meisten in die USA. Aber in der Ferne träumen sie alle von ihrer Insel. Für viele reicht das in der Fremde Ersparte aber nur für eine endgültige letzte Rückkehr in die geliebte Heimat, auf den Friedhof, wo für jeden ein Platz reserviert ist.
Der schmale Kanal zwischen der Insel ILOVIK und der grünen Friedhofsinsel SV. PETAR ist bei uns Adriaseglern sehr beliebt. Hier sind viele Bojen ausgelegt, an denen man festmachen kann. Mit dem Beiboot ist man dann schnell an der Insel und kann den kleinen Ort besuchen, der fast das ganze Jahr voller Blüten und Blumen ist, »Blumeninsel« wird das kleine Eiland deshalb zu Recht genannt. Vor dem Abendessen schlendert man durch die schmalen Gassen entlang der liebevoll gepflegten Blumengärten und kauft dabei noch dies und das ein, vielleicht etwas Obst für den nächsten Tag oder eine Flasche Wein.
Die erfahrenen Crews, die an Land gegangen sind, suchen nicht lange ihr Lieblingsrestaurant für das Abendessen, nur die neuen unter den Bojenliegern studieren erst einmal die Speisekarten oder werfen einen Blick in die Gärten der Wirtshäuser, wo schon einige Gäste ihren Fisch verzehren.
Nach dem Abendessen unternehmen wir oft nochmal einen kurzen Spaziergang durch das friedliche Dorf und beobachten die Bewohner, die vor ihren Häusern sitzen und mit ihren Nachbarn die Neuigkeiten vom Tage austauschen. Sie und wir leben in verschiedenen Welten. Uns zieht es zurück zu unserem Schiff.

Im ILOVIK-Kanal finden wir ein ⊙ Bojenfeld zwischen den beiden Inseln.
≡ **Ambiente:** Viele Bojen und ein charmanter Ort.
Anfahrt: ⊕ **44°28'N-014°32'E.** Hafenhandbücher: »808 Häfen«, S.43 sowie IIIA-D-1-d/75
Versorgung: Im Ort Ilovik: Supermarkt, Bäckerei und mehrere gute Gaststätten entlang des Wassers.
Weitere Liegeplätze: Südseite der steinernen Pier (1) mit Moorings, Strom und Wasser.

Am nächsten Tag halten wir an der Westküste von LOŠINJ wieder ein Stück nordwärts, unser Ziel ist Mali Lošinj. Auf diesem Schlag passieren wir zwei Ankerbuchten, die Balvanida- und die Krivica-Bucht.

Balvanida- und Krivica-Bucht

In der Balvanida-Bucht kommen die Feinschmecker auf ihre Kosten, denn von dort erreicht man das unter Bootsleuten weithin bekannte Restaurant Balvanida (Tel.: 091-515 0799). Die zweite Liegemöglichkeit liegt mitten im Wald, sie ist die letzte Uferaussparung vor der Einfahrt nach Mali Lošinj, denn in die Čikat-Bucht darf man in der Saison nicht einfahren, sie wird von den Schwimmern aus den umliegenden Hotels stark frequentiert.

> **Liegeplätze:** ⚓ Krivica-Ankerbucht, mitten im Wald gelegen (CRO 100-18/MK 8)
> **Anfahrt**: ⊕ 44°29,7'N-014°29,8'E
> ⚓ Balvanida-Bucht
> **Anfahrt**: ⊕ 44°29,3'N-014°29,9'E. Schiffe mit sehr geringem Tiefgang können hier auch an einer kleinen Mole festmachen.

Bevor wir jedoch in die Stadt einlaufen, müssen wir uns entscheiden, ob wir nicht eine Nacht vor Anker in der Artaturi-Bucht einschieben wollen, denn dann müssen wir uns nach Backbord orientieren.

Ginster und Meer, eine schöne Farbharmonie.

Vom Südende der Insel LOŠINJ ist es nur ein Katzensprung nach ILOVIK.

Čikat-Ankerbucht

Die Čikat-Ankerbucht mit ihren Villen aus der Gründerzeit sollte man von Mali Lošinj aus auf einem Spaziergang besuchen. Dabei durchquert man auch den herrlichen alten Park der Stadt, der schon im letzten Jahrhundert angelegt wurde.
Auf unserem heutigen Schlag nordwärts sehen wir dann bald die Leuchtturminsel ZABODASKI, die wir an Backbord lassen, und halten auf Mali Lošinj.

Die romantische Čikat-Bucht von Mali Lošinj.

Ein ruhiger Abend in der Artaturi-Bucht.

Liegeplatz: Artaturi-Ankerbucht
Anfahrt: 44°33,6'N-014°25'E
Hier findet man 4 bis 8 m Tiefe. Die Bucht ist in der Regel ruhig, nur bei heftigem Jugo kann es ungemütlich werden. Einen direkten Zugang zur Stadt hat man von da aus allerdings nicht, aber am Ufer gibt es ein ausgezeichnetes Restaurant, das Artatore von Zanja Zabavnik (Tel.: 051-232 932). Es rangiert in Istrien mit an der Spitze (offen ab April) und es hat bei Skippern einen sehr guten Ruf.

Wir aber halten auf die breite Einfahrt zu, die durch ein grünes und ein rotes Seezeichen markiert ist. Danach ändern wir unseren Kurs um 90° nach Steuerbord. Bis zum Ende der Bucht, wo sich die heute gut ausgestattete Stadtmarina Mali Lošinj befindet, sind es noch ca. 2 sm. Wer jedoch zur Marina Mali Lošinj will, sollte sich jetzt leicht nach Backbord orientieren.
Schon bei der Einfahrt in die Bucht von Mali Lošinj bemerkt man den starken Verkehr auf dem Wasser und erhält so schon mal einen Vorgeschmack auf die große Hafenstadt. Auf den meisten Segelbooten, die mit uns einfahren, werden die Tücher eingerollt, mehrere Ausflugsboote kreuzen gleichzeitig hektisch unseren Kurs und bald sehen wir drüben am Stadtkai vielleicht die imponierenden Masten einer großen Luxusyacht.
Wenn Sie aus östlichen Richtungen – z. B von RAB – kommen und nach Mali Lošinj wollen, müssen Sie den Privlaka-Kanal benutzen, der um 09:00 und 17:00 Uhr geöffnet wird. Die Ansteuerung dafür ist 44°32,8'N-014°27,8'E.

Mali Lošinj
Bald nach der Einfahrt in die große Bucht haben wir unmittelbar an Backbord die Marina Mali Lošinj, die jetzt um Stege an der Nordseite des Kanals erweitert wurde. Daneben liegt auch ganz bequem die neue Tankstelle. Wenn gerade nicht viel los ist, sollten Sie die Gelegenheit nutzen und tanken.
Wir halten weiter zur Stadtmarina Mali Lošinj, die weiter innen liegt.

Mali Lošinj

Der Privlaka-Kanal und die große Marina.

Die Stadtmarina schließt direkt an die schöne Hafenpromenade an, wo viele Geschäfte, Eisdielen und Gasthäuser auf uns warten. Besuchen wir nun die Stadt Mali Lošinj. Die Attribute »mali« (bedeutet auf Kroatisch klein) und »veli« (groß) haben sich schon lange umgekehrt, Mali Lošinj ist heute der größere, wesentlich bedeutendere der beiden Orte. Heute hat die Stadt rund 7000 Einwohner und ist damit der größte Ort im Kvarner-Gebiet.

Trotz allem kann die Wichtigkeit von heute nicht verglichen werden mit der eigentlichen Größe in der Blütezeit der Insel am Ende des 18. Jh. Die Schifffahrt mit Großseglern hatte zu dieser Zeit enorm an Bedeutung gewonnen. Die Stadt konnte ihre Schiffswerften erweitern sowie eine Seefahrtsschule, ein Wetteramt und eine Sternwarte einrichten. Mali Lošinj hatte bald die größte Handelsflotte im Mittelmeer. Diese Entwicklung wurde allerdings später durch den Übergang vom Großsegler zum Dampfschiff abrupt beendet. In der »guten alten Zeit« ist Mali Lošinj durch seine Kapitäne reich geworden, die sich auch prächtige Villen bauten und exotische Pflanzen, viele wertvolle Kunstgegenstände und Kirchenschmuck aus fremden Ländern mitbrachten, die man noch heute in den Kirchen bewundern kann. So sind auch die herrlichen Parkanlagen gestiftet worden, die der Stadt ihren besonderen Charakter verleihen.

Schwimmender Wochenmarkt in Mali Lošinj.

Die Durchfahrt an der Marina Mali Lošinj.

Wir legen heute nicht in der Marina Mali Lošinj an, wir halten weiter zum Stadthafen. Es ist immer wieder ein großartiges Bild, in die weiträumige Lošinj-Bucht einzufahren. Schnell entfaltet sich die interessante Stadt Mali Lošinj vor unseren Augen. Wir erkennen bald die schöne Kirche oben am Hügel und die vielen netten Häuser mit ihren kleinen Gärten, welche sich an den Hängen hinaufziehen. Viele sind oder waren die Anwesen der Kapitäne der letzten 200 Jahre.

An Backbord entdecken wir bald die neue Tankstelle und dicht neben der großen Werftanlage die Marina Mali Lošinj, die sich jetzt zu beiden Seiten der Brücke ausbreitet. Die Liegekapazität des Segelhafens wurde durch die Steganlage nördlich des Kanals erheblich erweitert.

Zwischen den beiden Teilen des Segelhafens verläuft der Privlaka-Kanal, den eine Straßenbrücke überspannt, die zweimal am Tage zur Seite geschwenkt wird. Diese kleine, aber sehr wichtige Wasserstraße ist 70 m lang und 7,5 m breit, also für die meisten Sportboote geeignet. Vorsicht ist hier bei Gegenwind geboten, dann könnten Boote mit Außenborder in Schwierigkeiten kommen, weil in solchen Situationen eine sehr starke Strömung im Kanal entstehen kann. Die Durchfahrt ist um 09:00 und um 17:00 Uhr möglich.

Wir halten aber weiter ins Zentrum, hier liegt direkt an der schönen Promenade der Stadthafen, der jetzt auch moderne Sanitäranlagen bietet.

Marina Mali Lošinj

150/3 m, CRO 100-18, Tel.: 051-231 626, Fax: 233 833, www.ycmarina.hr
UKW-Kanal 17
(T) Tankstelle
■ Stege mit Moorings, Strom und Wasser
≡ **Ambiente:** Eine Art »Logenplatz« am Wasser.
Anfahrt: 44°33,0'N-014°24,6'E. Hafenhandbücher: »808 Häfen«, S. 41 sowie IIIA-1-d/51
Versorgung: Am Liegeplatz: Marina-Standard. Motorenservice und alle weiteren Reparaturen in der großen Werft gleich nebenan.

In der Stadt Mali Lošinj finden Sie alle Geschäfte für den täglichen Bedarf, einen großen Fisch-, Obst- und Gemüsemarkt, weiterhin Ärzte, Zahnärzte, ein Krankenhaus, Apotheken, Tierarzt, Motorservice (Tel.: 051-571 210). Sie sollten allerdings wissen, dass Sie von der Marina aus in die Stadt einen Fußweg von etwa 25 Minuten haben.

Segler, die nur eine Nacht in Mali Lošinj festmachen, gehen gern in den Stadthafen (s. S. 75) direkt im Zentrum des interessanten Ortes mit vielen Restaurants und Geschäften an der Promenade. Ihr Schiff liegt sicher am Steg und Sie können sich die Stadt ansehen oder meinen Vorschlägen zu interessanten Punkten folgen, die ich für Sie auf den nächsten Seiten zusammengestellt habe. Ein sehr empfehlenswertes Restaurant vorab ist das Corrado oben bei der Kirche. Daneben finden sich viele einladende Gaststätten an beiden Seiten der Bucht.

Kulinarisches

Seeteufel-Brudet ist eine Spezialität aus Fisch, Zwiebeln, Tomaten, Möhren und Wein. Nach meiner Erfahrung ein köstliches Sonntagsessen. Fragen Sie doch einfach danach.
Marenda ist eine Zwischenmahlzeit zwischen Frühstück und Mittagessen. Sehr beliebt ist eine spezielle Bohnensuppe mit Speck oder Würsten.

Stadthafen (Riva) Mali Lošinj

Tel.: 051-234 081 und 234 082, Fax: 231 681.
Die Marina ist von Juni bis Oktober geöffnet.
(T) Tankstelle in der Bucht.
■ Schwimmstege mit Moorings, Strom und Wasser.
≡ **Ambiente:** Komfortabler Platz mitten in der belebten Stadt.
Anfahrt: wie Marina Mali Lošinj.
Versorgung: Am Liegeplatz findet man Wasser und Strom sowie im Haus gegenüber den Stegen neue Sanitärräume. In der Stadt haben Sie alle Einkaufsmöglichkeiten, auch zwei Schiffsausrüster an der Promenade. Flaschengas erhält man vormittags bis 11 Uhr am Campingplatz Čikat. Gaststätten gibt es unzählige. Vom Stadthafen leicht zu erreichen gleich mehrere an der Promenade. Ich war in der Konoba Chalvin an der Uferstraße immer sehr zufrieden.

Die Wanderung nach Veli Lošinj sollten Sie ebenfalls nicht auslassen, auch wenn es schon 17 Uhr geworden ist. Sie können in dem kleinen Ort auch zu Abend essen (Seite 67).

Rundgang durch Mali Lošinj

Auch diesen Spaziergang kann man gut noch nach dem Anlegen unternehmen, eventuell in Verbindung mit einem Abendessen. Vom Stadthafen gehen Sie dazu um den neu gestalteten großen Platz der Republik herum und begeben sich in das Gassengewirr am Ostufer, das Sie schnell nach oben führt. Orientieren Sie sich also etwas nach links. Entdecken Sie wunderschön angelegte Gärten oder überschäumende Wildnis mit z. T. exotischen Pflanzen, Blüten und Blumen. Sie werden auch noch einige Häuser entdecken, die vom ehemaligen Reichtum der Kapitäne erzählen. Das erste Ziel ist die Pfarrkirche Maria Geburt (Sv. Marija) oben auf dem Hügel. Nur wenige Schritte sind es nach dem Besuch der Kirche von hier zum gemütlichen Wirtsgarten Corrado in der Ulica Sv. Marija Nr. 1. Bitte vorher anrufen, der Garten ist klein und das Lokal sehr gefragt (Tel.: 051-232 487).

**Der zentrale Stadthafen Mali Lošinj.
(1) Rezeption, (2) Sanitärräume.**

Wenn Sie in der Stadtmarina festgemacht haben, kann ich Ihnen sehr empfehlen, die schöne alte Stadt zu Fuß zu erobern. In meinem Vorschlag finden Sie Empfehlungen für die ganze Familie.

Anfahrt auf den nächsten Liegeplatz.

🏠 **Zum urigen Fischerhafen Sv. Martin in Mali Lošinj.** In knapp 20 Minuten haben Sie zu Fuß den alten Fischerhafen am Limski-Kanal erreicht. Dort in der Sv. Martin-Bucht finden Sie zwei einfache, aber gute Gasthäuser und in Sichtweite gibt es auch einen recht schönen Badestrand, vielleicht für die Kinder? Der kurze Weg um die Bucht herum führt auch zum kleinen Friedhof, der sich neben der Kirche hinter einer hohen Mauer versteckt. Die Grabsteine spiegeln die Geschichte der Stadt sehr eindrucksvoll wider.

Eine weitere Alternative ist die landschaftlich einmalig schöne 🏠 **Uferwanderung nach Veli Lošinj.** Gehen Sie die breite Straße am Ende der großen Hafenbucht hinauf. An der Polizeiwache vorbei finden Sie linker Hand eine kleine Treppe hinunter ans Wasser. Von da geht es auf einem gut befestigten Weg immer am Ufer entlang nach Veli Lošinj. Immer wieder bieten sich interessante Ausblicke auf das Meer und die Küste. Sie kommen an der Baldarka-Bucht vorbei, die voll belegt ist mit Fischerbooten. Auf diesem schönen Weg finden Sie auch Bänke, von weit ausladenden Pinien beschattet, die zum Rasten und Schauen einladen. Die starken Kontraste der vom Wind zerzausten Bäume mit dem türkisfarbenen Meer und dem lichtblauen Himmel können einen Naturliebhaber wirklich entzücken. Für den gesamten Fußweg braucht man knapp eine Stunde.

≡ **Tennisplätze unter Pinien** gibt es ebenfalls in Čikat (Tel.: 231 222).

≡ **Tauchen**: Wenn Sie eine Ausrüstung leihen oder in die Technik eingewiesen werden möchten, in der Čikat-Bucht ist es möglich (Tel.: 232 918 und 232 038), die wir jetzt besuchen wollen.

Zur schönen Čikat-Bucht (LOŠINJ)

Vom Stadthafen gehen Sie ein paar Schritte in Richtung des großen Platzes bis zum Standbild an der Uferpromenade und biegen dann nach rechts in eine der schmalen Gassen ein. Nun weiter geradeaus, dann die Stiegen hinauf, zwischen Gärten entlang, bis Sie nach etwa 200 m zu dem großen Pinienpark kommen. Setzen Sie Ihren Weg einfach geradeaus fort und sehr bald sehen Sie schon die Čikat-Bucht durch die Bäume schimmern. Zwischen den Hotelanlagen finden sich Möglichkeiten, hinunter zum Strand zu gelangen. Am Ufer entlang führt ein schmaler Fußwege bis hinaus ans offene Meer, aber zwischendurch finden Sie auch Gelegenheiten, sich zu stärken.

Der gerade erwähnte Ausflug eignet sich auch für einen sehr kalten oder windigen Tag, z. B. bei starker Bora. Warum? Die Bucht und der Park sind nach Westen ausgerichtet und dadurch vor der Bora geschützt, somit viel freundlicher und wärmer als die Stadt Mali Lošinj selbst, die vor dem Hügel liegt. Das war auch einer der Gründe, warum der Geldadel aus Wien und Budapest Ende des 19. Jh. dort luxuriöse Villen bauen ließ.

LOŠINJs Westküste, Nordteil

An diesem Abschnitt finden Sie nach Verlassen des Lošinj-Kanals eine steile Küste vor, ansteigend bis zum höchsten Berg des gesamten Archipels, dem Televrina mit 589 m, den Sie z. B. von Nerezine aus besteigen können. An Backbord passieren Sie die Miniinseln VELE und MALE SAKRANE mit einer langen Geschichte. Heute leben hier nur noch wenige Einwohner. Beide Inselchen waren schon in vorchristlicher Zeit besiedelt, Reste einer bronzezeitlichen Wallburg legen davon Zeugnis ab. Bei ruhigem Wetter kann man dort für eine kurze Besichtigung festmachen. Unser Ziel, die Insel UNIJE, liegt nun Backbord voraus.

Insel UNIJE

Nur wenige Seemeilen westlich von LOŠINJ, aber eine »vergessene Insel«, wie Einheimische oft sagen, sie ist ein echtes Beispiel von Entlegenheit. Kaum mehr als 70 Einwohner leben hier, es gibt keine Autos, keine Polizei. Ungewohnte Ruhe umgibt die Obstgärten, die Olivenplantagen und Weinfelder dieser grünen Insel direkt vor den Toren von LOŠINJ und doch so weit weg. Dafür existiert hier ein Sportflughafen für kleine Maschinen, die aus Deutschland, Österreich und Italien landen.

Die Westseite ist flach und grün. Nur leicht erhebt sich auf der Ostseite das Hinterland bis auf 132 m über dem Wasserspiegel. In dieser Bucht liegt der einzige Ort, Unije, mit einem kleinen Fähranleger. In der Maraćol-Bucht auf der Ostseite der Insel existiert ein großes Bojenfeld, wo wir Sportskipper gern anlegen.

Insel SUSAK

Unsere einzige Begegnung oben auf der Insel UNIJE.

Die große borasichere Maračol-Bojenbucht.

Liegeplätze auf UNIJE:
🔵 Bojenfeld auf der Ostseite der Insel (CRO 100-17)
Anfahrt: ⊕ **44°38,1'N-014°15,7'E**
Auf der Westseite der Insel haben wir eine weitere Anlegemöglichkeit in der Maračol-Bucht:
■ **Hafen Unije/Westseite.** Einige wenige Plätze am inneren Teil des Fährsteges, z. T. mit Moorings und Strom. Der äußere Abschnitt muss aber unbedingt für die Passagierfähre freigehalten werden. Zeitweise hat man auf dieser Seite auch viel Schwell und hohe Dünung.
Anfahrt: ⊕ **44°38,3'N-014°14,5'E.**
Hafenhandbücher: »808 Häfen«, S. 40 sowie IIIA-D-1-d/72
Versorgung: Im Ort ist ein Supermarkt und ein gutes Gasthaus. Die Gaststätte Palmira nahe am Hafen Unije ist zu empfehlen. Hier steht die Wirtin hinter dem Herd und brät Fisch aus dem morgendlichen Fang oder Lamm aus eigener Zucht (Tel.: 051-235 719). Vergessen Sie nicht Ihre Taschenlampe für den Heimweg, wenn Sie in der Maračol-Bucht liegen.

Unser nächster Schlag geht wieder in südliche Richtung. 10 sm entfernt liegt die Sandinsel SUSAK, mit Weinbergen und einem sehr sympathischen Ort gleichen Namens. Ja, Sie lesen richtig, eine Insel ganz aus Sand, und das hier in Kroatien.

Insel SUSAK

Von 1185 Adriainseln ist sie die einzige, die vollständig aus Sand besteht. 20 Millionen Kubikmeter haben sich hier abgelagert. Bisher rätselt die Fachwelt immer noch über das Woher und Wie.
Diese besondere Bodenbeschaffenheit bestimmt auch die Vegetation der Insel. Weinbau wurde früher groß geschrieben. Die Insel besaß die meisten Weinberge des ganzen Inselarchipels, bis die Pflanzen an einer Blattkrankheit zugrunde gingen. Heute pflegt man den Weinanbau wieder auf kleinen Arealen oben auf der Kuppe des Berges, wovon Sie sich bei einer kurzen Wanderung überzeugen können, wenn Sie meinem Vorschlag folgen werden.
Sehr wenige Menschen leben ständig auf der Insel, viele Bewohner sind auf der Suche nach Arbeitsmöglichkeit in die Städte nach Italien und in die USA ausgewandert, in der Regel kommen nur wenige zurück.

Der kleine Liegeplatz Susak. (1) Flacher Badestrand, (2) Konoba Vera, (3) Weg zum Oberdorf, (4) Supermarkt.

Hafen Susak
CRO 100-17

■ Hier liegt man an der Innenseite einer Steinpier, jetzt mit Moorings, außerdem gibt es einige Plätze im Einfahrtsbereich. Achtung auf Reste einer früheren Mole (in der Zeichnung mit Kreuzchen markiert), die z.T. dicht unter der Wasseroberfläche liegen.
≡ **Ambiente:** Wie in einem Fischerhafen.
Anfahrt: ● **44°30,8'N- 014°18,8'E.** Bei Bora steht der Seegang auf die schmale Hafeneinfahrt, das Anlaufen kann dann schwierig sein. Hafenhandbücher: »808 Häfen«, S. 40, IIIA-D-1-d/64
Versorgung: Im Unterort nahe dem Liegeplatz finden Sie einen Supermarkt, das Postamt, mehrere Konobas und eine Eisdiele. Für das Hospital in Mali Lošinj wählt man Tel.: 051-216899, Ambulanz Tel.: 051-239 003. Im oberen Ortsteil liegt die Kirche des Ortes und man findet eine weitere kleine Konoba.

Der besondere Ort Susak
Die kleine Insel ist frei von jedem Autoverkehr, alles wird mit Schubkarren transportiert, auf dem Kopf oder über der Schulter getragen.

Das Hafenbecken von Susak ist heute mit Moorings ausgestattet.

Auf der Insel gibt es keine Quellen, das Wasser kommt aus Zisternen oder wird mit dem Schiff von Mali Lošinj herübergebracht. Trotz dieses Mankos entstand bereits im 11. Jh. die ursprüngliche Siedlung um die frühere Benediktinerabtei Sankt Nikolaus herum, die oben im Dorf auf dem Hügel stand. Wenn Sie ein wenig Lust bekommen haben, dieses besondere Stück Erde etwas näher kennen zu lernen, begleiten Sie mich durch die engen, mit Schilf bestandenen Wege ins Oberdorf und zum sehenswerten kleinen Friedhof mit Emaillebildern.
Die Insel SUSAK nimmt nicht nur wegen ihrer Bodenbeschaffenheit eine Sonderstellung unter den kroatischen Inseln ein. Die Bewohner haben noch eine eigene Sprache mit mittelalterlichen Elementen erhalten und sie pflegen besondere Bräuche, feiern Hochzeiten sowie das Ende der Weinlese auf ihre Art. Die Tracht mit zwölf Röcken übereinander, die man an Sonntagen noch sehen kann, ist ebenfalls einmalig. Folgen Sie mir auf meinem Rundgang, und Sie werden einiges davon entdecken.

Dorfidylle im oberen Teil des Ortes.

Auf SUSAK ist die Zeit stehen geblieben. Die meisten Einheimischen, die man im Ort trifft, sind alte Menschen, denn es gibt auf der Insel kaum eine Existenzmöglichkeit. Wenn man durch das Dorf geht, fällt es darum gleich auf, wenn man zufällig einer Gruppe Halbwüchsiger begegnet, die auch noch Englisch sprechen. Es sind die Nachkommen der vielen Bewohner von SUSAK, die nach und nach in die USA ausgewandert sind und im Sommer ihre Kinder und Enkel auf die Insel schicken, dorthin, wo ihre Großeltern gelebt haben.

SUSAK ist von der Bodenbeschaffenheit her im wahrsten Sinne des Wortes einmalig, weil in der östlichen Adria keine weitere Insel ganz aus Sand besteht. Erfahren Sie all das selbst. Gehen Sie mit mir ein paar Schritte über die Dorfstraße und dann hinauf ins Oberdorf. Entlang der Gärten verläuft der steile Pfad zur Nikolauskirche aus dem 15. Jh. Sie besticht durch ihre Einfachheit. Innen hängt ein byzantinisches Holzkreuz aus dem 12. Jh., das Fischer am Strand gefunden, als gutes Zeichen für das kleine Dorf gedeutet und in die Kirche gebracht haben. Am Ende des Oberdorfes kommen Sie zu einem Pfad, der nach 300 Metern auf dem Friedhof endet. Ganz im Kontrast zum einfachen Dorf steht man hier unerwartet vor aufwändig mit Marmor verzierten Grabstätten. Viele sind mit Fotos der Verstorbenen geschmückt und reich mit Blumen belegt. Was auffällt ist, dass viele Namen immer wieder auftauchen und manche italienisch anmuten. Hier auf der Höhe hat man einen herrlichen Blick weit über das Meer hinaus zur Insel LOŠINJ, mit der SUSAK eng verbunden ist.

Ein alternativer Rundgang beginnt unten im Ort, hinter der Konoba Vera, wo zwischen den kleinen Häusern ein schmaler Pfad zum Leuchtturm abzweigt. Es ist ein romantischer Hohlweg, gesäumt von meterhohen Sandwänden, darüber üppige Schilfvegetation und Brombeerbüsche. Die Heckenrosen der Gärten scheinen sich über den Weg hinweg zu vereinen, ein unverhoffter Schattenplatz für Mensch und Tier. Die Wespen summen und die Sonne bricht nur strahlenweise durch das dichte Gestrüpp, schnell huscht vielleicht noch eine Katze über den Weg und dann hat Sie der lichte Weg wieder. Links und rechts die kleinen Weingärten, die ich schon erwähnt habe. Hier wächst der gute Susak-Wein, der wegen des Sandbodens und der intensiven Einstrahlung der Sonne eine besonders intensive Farbe und einen ganz typischen Geschmack entwickelt. Auf der Insel werden Sie ihn mit Genuss trinken, nach Hause mitgenommen enttäuscht er sehr. Gehen Sie weiter auf die Anhöhe zu, dort oben können Sie im Spätsommer köstliche wilde Brombeeren pflücken.

Durch hohes Gras führt Sie auch dieser Weg weiter zum interessanten Friedhof, wenn Sie sich oben an der Weggabelung links halten. Die reich dekorierten Grabanlagen werden Ihnen auffallen. Wieder unten angekommen, sollten Sie den Tag unter einem Schilfdach auf der Terrasse der Konoba Vera beschließen, wo Sie gut bedient werden.

Susak liegt Ihnen zu Füßen.

In der erwähnten Konoba lasse ich den Tag gern mediterran ausklingen, am liebsten mit Auberginen in Olivenöl angedünstet und dann einen frischen Fisch vom Grill, dazu einen Roten von der Insel. Ja, ein solcher Wein passt auch zu Fisch sehr gut, ich habe das mehrfach ausprobiert. Zum Schiff zurück sind es dann nur noch wenige Schritte.

Weitere Liegeplätze:
⚓ **Ankerbucht gegenüber dem Ort Susak.**
Man hat hier einen flachen Sandstrand, allerdings ist dieser Platz in nördlicher Richtung recht offen. Bei richtigem Wetter sehr zu empfehlen.
Anfahrt: 🎯 **44° 30,6'N-014° 19'E**
⚓ **Porat-Bucht.** In dieser unbewohnten Bucht auf der Westseite der Insel SUSAK findet man weitere Plätze zum Ankern, allerdings hat man von hier keinen direkten Zugang zum Ort.
Anfahrt : 🎯 **44°30,8'N-014°17,2'E**

Wir haben gestern Abend wieder gut zu unserem Boot gefunden und sind in unsere Kojen gefallen. Mit leichtem Nordwest geht's heute zurück nach Mali Lošinj und um neun Uhr durch den Privlaka-Kanal. Nun sind wir an der Ostseite von LOŠINJ und haben Kurs NE zur Insel RAB eingeschlagen.

Wenn Sie zu den östlichen Inseln im Kvarner unterwegs sind, bieten sich nach der Passage des Kanals an der Südküste von CRES mehreren ruhige und recht sichere Möglichkeiten für eine Nacht an, es ist die große Jadrišcica-Bucht und die Kolorat-Bucht mit mehreren Armen (Seite 81).

⚓ **Jadrišcica-Bucht/CRES innerer Teil**
CRO-100-18, »808 Häfen«, S. 39, IIIA-D-1-d/17
🟠 **Jadrišcica-Bucht/CRES vorderer Teil**
Hier liegen jetzt gebührenpflichtige Bojen aus.
Anfahrt: 🎯 **44°36,5'N-014°30,7'E.** Beachten Sie bitte die Untiefe südwestlich der Einfahrt. Alternativen findet man in den östlichen Nachbarbuchten Baldarin und Meli.
⚓ **Ankergrund auf 3 bis 6 m.**
Daneben bieten sich als alternative Liegeplätze die Kolorat-Bucht und ein ganzes Stück weiter nördlich die Koromačna-Bucht an. Näheres ab Seite 81.

Insel SUSAK

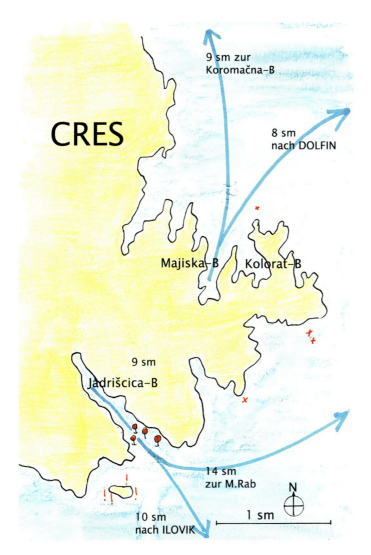

Liegeplätze in Buchten

⚓ Kolorat-Bucht
Die Kolorat-Bucht ist eine weitläufige Ankerbucht an der Ostküste mitten im Wald gelegen mit guten Ankergrund auf 2 bis 3 m Tiefe. Für den Kompass: ⊕ **44°38,9'N-014°31,6'E.**

⚓ Koromačna-Bucht
(CRO 100-18). Vor Buganker an einer Steinmole. Die genaue Anfahrt:
⊕ **44°47,2'N-014°28,1'E**, Hafenhandbücher: »808 Häfen«, S. 37.

Ungewöhnliche Buchten finden Sie auch an der Ostküste der Insel.

Teil 4:
Die östlichen Inseln im Kvarner

Umfang des Teilreviers
Der Kvarner ist der große Golf in der nördlichen Adria. Wir bewegen uns ab jetzt im östlichen Bereich. Dieser Teil umfasst die Inseln KRK, RAB, PAG sowie die Festlandsküste zwischen Crikvenica und Starigrad.

Seekarten
Hier benötigen Sie die kroatischen Seekarte CRO 100-18 oder die Sportbootkarten MK 4 bis 10.

Insel KRK

Die Insel KRK ist praktisch gesehen eine Halbinsel, denn seit 1980 überspannt die gigantische Krkcy-Brücke in großen Bögen den Vinodolski-Kanal. Für Rijeka ist KRK ein echtes Naherholungsgebiet geworden. An den Wochenenden sind die gut ausgebauten Straßen auf der Insel viel befahrene Wege. Abgesehen von der Anreise kommen wir Bootssportler aber von der Wasserseite, und da gibt es noch viele ruhige Buchten und interessante Orte, die individuell entdeckt werden wollen. KRK bietet neben sehenswerten historischen Städten, lebendigen Klöstern und einsamen Buchten in der Saison auch Musikveranstaltungen und Ausstellungen im Freien.

Anreise auf dem Land- und Luftweg
Die Insel KRK erreicht man mit dem Pkw von Rijeka aus schnell über die Magistrale. Die Deutsche Bahn verkehrt am Tag und auch nachts mit Schlafwagen bis nach Rijeka, von da aus geht es weiter mit dem Bus. Heute existieren außerdem von vielen europäischen Städten direkte Flugverbindungen nach Rijeka. Die Marina Punat ist der größte und sehr sichere Segelhafen auf der Insel KRK, auch für einen mehrtägigen Aufenthalt. Von dort aus führen ausgeschilderte frühere Hirtenwege durch den Wald. Sie können die historische Vergangenheit der Bischofsstadt Krk erkunden, auch das Kloster Košljun auf einer kleinen Insel besuchen oder einen Tauchausflug in viele interessante Unterwasserreviere unternehmen.

Die Brücke, die KRK mit dem Festland verbindet.

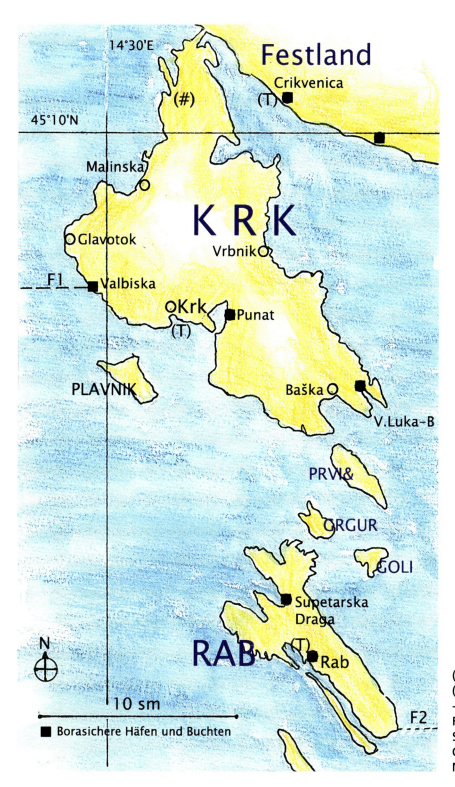

Marina Punat

800 Plätze/3,5 m, CRO 100-18, Tel.: 051-654 111, Fax: 051-654 110, Marina-punat@marina-punat.hr, www.marina-punat.hr
UKW-Kanal 17
(T) im Ort Krk
◼ Schwimmstege mit Moorings, Strom und Wasser. Achten Sie bei der Anfahrt auf das große Schild »TRANZIT« (betrifft alle, die dort keinen festen Liegeplatz haben).
Liegegebühren: C
≡ **Ambiente:** Ein Segelhafen wie eine kleine Stadt, ideal, um von hier aus die Insel RAB zu erkunden.
Anfahrt: ⊕ **45°00,7'N-014°37,1'E**
(Rt. Straziku/Einfahrt in die Bucht).
Versorgung: Am Liegeplatz finden Sie Marina-Standard, WLAN, Wäscherei, Restaurants, Geschäfte. Das sehr idyllisch gelegene Hotel und gute Restaurant Kanajt (Tel.: 051- 654 342) im Wäldchen gegenüber gehört zur Marina-Gesellschaft (Tel.: 051-654 340). Hier sitzt man gut unter Schatten spendenden Bäumen und genießt eine vorzügliche Küche.
Im Ort finden Sie einen Supermarkt, Obststände, Ärzte, Zahnärzte, Krankenhaus, Apotheke, Motorservice Tel.: 051-654 310.

Anfahrt Krk Ort und Marina Punat.

Punat

Segeln kann man hier gut mit Kultur verbinden. In zehn Minuten zu Fuß erreicht man von der Marina aus den Ort Punat.
Gehen Sie dort unter großen schattenspendenden Bäumen am Wasser entlang zu dem kleinen Touristenbüro (2) direkt am Wasser, wenn Sie mit dem Wassertaxi zur Insel KOŠLJUN fahren wollen, um das alte Franziskanerkloster zu besuchen, das Sie in eine vergangene, unbekannte Welt entrückt. Ich kann diesen Ausflug sehr empfehlen.
Sieben Minuten lang fahren Sie mit dem Motorboot über den Puntarska Draga, ein wie ein Binnensee anmutendes Wasser, und Sie betreten ein grünes Inselchen, dicht bewachsen mit Schwarzkiefern und Pinien. In dem kleinen Wald um das Kloster herum gibt es viele seltene Pflanzen, deshalb wurde die Insel auch zu einem besonderen »Reservat für Wald und Vegetation« erklärt.

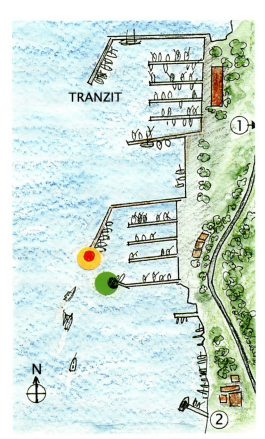

Marina Punat mit Transitsteg für Tagesgäste (TRANZIT). (1) Hotel Kanjat, (2) Abfahrt zum Kloster.

Wandelgang im Kloster Kosljun.

Die Stadt Krk ist auch für den Kuttenträger nur auf dem Wasserwege zu erreichen.

Vielleicht haben Sie bei der Anfahrt der Marina Punat auf dem Wasserweg an Backbord die grüne Klosterinsel KOŠLJUN bemerkt. Sie können sie vom Ort Punat aus mit einem Wassertaxi recht preiswert besuchen.
Dort auf der Insel ist fast alles noch so wie vor 500 Jahren, wenn man von Telefon und Elektrizität absieht. Die Gebäude, die herrlich geschmückte Kirche und die uralten Schwarzkiefern und Pinien drum herum und auch die Mönche selbst strahlen eine Ruhe aus. So eine Atmosphäre könnte hier bereits im Mittelalter in ähnlicher Weise geherrscht haben.
Vom 12. bis 15. Jh. war hier eine Abtei, erst 1447 haben die Franziskaner das Kloster übernommen und weiter ausgebaut. Man kann die schöne Kirche besuchen, sehen Sie sich dort auch den wertvollen Altar an und die alten Handschriften sowie einen Ptolemäischen Atlas, der um 1759 zum Teil in glagolitischer Schrift gedruckt wurde.

🏠 **Aktivitäten an Land und zu Wasser (wenn Sie in der Marina liegen):**
Tennis kann man am Hotel Kanajt spielen, Anmeldung Tel.: 654 340. Es gibt hier auch einen **Taucherclub** unter deutscher Leitung (Tagesgäste sind willkommen, Tel.: 051-855).

Die Fischertage: Im August findet hier ein Volksfest statt, bei dem auch Fremde willkommen sind. Informationen im Touristenbüro.

Die Segelregatta CROATIA CUP ist weithin bekannt, sie findet in diesem schönen Revier statt.
Im September erfährt man sehr viel über die **Olivenernte**.

🏠 **Auf Hirtenpfaden die Landschaft erfahren.**
Es ist möglich, zu Fuß die höchsten Gipfel der Insel KRK zu erklimmen. Es gibt markierte Wege zum Veli Vrh mit 541 Metern oder zum Brestovica mit 558 Metern. In der Rezeption erhalten Sie ausführliche Informationen und eine Karte. Fragen Sie dort gleich nach den Abfahrtszeiten der Busse, wenn Sie nicht wieder zu Fuß zurück wollen. Sie überwinden von der Meereshöhe aus gerechnet 541 Höhenmeter und es kann sehr heiß werden. Also, genügend Getränke einpacken.

Besuch des Hl. Georg von Punat

In der Stille von Olivenhainen ruhen die Reste einer sehr alten Kirche, die seit dem 7. Jh. an dieser Stelle existiert, irgendwann abgebrannt war und auch dort wiederaufgebaut und später verändert wurde. Von diesem Platz aus kontrollierten schon byzantinische Wachposten den recht frequentierten Seeweg, den auch wir genommen haben, um zur Marina Punat zu laufen. Sie finden die Ruine des Kirchleins ca. eine Seemeile in Richtung Stara Baška (Mala Krasa) ganz in Ufernähe. Man kann auch vor der Kirche kurz ankern, um die besondere Ruine näher zu betrachten.

Krk Stadt

Auf dem Wassserweg passiert man die Meeresenge am Rt. Pod Stažicu und schon nach ca. 3 sm in nordwestlicher Richtung erreicht man die Stadt Krk, die als »romanische Stadt« von großer kulturhistorischer Bedeutung ist. Heute hat man in der Hafenbucht vor der Stadt einige Anlegemöglichkeiten für flachgehende Yachten geschaffen, die ich auf S. 87 beschreibe. Alternativ kann man von der Marina Punat aus einen Bus benutzen, fragen Sie in der Rezeption nach den Zeiten.

Im Hauptort Krk auf der Insel KRK.

Stadthafen Krk mit der romanischen Kathedrale.

Besonders eindrucksvoll sind in der Stadt Krk die mächtigen Befestigungsmauern aus dem 15. Jh. mit Türmen, Toren und Basteien wie der Kamplin-Turm oder der venezianische Rundturm.
Mächtig imponiert die Burg der Frankopanen. Die Altstadt ist für den Verkehr gesperrt und damit gut geeignet, zu Fuß erobert zu werden.

Der romanische Rundturm in Krk.

Hafen Krk Stadt
70 Plätze/4,5 m, (CRO 100-18)
■ Liegeplätze mit Moorings für Boote mit max. 6 m Länge und geringem Tiefgang! Echolot einschalten.
(T) Tankstelle
Anfahrt: ⊕ **45°01,3'N-014°34,7'E.** Achtung, die Bucht ist an vielen Stellen ziemlich flach. Die durchschnittliche Tiefe von 3 bis 4 m nimmt zur Tankstelle hin nochmals bis auf 2 m ab! Hafenhandbücher: »808 Häfen«, S. 24, IIIA-D-1-c/21
Versorgung: In der Stadt Krk: Supermärkte, Tankstelle (geringe Tiefe!), Erste Hilfe (Tel.: 051-222 029), Ärzte, Zahnärzte, Apotheke, Motorenwerkstatt Tel.: 051-222 409, Gaststätte: Konoba Galija, Frankopanska 38 (Tel.: 051-221 250).

Die romanische Stadt Krk wurde vor 2000 Jahren von den Römern gegründet. Sie ist reich an kulturhistorisch wertvollen Sehenswürdigkeiten, denn seit dem 4. Jh. ist sie Bischofssitz mit heute noch gut erhaltenen und sehenswerten Kirchen. Besonders erwähnen möchte ich die interessante romanische Kathedrale Mariä Himmelfahrt aus dem 12. Jh., die ebenfalls romanische Basilika St. Quirinus sowie das alte Stadttor am Hauptplatz.
Krk war von Anfang an die Hauptstadt der Insel und für die Römer ein sehr wichtiger Handelsplatz im Adriaraum. Man erzählt sich, vor KRK soll um 50 vor Christi die Seeschlacht zwischen Pompeius und Caesar stattgefunden haben.
Später, im 15. und 16. Jahrhundert wurde die Stadt Krk zum Schutze vor Überfällen mit einem mächtigen Wall umgeben, der noch teilweise erhalten ist. Dann, vom Mittelalter an, herrschten von hier aus die Fürsten Frankopan, die das mächtige Kastell erbauten, das Sie schon vom Wasser aus sehen konnten.
Wenn Sie einen Liegeplatz gefunden haben, wandern Sie doch ein wenig durch die antike Stadt, sie ist heute Fußgängerzone.

Stadthafen Krk.

Die heutige Kathedrale, die Domkirche des Bistums Krk, geht auf eine frühchristliche Basilika aus dem 5. Jh. zurück. Aus dieser Zeit sind noch Säulen und Kapitelle erhalten.
In der Romanik – 12. Jh. und auch noch danach – wurde die Kirche ständig weiter umgebaut. Das Innere des großen Hauses ist voll von Dingen aus dieser frühen Zeit, dazu gehört auch eine Ausstellung romanischer Kleidung und Schmuck.

⛺ **Konzerte im Kastell.** Im Sommer finden hier und auf der Insel KOŠLJUN Konzerte statt. Über Bus- und Wassertaxi-Zubringer informieren Sie sich am besten in der Marina-Rezeption.

Kloster Glavotok

Wenn man an der Westküste von KRK weiter nach Norden hält, hat man an Steuerbord viele Seemeilen eintönige Felsküste, erst am äußersten westlichen Zipfel findet sich der Punkt Rt. Glavotok mit einem interessanten Kloster, das man bei ruhigem Wetter anlaufen kann. Es stammt aus glagolitischer Zeit (1507) und beherbergt eine sehenswerte Bibliothek mit sehr alten Handschriften und Gemälden venezianischer Meister. Nach dem Rundgang ist vielleicht noch Zeit für ein Mittagessen in dem kleinen Gasthaus neben dem Kloster.

Liegeplätze

🔴 **Steg am Kloster Glavotok**
Anlegemöglichkeiten existieren an der Südseite der Steinmole, direkt am Kloster (CRO 100-18)
Anfahrt: ⊕ **45°05,5′N-014°25,9′E.** Hafenhandbücher: »808 Häfen«, S. 22, IIIA-D-1-c/27. Der nächste Liegeplatz, wenige Seemeilen nördlich ist der Yachthafen Omišalj:
Yachthafen Omišalj/KRK
(CRO 100-18/ MK5)
Im Nordzipfel der Insel KRK liegt dieser von den Seglern aus Rijeka stark frequentierter Segelhafen Tel: 051-841 458, Hafenamt Tel.: 051-842 053
🟦 Stege mit Moorings, Wasser und Strom.
Anfahrt: ⊕ **45°14,2′N-014°332,4′E**
Versorgung: Am Liegeplatz: Marina-Standard. Eine Alternative ist der nächste Segelhafen an der Küste von KRK ca. 7 sm südwärts:
Hafen Malinska
🟦 Kai mit Moorings, Strom und Wasser
Anfahrt: ⊕ **45°07,4′N-014°31,2′E.** Hafenhandbücher: »808 Häfen«, S. 22 sowie IIIA-D-1-c/31
Versorgung: Am Liegeplatz Marina-Standard, Gasthaus. Im Ort: Supermarkt, Ambulanz (Tel.: 859 917), Zahnarzt (Tel.: 051-858 261), Krankenhaus (Tel.: 051-858 261), Apotheke.

Der winzige Hafen Omišalj dicht bei Opatija.

Hafen Malinska.

Wir wenden uns nun der Ostküste von KRK zu. Um vom Ort Krk oder der Marina Punat auf die Ostseite der Insel zu gelangen, muss man die Senjska Vrata passieren, eine Meerenge, in der die Bora doppelt stark wehen kann. Wir haben heute guten Segelwind – Bft 3 – bis fast nach Baška hinein und machen im kleinen Hafen des Ortes fest.

Baška, das einstige Fischerdorf

Der alte Ort hat nach wie vor seinen urbanen Charakter erhalten, auch wenn im Hochsommer die Strände von Badetouristen wimmeln. Der Ort besitzt eine waldreiche Umgebung, die zu Ausflügen auf markierten Wanderwegen einlädt.
Im Informationsbüro im Ort, direkt an der Promenade, erhalten Sie eine detaillierte Wanderkarte mit Touren von 45 Minuten bis vier Stunden, die Wege sind gut ausgeschildert. Es gibt sehr leichte Touren, die man so »nebenbei« abwandert und auch recht anspruchsvolle, die Trittsicherheit, entsprechendes Schuhwerk und Ausdauer voraussetzen.

Der beliebte Badestrand von Baška.

Die Platte von Baška

In dem Vorort Jurandor kann man in der Kirche Sv. Lucija eines der in Stein gemeißelten Denkmäler kroatischer Sprache aus der Zeit des ersten Staates um 1100 sehen. Es ist eine Schenkung des kroatischen Königs Zvonimir. Die Abfahrzeit des Busses und weitere Informationen erhalten Sie über Tel.: 051-856 817 oder im Touristenbüro.

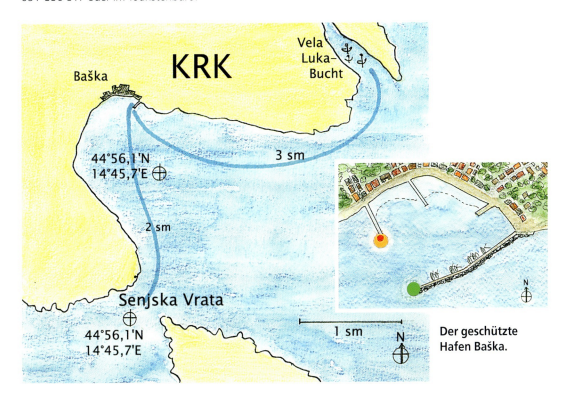

Der geschützte Hafen Baška.

An den meisten Tagen ist die Senjska Vrata-Meerenge völlig harmlos.

Hafen Baška
■ Anlegemöglichkeit mit Moorings gibt es hier an der Innenseite des Wellenbrechers und beidseitig an der Westmole. (CRO 100-18). Hafenamt Tel.: 051-856 821.
Anfahrt: ⊕ 44°58,0'N-014°45,4'E. Hafenhandbücher: »808 Häfen« S. 25, IIIA-D-1-c/17
Versorgung: Im Ort finden wir Supermärkte, Restaurants, Arzt, Apotheke, Zahnarzt. Gaststätte: Bistro Forza Zvonimira an der Strandpromenade.

Liegeplätze in Buchten
In den ⊕ **Ankerbuchten Mala und Vela Luka östlich von Baška** hat man bei Bora guten Schutz.
Anfahrt: ⊕ 44°58,1'N-014°49,2'E

⊕ **Bracol-Bucht**
Die Bracol-Bucht ist gefragt, wenn man bei starken nordöstlichen Winden die Meerenge Senjska Vrata vermeiden möchte, auch hier findet man gute Sicherheit.
Anfahrt: ⊕ 44°56,2'N-014°44,6'E

Zu allen größeren Orten auf der Insel KRK verkehren Busse. So können Sie von hier aus auch leicht die romanische Stadt Krk besuchen.
Die Struktur der Ostseite der Insel KRK, die wir jetzt passieren, ist durch heftigste Borastürme in den Wintermonaten entstanden. An dieser Küste fallen die karstigen Felsen fast senkrecht ins Meer und lassen wenig Raum für sichere Ankerbuchten. Nur weiter im Norden der Insel findet sich in einer schmalen Bucht der fast als lieblich zu bezeichnende Hafen Vrbnik.
Wir besuchen auf unserer Reise nun die kleine, sehr interessante Stadt Vrbnik. Wenn wir auf dem Wasserweg ankommen, können wir im Hafen festmachen. Um von dort aus in die kleine Stadt zu gelangen, müssen wir erst einmal eine steile Treppe erklimmen.

Kulinarisches

Ombolo ist ein vom Knochen gelöstes Schweinekarree, das kurz geräuchert wurde. Über der Glut eines Grills wird das Schnitzel kurz geröstet. Dazu wird Sauerkraut serviert. Nicht gerade ungewöhnlich, aber bei den Einheimischen sehr beliebt.

Vrbnik

Die alte Stadt liegt pittoresk auf einem 50 m hohen Kalkfelsen mit Blick über den Vinodolski-Kanal und weiter zum Festland. Vrbnik war im 14. Jh. Sitz der Fürstenfamilie Frankopan. Aus dieser Zeit stammt auch die Burg, die noch als Ruinenfestung erhalten geblieben ist.

Hafen Vrbnik/KRK
CRO 100-18
UKW-Kanal 17
🔴 **Innenseite der Außenmole** vor Buganker.
≡ **Ambiente:** Ein schönes Fleckchen, wenn die Bora nicht wäre! (Dann nämlich kann es sehr schwierig oder einfach unmöglich sein, den kleinen Hafen anzulaufen, da die Zufahrt sehr eng ist und der Wind hohe Wellen auftürmt).
Anfahrt: ⊕ **45°04,8'N-014°40,9'E.**
Hafenhandbücher: »808 Häfen«, S. 23 sowie IIIAD-1-c/29
Versorgung und Gaststätten: Im Ort finden Sie alle Geschäfte für den täglichen Bedarf und die besondere Gaststätte Nada auf einem Felsen direkt oberhalb des kleinen Hafens gelegen mit besonderen Spezialitäten, wie »Fisch in Salz gebacken« (Tel.: 051-857 065). Im Ort oberhalb des Hafens gibt es ein Postamt, eine Ambulanz und man hat Busverbindungen nach Krk und Rijeka.

Anleger Vrbnik. (R) Gasthaus.

Wein und Geschichte stehen beim Rundgang durch die verwinkelten Gassen auf dem Programm. Sie können zwei Kirchen aus dem 16. Jh. und die Reste einer ehemaligen stolzen Festung sehen.
Die heutige Bekanntheit des Ortes ist jedoch wesentlich profaner, sie ist auf der Güte des Weines begründet, der auf den sonnigen und windgeschützten Hochebenen nahe der Stadt wächst. In der kleinen Gostionica unten am Hafen können Sie den edlen trockenen Weißwein probieren und auch für zuhause kaufen. Interessant ist eine Stadtführung mit angeschlossener Weinprobe, wenn Sie z. B. bei Bora nicht auslaufen können. (Anmeldung: Tel.: 051-857 128).

Die schnelle Fähre verbindet das Festland mit der Insel RAB.

Von der KRK halten wir nun südostwärts und besuchen die geschichtsträchtige Insel RAB.

Die erste erreichbare Marina im Norden der Insel RAB ist die in einer tiefen Bucht gelegene Supetarska Draga. Sie ist ein komfortabler, sehr ruhiger Liegeplatz mit familiärem Touch (und einem ausgezeichnetem Restaurant).

Bevor Sie jedoch diesen Segelhafen erreichen, sehen Sie an Steuerbord die große Werbetafel »BELVEDERE«, der zweite Name: »Stiegenwirt«. Dicht am Ufer liegt hier eine kleine Steganlage mit Moorings, die zum Gasthaus gehört. Über viele Stufen erreicht man die Privatpension mit einem vorzüglichen Restaurant.

Wenn Sie Appetit haben auf ein gutes Abendessen in einem netten Gasthaus mit großartigem Blick über die ganze Bucht, legen Sie sich an den Steg vom Stiegenwirt.

Anleger beim »Stiegenwirt«.

Insel RAB

Die beiden Einschnitte – Kamporska Draga (1) und Supetarska Draga (2) – sind gut geschützte Buchten. Die erste hat flache Badestrände und wird deshalb von Familien mit kleinen Kindern sehr geschätzt.

Wenn Sie die Supetarska Draga-Bucht mit der Marina ansteuern, laufen Sie in südöstlicher Richtung weiter.

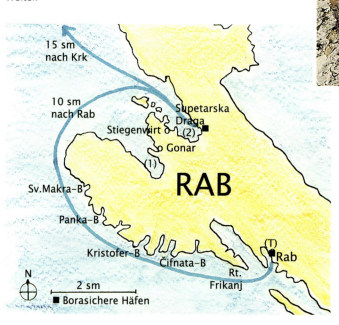

Am Südwestufer der schönen und einst wichtigen Stadt Rab.

Einfahrt in die Supetarska Draga-Bucht.

ACI-Marina Supetarska Draga
270 Plätze/3 m, CRO 100-18, MK 7,
Tel.: 051-776 268, Fax: 051-776 222,
supdraga@aci-club.hr www.aci-club.hr
UKW-Kanal 17
■ Schwimmstege mit Moorings
Liegegebühren: B
≡ **Ambiente:** Ein angenehmer Platz für Besichtigungen der Stadt Rab.
Anfahrt (Rt. Sorinj): ● **44°50,7'N-014°40,5'E.**
Hafenhandbücher: »808 Häfen«, S. 26 sowie IIIAD-1-c/25
Versorgung: Am Liegeplatz: Marina-Standard, WLAN und ein sehr gutes Restaurant. Im Ort finden wir Geschäfte für den täglichen Bedarf, ärztliche Ambulanz und Busverbindung zur Stadt Rab.

Marina Supetarska Draga.

Von hier aus können Sie die historisch so interessante Stadt Rab in ca. 30 Minuten mit dem Bus erreichen, der mehrmals täglich direkt vor der Marina abfährt.
Sollten Sie von Baška kommend die Stadt Rab auf eigenem Kiel ansteuern, haben Sie ab Rt. Sorinj noch zehn Seemeilen vor sich. Sie queren dann die Kamporska Draga-Bucht, die im Inneren recht flach wird.
Im nächsten Abschnitt folgen Sie der Küste dieses sehr zerklüfteten, wenig besiedelten Teils der Insel RAB in Richtung Südosten. Wenn Sie die Stadt erst am nächsten Tag für sich entdecken wollen, sollten Sie in eine der Buchten einlaufen, die Sie ab jetzt passieren. Ganz im Norden erreichen Sie die unbewohnte Sveti Mara- und die Planka-Bucht, dann folgen vielbesuchte Badebuchten, die sich aber meist zum Abend hin leeren. Teilweise finden Sie dort auch ein Gasthaus, wie in den Buchten Čifnata und Gožinka.
Die Kristofor-Bucht ist unbewohnt. Die weiteren Küstenaussparungen, die näher an der Stadt Rab liegen, sind sehr stark frequentiert und haben teilweise auch Hotels am Ufer und natürlich mehrere Gaststätten und die entsprechende Unruhe. Für eine Nacht bleiben Sie deshalb am besten in einer der nördlichen Buchten vor Anker liegen.
Und wenn Sie am anderen Morgen langsam auf die historische Kulisse von Rab mit seinen vielen Glockentürmen zufahren, werden Sie hellauf begeistert sein. So auf die alte Stadt zuzulaufen, ist für mich immer wieder ein erhebendes Erlebnis.

Für Fotografen und Filmer ist die Anfahrt von den Lichtverhältnissen her am späten Nachmittag ideal. Besonders eindrucksvoll entwickelt sich die einmalige Silhouette der Stadt, wenn man von Südwesten, z. B. von der Insel LOŠINJ aus, anfährt.

Anfahrt auf RAB.

Zuerst erkennt man die groben Formen der Türme, die sich langsam vom Velebitgebirge abheben, dann kann man langsam die Stilrichtungen erahnen, meist Romanik, daneben erkennt man aber auch Elemente der Renaissance.
Sichere Anlegeplätze für einen Besuch von Rab finden wir neben den Piers des Stadthafens in erster Linie in der ACI-Marina, die direkt gegenüber dem historischen Stadtensemble liegt.

Rab, die besondere Stadt

Die gut erhaltenen Bauwerke stammen zum größten Teil aus der Blütezeit von Rab, die zwischen dem 12. und 14. Jh. lag. Dies war auch der Höhepunkt der bis heute 1200 Jahre dauernden Funktion der Stadt als Bischofssitz.
Die wohl schönste Kirche in diesem Quartett ist die Kathedrale Sv. Marija Velika mit ihrem vierstöckigen romanischen Glockenturm, daneben die Basilika St. Andreas mit dem ältesten Kirchturm von Rab (1020). Die Kirche St. Justina stammt aus der Zeit der Renaissance. Der vierte Campanile ist Sv. Ivan aus dem 11. Jh., er erhebt sich über den Resten des ehemaligen Kirchenschiffes.

Wir haben die Marina Rab erreicht.

Die Insel RAB ist seit mehr als 2000 Jahren von besonderem Interesse für die Mächtigen in Europa und hat gerade deshalb eine so wechselvolle Geschichte erlebt. Aus diesen Zeiten der Prachtentfaltung sind viele wertvolle Bau- und Kunstdenkmäler erhalten geblieben. Die Geschichte der Insel RAB spiegelt sich in reichem Maße in der Fürsten- und Bischofsstadt wieder, die sich dem interessierten Besucher bereits nach den ersten Schritten offenbart. Heute ist man sehr kunstorientiert, es gibt Museen, z. B. im Kloster Eufemia, man pflegt Konzerte und folkloristische Veranstaltungen.
Die Hauptattraktion der Insel ist die Stadt Rab selbst, die auf einer schmalen Landzunge zwischen der Bucht Sveta Eufemia und dem Hafen liegt. Auf allen Wegen der historischen Stadt können wir auf römischem Pflaster wandeln, deshalb macht es Spaß, ein wenig durch die Gassen der 2000 Jahre alten Stadt zu spazieren.
Jetzt aber lasse ich Sie erst einmal Rab anlaufen. Es gibt Liegeplätze längsseits der Promenade, ich bevorzuge die Marina. Von dort hat man nur einen kurzen Fußweg zur Altstadt und in der Saison gibt es sogar ein kleines Zubringerboot.

Schiffsmotorenservice in Rab:
Mercury Tel.: 051-724579, 051-721013
Suzuki Tel.: 051-724175
Volvo Tel.: 051-721013
Yamaha Tel.: 051-721150
Honda Tel.: 091-2771027

ACI-Marina Rab

140 Plätze/5 m, CRO 100-18, MK 7.
Geöffnet von Mitte März bis Ende Oktober.
Tel.: 051-724 023, Fax: 051-724 229,
m.rab@aci-club.hr, www.aci-club.hr.
UKW-Kanal 17
(T) Tankstelle
■ Schwimmstege mit Moorings, Strom und Wasser sowie
● Festmachebojen entlang des Ufers der Altstadt.
Liegegebühren: B
≡ **Ambiente:** Marina zu Füßen einer einmalig interessanten alten Stadt.
Anfahrt: ⊕ **44°44,9'N-014°45,7'E** (Hafeneinfahrt), Hafenhandbücher: »808 Häfen«, S. 29 sowie IIIAD-1-e/18.
Versorgung: Am Liegeplatz: Marina-Standard, WLAN. Im Ort: Geschäfte für den täglichen Bedarf, Ärzte, Tierarzt, Apotheke. Gasthäuser: Adria-Grill (Nr. 1 auf dem kleinen Plan, Tel.: 051-724 287) oder ein einfaches Gasthaus auf dem Hügel neben dem Hotel am Strand (2), aber mit interessanten Ausblicken, besonders für die Fotografen unter Ihnen.

ACI-Marina Rab. (1) Adria-Grill, (2) kleines Gasthaus, (3) Hotel, (T) Tankstelle.

Als erstes sollten Sie den Platz Trg Municipum Arba vor dem Fürstenpalast besuchen. Mit alten Palmen bestanden ist er einer der Mittelpunkte. Dort können Sie in einem bequemen Korbsessel Platz nehmen und die Welt an sich vorüber ziehen lassen. Gehen Sie dann vielleicht in den Ort hinein, am Stadtturm und der Loggia vorbei, überqueren die Touristenstraße mit den Souvenirshops und nehmen eine der schmalen Gassen aufwärts. Hier oben haben Sie nun Muße, das alte Rab auf sich wirken zu lassen. Schauen Sie bitte wenigstens in die Basilika Sv. Marija Velika aus dem 12. Jh. hinein, sie hat wunderbare romanische Fenster und ein aus Eichenholz geschnitztes Chorgestühl, das mehr als 500 Jahre alt ist.

Sie werden schon bemerkt haben, dass von dem Platz mit dem alten Baum in der Mitte eine Treppe zur Euphemia-Bucht hinunter führt, wo man die Abendsonne noch lange genießen kann.

Wir legen in der Marina Rab an.

Terrasse vor der Kathedrale von Rab.

Sie betreten bei jedem Schritt antikes Pflaster.

⌂ **Besuch der Raber Ritterspiele.** Wenn Sie zwischen Mitte und Ende Juli nach Rab kommen, können Sie interessante Wettkämpfe der Raber Armbrustschützen mit authentischer Ausrüstung erleben. Alle Informationen erhalten Sie über Tel.: 051-771 111.

⌂ **Wanderung zum Kloster Sv. Eufemia.** Sehr angenehm ist diese kleine Wanderung früh am Morgen oder abends. Gehen Sie gleich von der Uferpromenade einen der schmalen Wege hinauf zum Stadtpark, eine Parkanlage, die vor mehr als 200 Jahren angelegt wurde und deshalb heute mit ihrem alten Baumbestand imponiert. Herrliche Wege unter alten Zypressen, Pinien und Eichen führen zur Eufemia-Bucht hinunter.
Folgen Sie nun dem Uferweg nach rechts. Bald erkennen Sie voraus das Kloster. Dort lebte bis 1966 der Mönch Pater Ambroz Testen, der einen besonderen impressionistischen Malstil pflegte, wodurch das Kloster weite Bekanntheit erreicht hat. Viele seiner Bilder sind dort zu sehen. Die Öffnungszeiten der Ausstellung: 10 bis 12 und 16 bis 18 Uhr.

An der westlichen Stadtmauer von Rab.

Abschied vom einmaligen Rab.

Die Ostküste der Insel RAB

Dieser Teil der Insel ist seglerisch nicht besonders interessant. Wegen der vielen flachen Buchten ist dieser Teil ein ideales Revier für Schlauchboote und Kanus der Badegäste von den Autocamps und Feriensiedlungen.
Der östlichen Küste vorgelagert sind die Inseln Sv. GRGUR und GOLI, die »kahle Insel«. Letztere war bis 1988 eine Strafkolonie für politische Gefangene.
Von hier nach Süden erinnert RAB an eine Mondlandschaft, die wir aus Fernsehberichten kennen, kahl, unmenschlich, von den winterlichen Borastürmen glattgefegt, dahinter am Festland das Kamenjak-Gebirge. Es ragt über 400 m hoch auf und ist für das milde Klima des westlichen Teils von RAB mit verantwortlich.
Wenn Sie mit dem Auto zur Insel RAB anreisen, nehmen Sie von Rijeka aus die Straße Nr. 2 (Magistrale oder E 65), die über Crikvenica, Novo Vindolski, Senj immer entlang der Adriaküste führt und dann hinunter zum Fährhafen Jablanac. Hier können Sie übersetzen. Wenn das Schiff dann auf die Insel zufährt, werden Sie sich fragen: »Das ist RAB, nichts als kahle Felslandschaft?« Verzweifeln Sie nicht, das ist die Ostküste der Insel, von der kalten Bora geschaffen. Wenn Sie aber nach 20 Minuten im Hafen Mišnjak ihren Wagen wieder bestiegen haben, vergehen keine fünf Minuten und die Landschaft ändert sich grundlegend. Von jetzt an dominieren grüne Eichen- und Pinienwälder, Weingärten und Gemüsefelder, grün, wohin man schaut. RAB ist auf Grund der vielen Quellen eine der grünsten Inseln im Kvarner.

Bevor ich Sie nun zum historisch bedeutenden Zadar und zu den vielen Inseln vor den Toren dieser schönen alten Stadt entführe, besuchen wir auf unserem Törn noch die einsame und karge Insel PAG, deren Ostflanke ebenfalls viele Monate im Jahr von der Bora gepeitscht wird. PAG ist der lange Finger, der südlich von Rab nach NW zeigt.

Die Autofähre hält an der Bora-Seite von PAG.

Insel PAG

Obwohl sehr karg, bietet sie den Schafen eine reiche »Steinweide«, wie die Einheimischen sagen und damit den Bauern ein mageres Auskommen. Steinweiden werden die Flächen genannt, die nicht kultivierbar sind, wo nur die Schafe zwischen den Steinen hier und da ein Pflänzchen finden. Das ist aber auch der Grund, warum der Schafskäse von der Insel so würzig, so anders ist und sich damit so hervorhebt von allen anderen Käsesorten der Inseln im Kvarner.

PAG wird auch »Insel der stillen Schönheit« genannt, wo im Sommer der Duft der wilden Kräuter über die kahlen Hänge zieht. Das können Sie selbst erleben, wenn Sie die Zeit haben, zwei Nächte auf der Insel zu bleiben und einen Landtag einschieben können.

Heute sind alte Traditionen, wie die spezielle Zubereitung des köstlichen Schafskäse (»Paski Sir«) und die Herstellung der Pager Spitze die verbliebenen Möglichkeiten, das Einkommen der wenigen Einwohner zu sichern. So sieht man viele alte Frauen bei der Arbeit vor ihren Häusern sitzen, wo sie die Spitzendeckchen herstellen.

Wir aber suchen erst einmal einen guten Liegeplatz für die Nacht. Den nördlichsten Segelhafen in Jakinšnica lasse ich hier unerwähnt, er hat kaum Platz für durchreisende Yachten. Sollten Sie es wetterbedingt doch versuchen, fahren Sie langsam an, es gibt ein Hindernis unter Wasser ca. 3 m vor der kleinen Mole.

Kulinarisches

Der Käse von PAG ist ganz besonderes schmackhaft. Die Schafe fressen oft das mit Salz bedeckte Gras, das voller Heilkräuter ist und sich in der geringen Menge Milch stark konzentriert.

Novalja ist für mich ebenfalls nur ein Nothafen, denn er verfügt (bis jetzt) nur über Bojen in einer wenig geschützten Hafenbucht, interessant ist hier jedoch die Tankstelle.

Die Alternative ist ja auch schnell zu erreichen. Nur ca. sieben Seemeilen weiter südlich liegt in einer tiefen Bucht, von Schafweiden umgeben, die Marina Šimuni.

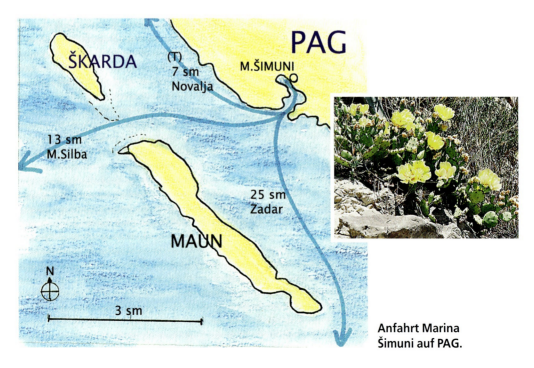

Anfahrt Marina Šimuni auf PAG.

Marina Šimuni

Wir freuen uns schon bei der Anfahrt auf ein gutes Abendessen auf der Terrasse neben den Yachten, insgesamt fühlen wir uns in dieser Marina immer sehr wohl. Die Anlage ist übersichtlich groß, kein Massenbetrieb, und die Küche ist erstklassig.

Da viele Yachties ihr Abendessen dort einnehmen wollen, sollte man gleich nach der Ankunft einen Tisch reservieren, denn die Terrasse ist nicht sehr groß. Ich verbinde diese wichtige Aufgabe nach dem Anlegen immer mit einem kühlen Bier vom Fass.

ACI-Marina Šimuni/PAG
170 Plätze/3,5 m, CRO 100-17,19 und MK 9,10. Geöffnet von Mitte März bis Ende Oktober. Tel.: 023-697 457, Fax: 023-697 462, m.simunj@aci-club.hr, www.aci-club.hr. UKW-Kanal 17

■ Feststege mit Moorings, Strom und Wasser, Liegegebühren B
≡ **Ambiente:** Ein Platz, um Ruhe zu finden.
Anfahrt: ⊕ **44°27,8'N-014°57,1'E**. Hafenhandbücher: »808 Häfen«, S. 32 sowie IIIAD-1-e/39
Versorgung: Kleines, aber sehr gutes Marina-Restaurant, Mini-Supermarkt.

PAG und die Delphine: In diesem Gebiet um die Insel herum sind wieder Delphine zuhause. Eine lange Begegnung mit einer Delphin-Familie habe ich im Film zum Buch festgehalten.

Anfahrt zur Marina Šimuni auf PAG.
(1) Rezeption, (2) Werkstatt.

Ja, vor PAG gibt es wieder Delphine.

Oleander blüht überall sehr üppig, auch am Wegesrand.

Der Velebitski-Kanal und die Bora

Auf der östlichen Seite der Insel RAB verläuft der schmale Meeresstreifen, wegen seiner Borahäufigkeit berühmt und berüchtigt. Er gilt als eines der gefährlichsten Wasserreviere in Europa. Senj registriert mehr als 100 Boratage pro Jahr.

Das Wetterphänomen Bora: Wenige Minuten vor Beginn der Bora verdichten sich die Wolken und ohne weitere erkennbare Vorzeichen bildet sich eine weiße Walze über dem Festlandgebirge. Jetzt heißt es, sofort reffen. Alle Mann an Deck! Es gilt, keine Zeit zu verlieren, denn der Starkwind kommt urplötzlich. Und bald stürzen auch schon die ersten Wolkenfetzen aus dem Velebitgebirge auf die Adria herab. Das alles passiert oft innerhalb weniger Minuten. Jeder an Bord muss jetzt anpacken, und zwar richtig, deshalb sollte man das notwendige Manöver mit der gesamten Crew vor dem ersten Auslaufen einmal praktisch üben.

Der neue Kurs unter Motor sollte vom Wind weg gewählt werden, zum nächsten borasicheren Hafen oder in eine geschützte Bucht. Für jeden Schiffsführer in der Adria ist es selbstverständlich, stets die nächsten borasicheren Liegeplätze im Kopf zu haben. (Borasichere Häfen, Seite 245)

Das Wasser, die Luft, Mensch und Tier sind ab jetzt der Gewalt dieses Windes ausgesetzt. Die Bora wirft eine kurze See auf, die bald zu brodeln beginnt. Es gilt, mit kräftigem Motorschub den nächsten Schutzhafen aufsuchen, für den Sie sich als Bootsführer bereits vor dem Ablegen entschieden haben (ohne alle nervös zu machen).

Das Ergebnis der Borastürme können Sie von der Landseite aus gut sehen, wenn Sie mit dem Pkw über die neue Autobahn anreisen. Ab dann wissen Sie, was die Bora anrichten kann. Behalten Sie diese Bilder im Kopf, wenn Sie Ihren Törn auf der Adria beginnen. (Im Film zum Buch gebe ich Ihnen einen ersten Eindruck von diesem Wettergeschehen).

Teil 5:
Zadar und seine Inseln

Film »Zadar und seine Inseln« zum Herunterladen unter
http://filme.pietsch-verlag.de/50647/

Umfang des Reviers
Dieses Kapitel umfasst die Region Zadar sowie die Inseln UGLJAN, die Ždrelac-Enge, IŽ, SESTRUNJ, MOLAT, IST, SILBA, OLIB, PREMUDA, DUGI OTOK, RAVA, PAŠMAN.

Seekarten
Kroatische Seekarten Nr. 100-17, 19, 20 sowie Kroatische Sportbootkarten MK 9, 11, 13, 14.

Anlegesteg direkt vor der Altstadt.

Seewetterberichte
Im Abstand von zehn Minuten senden Rijeka Radio (UKW-Kanal 69) und Split Radio (Kanal 67) Wettermeldungen auch in deutscher Sprache.
Ausführliche Vorhersagen in Englisch empfangen Sie auf UKW-Kanal 04, 20, 24 und 81 (Rijeka Radio) um 05:35, 14:35 und 19:35 Uhr oder um 05:45, 12:45 und 19:45 Uhr von Split Radio auf den Kanälen 07, 21, 28 und 81.

Von Zadar nach
Marina Dalmacina	6 sm
Ždrelac-Enge	6,5 sm
Telašcica-Bucht	14,5 sm
Marina Biograd	15,5 sm
Silba Marina	28 sm
Veli Rat	21 sm
Brbinj	14 sm
Sali Marina	13 sm

Hafenhandbuch
Hafenhandbuch Mittelmeer Teil III B Adria Mitte (kurz IIIB) D-1-e und D-2-a,c,d sowie »808 Häfen und Buchten«, Seiten 42 bis 49.

Am Fähranleger Zadar.

Nun aber auf in das berühmte Zadar. Seit vielen Jahrhunderten ist die Stadt das Zentrum von Mitteldalmatien und hat nach und nach ein Herrschaftsgebiet entwickelt, das weite Teile entlang des Festlandes und einer Anzahl von Inseln mit einschloss. Wir besuchen in diesem Kapitel die interessantesten Anlaufpunkte.

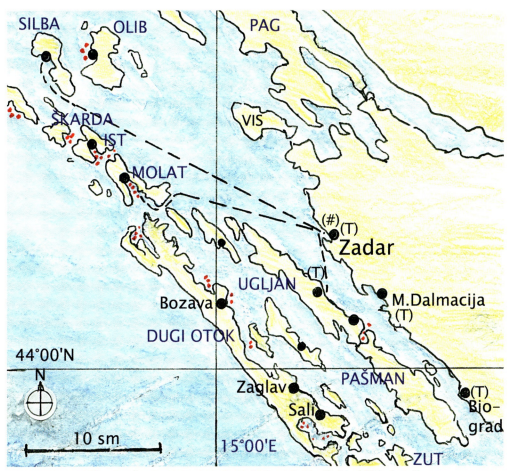

● Borasichere Häfen/Seekarten CRO 100-17,19,20/ MK 9-11, 13-15. (T) Tankstelle, (#) Flughafen, (Z) Zoll/Einklarierung, -F- Fährlinien zum Festland.

Kulinarisches

In Kroatien werden viele **Gerichte mit Pilzen** verfeinert, wovon hier viele Sorten wachsen. Besonders beliebt ist (wie bei uns) der Steinpilz. In zerlassener Butter gewälzt und mit einigen Tropfen eines feinen alkoholischen Getränks beträufelt wird er vielfach auf dem Grill zubereitet. Dazu wird Roggenbrot mit Schinken gereicht. Hier wachsen auch die besten **Maraschka-Kirschen**, die zur Herstellung des Maraschino verwendet werden.

Wenn Sie auf Ihrer Anreise nach Zadar noch etwas Zeit haben, kann ich einen Abstecher nach Nin empfehlen. Machen Sie in Posedarje am Novigradsko More einen Abstecher und in 20 Minuten erreichen Sie das 2800 Jahre alte verschlafene Städtchen Nin auf einem winzigen Inselchen inmitten einer Sandlagune gelegen.

Nin

Man sieht der Stadt nicht an, dass sie im 4. Jh. vor Christus ein bedeutendes liburisches Wirtschafts- und Kulturzentrum und dann im 1. Jh. unserer Zeitrechnung die wichtige römische Hafenstadt Aenova war. Die Grundmauern anderer antiker Gebäude aus dem 9. Jh. kann man ebenfalls noch sehen, Informationen dazu erhalten Sie im Touristenbüro. Außerhalb der Stadt steht auf einer Wiese weithin sichtbar die Kirche Sv. Nikolaus aus dem 12. Jh.

Die kleinste Kathedrale im Adriaraum steht in Nin.

Sv. Nikolaus vor den Toren von Nin.

Region Zadar

Man kann auf dem Land- und Luftweg oder mit dem Linienschiff nach Zadar anreisen. Von Ljubljana aus sind es mit dem Pkw 345 km. Die Straße ist sehr gut ausgebaut und landschaftlich ein Genuss, wegen der vielen Kurven allerdings recht langsam. Heute führt eine moderne Autobahn wesentlich schneller hierher. Auf die ständige Nähe zum Meer muss man bei dieser Route jedoch verzichten, denn sie verläuft einige Kilometer weiter im Inneren des Landes. Außerdem verbinden Jadrolinija-Schiffe auf sehr angenehme Weise Rijeka mit Zadar. Auf dem Luftweg hat Zadar ebenfalls Anschluss an das internationale Streckennetz. Die am häufigsten genutzte und interessanteste Anreisestrecke ist nach wie vor die Jadranska-Magistrale, immer am Wasser entlang.

Das Meer und das eindrucksvolle Velebit-Gebirge sind ab jetzt Ihre Kulisse auf der Fahrt nach Süden. Für die Strecke von Rijeka nach Zadar auf der Straße sollten Sie vier bis fünf Stunden Fahrzeit einplanen, denn der Verkehr ist meist heftig und an überholen ist selten zu denken.

Eine der großen Jadrolinija-Fähren.

Die Anfahrt mit dem Pkw ist abwechslungsreich. Zuerst beeindruckt auf der Meerseite die kahle Schulter von KRK, dann werden Sie einige kleinere Erhebungen bemerken, bis etwas später die glatzköpfige Rückseite der sonst so grünen Insel RAB auftaucht. Die Borastürme, die vom Velebit-Gebirge herunter prasseln, lecken in den Monaten Dezember bis Februar ihre Osthänge absolut kahl. Die gut ausgebaute Straße führt Sie weiter nach Starigrad-Paklenica und Rovanska und von da aus direkt nach Zadar.

Eine schnellere Alternative für die Anreise mit dem Auto ist die Fahrt über die neue Autobahn. Wenn Sie so planen, könnten Sie ggf. einen Zwischenstopp mit Besichtigung des wirklich sehr interessanten Nationalparks Plitvitzer Seen einplanen. Er ist einmalig in Europa und außerdem eine Erholung von der langen Autofahrt. Wenn man drei bis vier Stunden Zeit einkalkuliert, hat man das Seengebiet mit seinen Wasserfällen weitgehend erfasst. Hinweise dazu finden Sie auf Seite 140.

Wenn Sie die Fährlinie von Rijeka gewählt haben, erreichen Sie am frühen Morgen des anderen Tages Zadar, das kulturelle und wirtschaftliche Zentrum dieser Region.

Sollten Sie bereits mit Ihrem Schiff unterwegs sein, suchen Sie zuerst einen Liegeplatz. Die Zadar-Region verfügt über mehrere Marinas, die als Ausgangs- und Zielhafen oder als Slipbasis für Trailerboote sehr gut dafür ausgerüstet sind.

Für Zadar selbst gibt es zwei Möglichkeiten, fest zu machen: Im Zentrum liegt die große Stadtmarina (Tankerkomerc Marina), nur wenige Schritte von der historischen Altstadt entfernt (s. Skizze Seite 106) und die Marina Borik, etwas weiter am Rande der Großstadt.

Blick von der Jadranska-Magistrale auf die Inseln.

Wenn man von Zadar als Ziel spricht, ist für mich die ruhige Marina Borik im nördlichen Vorort Puntamika an erster Stelle zu nennen, von wo aus man mit dem Bus die berühmte Altstadt in ca. 15 Minuten erreicht.
Also, legen wir in der Marina Borik an, sie ist nicht ganz so quirlig wie die Tankerkomerc Marina.

Marina Borik
180 Plätze/5 m, CRO 100-20, Tel.: 023-333 036, Fax: 023-331 018, info@marinaborik.hr, www.marinaborik.hr
UKW-Kanal 17
■ Achtung! Neue Steganlage ohne Moorings. Längere Festmacheleinen vorbereiten und bitte die Fender unbedingt wesentlich tiefer hängen!
Liegegebühren: B
≡ **Ambiente:** Komfortabler Platz für einen Besuch von Zadar.
Anfahrt: ● **44°07,7'N-015°12,1'E** (Ostri Rat/Punta Mika). Hafenhandbücher: »808 Häfen«, S. 49, IIIB-D-2-a/3.
Versorgung: Am Liegeplatz: Marina-Standard. Dicht bei der Marina finden wir einen großen Supermarkt. Der Bus in die Stadt (Haltepunkt Puntamika-Kolodvor) fährt vor der Rezeption ab, Tickets löst man beim Fahrer.

Tankerkomerc Marina Zadar
300 Plätze/8 m, CRO 100-20, Tel.: 023-332 700, Fax: 023-333 917, Marina.zadar@tankercomerc.t-com.hr, www.tankercomerc.hr
UKW-Kanal 17
(T) Tankstelle
Liegegebühren: C
■ Stege mit Moorings, Strom und Wasser
≡ **Ambiente:** Liegeplatz gegenüber der bedeutenden Altstadt.
Anfahrt: (wie Marina Borik) ● **44°07,1'N-015°12,9'E.** Hafenhandbücher: »808 Häfen«, S. 49, IIIB-D-2a-a/4
Versorgung: Am Liegeplatz können Sie höchsten Marina-Standard erwarten, außerdem Ausrüstungsgeschäfte und Motorenservice (Tel.: 023-333 728 oder 332 394). Die Stadt Zadar verfügt über alle zivilisatorischen Einrichtungen, wie Ärzte, Krankenhaus, Hafenkapitanerie und Geschäfte jeder Art. Ein kleines Gasthaus in einem romantischen Höfli wird empfohlen, die Konoba Stomorica, weitere Gasthäuser werden im Text beschrieben. Flughafen (ca. 40 Minuten mit dem Taxi).
Alternativer Liegeplatz: ■ Marina Borik
Die Marina Vitrenak ist eine private Club-Marina.

Das Hafengebiet vor der Stadt Zadar.

Die historische Stadt Zadar

Zadar liegt auf einer Halbinsel, wo schon im 9. Jh. vor Christus eine liburische Siedlung bestand. Beim Betreten der Stadt werden wir sofort an die Geschichte erinnert. Nach illyrischer und griechischer Herrschaft wurde das Gebiet die Hauptstadt des byzantinischen Dalmatien. Etwas später lag hier der erste römische Stützpunkt an der dalmatinischen Küste, darauf kamen die Franken und dann die Kroaten. Auch Kreuzfahrer und Ungarn hatten für kurze Zeit die Stadt besetzt gehalten, bis es von 1409 fast 400 Jahre lang zum mächtigen Venedig gehörte.

Der Schandpfahl aus römischer Zeit.

Später marschierten die Truppen der österreichischen Monarchie in die Stadt ein und darauf folgten die Franzosen. Nach dem Ersten Weltkrieg wurde Zadar eine Enklave von Italien und im Zweiten Weltkrieg erlebte die Stadt viele Luftangriffe durch die Alliierten. Im Krieg von 1991 bis 95 war sie Ziel massiver serbischer Angriffe. Eine unglaubliche Geschichte, wie ich finde.

Heute bewundern wir vor allem die von den Venezianern erbauten Renaissancepaläste. Eine Fußgängerpromenade umgibt die Hauptstadt des byzantinischen Dalmatiens, so ist es einfach, den Charakter der Altstadt bereits mit einem Spaziergang von etwa einer Stunde recht gut zu erfassen, die Ausmaße betragen lediglich 500 x 1000 Meter mit einem großen Forum und eindrucksvollen Tempeln. Auch die wuchtigen Stadtmauern, die alles umgeben haben, kann man teilweise noch heute besichtigen.

Am Platz der fünf Brunnen.

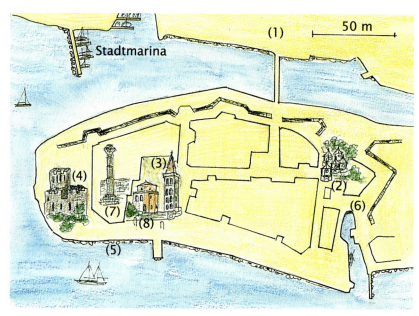

Die historische Altstadt von Zadar

(1) Busstation
(2) Platz der fünf Brunnen
(3) Kathedrale Sv. Stosija
(4) Ruine des Klosters des Hl. Nikolaus
(5) Wasserorgel
(6) Restaurant Fosa
(7) Martersäule
(8) Römisches Forum

Nach mehrfacher Zerstörung in den Jahrhunderten bauten die Venezianer die Stadt auf dem Pflaster des antiken Forums wieder auf. Die Kirche des Heiligen Donatus und weitere Paläste und Gotteshäuser sind eindrucksvolle Zeugen dieser Zeit. Auf dem Forum stehen wir heute noch auf antikem Pflaster und bewundern Bauwerke und antike römische Säulen, allerdings teilweise mit grausamer Geschichte, wie die des Schandpfahls, der Martersäule (7).

🏠 **Bummel durch 3000 Jahre Vergangenheit.** Selbst wenn Sie nach dem Anlegen nur wenig Zeit haben sollten, lohnt es sich, der interessanten Altstadt einen Besuch abzustatten.
Wenn Sie in der Stadtmarina liegen, haben Sie nur wenige Schritte zur breiten Fußgängerbrücke, die direkt zum Eingangstor in die historische Stadt führt. Von der Marina Borik nehmen Sie den Bus bis zur ersten Station nach der Stadtmarina. Von dort gehen Sie über die Brücke und stehen bald vor den venezianischen Stadtmauern, die lange ein wirksamer Schutz vor Eroberung waren. Dahinter können Sie schon die ersten Kirchtürme der Stadt sehen, die 1300 Jahre lang Hauptstadt von Dalmatien war. Bei diesem Rundgang sehen Sie viele schöne Stadtpaläste und mittelalterliche Kirchen, in denen sich die Geschichte widerspiegelt. 1409 verkaufte der letzte ungarisch-kroatische König das Gebiet von Zadar und Teile von Dalmatien für 100.000 Dukaten an die Republik Venedig. Der Grund, warum so vieles aus dieser Zeit erhalten geblieben ist, kann u. a. diesem Umstand zugeschrieben werden, denn mit dem starken Venedig wollte sich damals niemand anlegen. Die Altstadt von Zadar besitzt noch heute eine Atmosphäre, die jeden Besucher sofort gefangen nimmt. Beim Bummel durch die Straßen und über die Plätze begeistert mich immer wieder das antike Ambiente der Stadt, trotz der vielen Cafés und leider auch Andenkenbuden entlang des Weges. Dem flüchtigen Besucher fällt gar nicht auf, dass der Zweite Weltkrieg und zuletzt die Auseinandersetzungen zwischen 1991 und 1995 starke Zerstörungen der Stadt hinterlassen haben, denn heute ist davon kaum noch etwas zu sehen. Die Gebäude wurden stilgerecht wieder aufgebaut. Auf Streifzügen durch die Straßen wird man immer wieder den venezianischen Löwen erblicken und daran erinnert, dass die Republik Venedig fast 400 Jahre lang die Geschicke von Zadar bestimmt hat.
Die Stadt ist von den Venezianern nicht erobert worden, nein, wie oben schon erwähnt, Venedig hat Zadar und einen Teil des Umlandes käuflich erworben. Das ist wichtig zu wissen, wenn man durch die alte Stadt schlendert. Sie werden schnell die absolut sehenswerten Punkte entdecken.

Mittelpunkt des öffentlichen Lebens seit der Renaissance sind der Volksplatz (narodn trg) mit der Stadtwache, der Loggia aus dem 16. Jh. und dem interessanten Uhrturm sowie dem Palast Chirardini mit prächtigen gotischen Fenstern. Den Platz der fünf Brunnen erreicht man durch einen Torbogen. Er liegt höher als die Straße, weil sich darunter eine riesige Zisterne befindet. Diese Brunnen haben bei Belagerungen mehrmals das Leben der Einwohner von Zadar gerettet. Und natürlich sollten Sie das römische Forum (8) sehen, ein lichter Platz, fast 100 m lang, mit Resten schöner Säulen und Grabmäler aus dieser Zeit. Geschichtsträchtig auf besondere Art ist eine 14 m hohe korinthische Säule (7), die bis 1840 als Schandpfahl benutzt wurde.
Auf diesem Platz mit einmaligem Ambiente stehen noch heute weitere historische Gebäude, wie Sv. Donat, eine schlichte, halbrunde Kirche aus dem Frühmittelalter im byzantinischen Stil erbaut, sie entstand um 800. Gleich daneben der eindrucksvolle Glockenturm der Kathedrale Sv. Stosija aus dem 12./13. Jh. im romanischen Baustil mit prächtigen Portalen an der Stirnseite.

Nach diesem geschichtsträchtigen Rundgang durch die große Vergangenheit suchen wir ein Plätzchen fürs Abendessen. Vielleicht schließen Sie sich mir an, ich fahre zurück zur Marina Borik, dort liegt mein Schiff, und spaziere von dort zu einem einfachen Gartenrestaurant ganz in der Nähe. Dazu geht man an der Bushaltestelle vor der Rezeption vorbei und betritt nach etwa 40 Metern links die Parkanlage mit den modernen Hotels. Nach weiteren 50 m sieht man dann das urige Gartenlokal, wo der Wirt und seine Frau einfache, aber sehr schmackhafte Speisen zubereiten und auch Bier vom Fass für uns bereit halten. Außerdem sind die Preise sehr moderat.

Das eindrucksvolle Portal der St. Simeonskirche.

Hier lässt es sich beim Stadtrundgang aushalten.

Sollten Sie in der Stadt Zadar noch etwas Zeit haben, gehen Sie an die Südseite der Altstadtinsel (5) und lauschen dort ungewöhnlichen Tönen. Seit 2005 gibt es hier eine Meeresorgel zu bewundern, von dem Architekten Nikola Basic erbaut. Sie besteht aus Röhren, die vom Wasser des Meeres angeströmt werden und je nach Stärke der Wellen eine Melodie ertönen lassen. Sie können sich auf

Uriges Gasthaus bei den Hotels.

dem Film zu diesem Revierführer, den Sie herunterladen können, schon mal einen Eindruck verschaffen. Unterschiedlich weite Röhren und Hohlräume am Ufer bringen zusammen mit den Wellen der Adria diese »Musik« hervor.

Wenn Sie in der Stadtmarina liegen, empfehle ich Ihnen, Ihren Rundgang am Landtor zu beenden, durch das man in den alten Fischerhafen Fosa kommt. Schon von der Brücke vor dem Stadttor mit dem Löwen sieht man das rötlich-sandfarbene Gebäude, das Fischrestaurant (6) mit einer überdachten Terrasse zum Meer hinaus. Dort kann man in aller Ruhe den Blick zur Insel UGLJAN schweifen lassen und in entspannter Atmosphäre gute Fisch- und Fleischgerichte genießen (Tel. 023-314 421).

Beim Spaziergang durch die bedeutende Altstadt werden Sie sich vielleicht gefragt haben, warum hier so viele Baustile und städtische Strukturen konzentriert sind, denn Sie sehen eine Mischung romanischer und gotischer Stile sowie Architekturbeispiele aus der Zeit der Renaissance und des Barock. Es sind die Hinterlassenschaften der unterschiedlichsten fremden Herrschernationen der letzten Jahrhunderte.

Musikveranstaltungen im Sv. Donat: Im Juli und August bietet Zadar Konzertereignisse hohen Ranges, Informationen erhalten Sie vom Concert Office Zadar (Tel./Fax: 023-315807 oder 023-211 005 bzw. 311 148).

Die Inseln vor Zadar

Im Laufe der Geschichte wurden die vorgelagerten Inseln durch regelmäßige Schiffsverbindungen fest mit Zadar verbunden, jedoch sind sie nach wie vor grüne Eilande geblieben, die ohne großen westlichen Komfort mediterrane Ruhe und Romantik ausströmen.

Es gibt einsame Buchten, in denen man ankern oder an eine Boje gehen kann, in einigen der kleinen Häfen ist es auch möglich, festzumachen, um die Insel zu besuchen.

Im Weiteren besuchen wir die Insel UGLJAN gegenüber von Zadar. Weiter führt unser Törn nach PAŠMAN und zu den Inseln IŽ, SESTRUNJ, IST und MOLAT, um nur die wichtigsten zu nennen. Das zeigt ein wenig die Vielfalt des Wassersportreviers vor den Toren Zadars.

Heute spazieren wir auf dem römischen Forum aus dem 1. Jahrhundert.

Insel UGLJAN

Wenn die Sonne sinkt, finden wir immer eine ruhige Bucht oder einen Segelhafen.

Die Insel UGLJAN. (T) Tankstelle.

Nach Verlassen von Zadar liegt der breite Zadarski-Kanal vor uns. Wir halten zuerst auf die Insel UGLJAN zu, dort befinden sich die Marinas Sutomišcica und Kukljica sowie einige schöne Buchten.

UGLJAN wird »die grüne Insel« genannt, sie ist ein wichtiges Naherholungsgebiet der Einwohner von Zadar und hat seit der Römerzeit eine lange Tradition als Olivenölproduzent. Für uns Wassersportler bietet sie ein abwechslungsreiches Revier, das auf Ursprünglichkeit beruht. Hier geht es ruhiger zu, traditioneller als drüben in der Großstadt. Gut geeignet für einen Ruhetag fern vom »Meilen-Segeln«.

Durch stündliche Fährverbindung ist die Insel inzwischen fast zu einem Stadtteil von Zadar geworden. Für uns Bootstouristen sind der Ort Ugljan im Norden interessant mit einem Hafen für flach gehende Yachten und etwa in der Mitte die neue Marina Sutomišcica mit allem Komfort. Unweit davon finden wir noch die Marina Preko und im Ort Kukljica gibt es weitere Liegeplätze.

Hafen Ugljan

■ Für Yachten mit geringem Tiefgang bietet der Hafen einige Liegeplätze an der hinteren Mole. (Für mich ist dieser Hafen bis zur Vollendung seines Ausbaus nur ein Nothafen.) (CRO 100-20)
Anfahrt: ⊕ **44°07,9'N-015°06,5'E.** Achtung auf ein vorgelagertes Riff, das sich von der flachen Halbinsel mit Kloster weit in die Bucht hinein erstreckt, bitte die Seekarte zu Rate ziehen! Hafenhandbücher: »808 Häfen«, S. 49, IIIB-D-2-c/12
Versorgung: Nahe Liegplatz: Supermarkt, Konoba Kaleta, Ambulanz (Tel.: 023-288 143). Bus nach Preko, Pašman und Zadar.

⛺ **Wanderung zu interessanten Klöstern.** Vom Ort Ugljan aus erreicht man mehrere Franziskanerklöster, wo man sehenswerte Kreuzgänge mit romanischen Kapitellen sehen kann und auch eine gotische Klosterkirche von 1447. Im schön angelegten Hof des alten Klosters befindet sich das Grab des Bischofs Sime Kozicic, dem Begründer der glagolitischen Buchdruckerkunst, der 1536 hier starb.

Wenn man an der Insel UGLJAN entlang weiter nach Süden hält, erreicht man nach drei Seemeilen die moderne Marina Sutomišcica (Olive Island Marina).

Marina Sutomišcica/UGLJAN

200 Plätze/7 m, Tel.: 023-335 809,
Fax: 023-335 809 und 810,
www.oliveislandmarina.com
UKW-Kanal 17
■ Schwimmstege mit Moorings, Strom und Wasser
Liegegebühren: relativ hoch
☰ **Ambiente:** Technisch perfekter, moderner Liegeplatz.
Anfahrt: ⊕ **44°06,2'N-015°10,1'E.** Hafenhandbücher »808 Häfen«, S. 50
Versorgung: Am Liegeplatz: Marina-Standard, WLAN. Es gibt eine gute Bademöglichkeit seitlich der Liegeplätze, die auch für Kinder gut geeignet ist, weiter einen Fahrradverleih, (T) in Preko (2 sm). Einen kleine Spaziergang in den Ort zu einem urigen Gasthaus kann ich sehr empfehlen. Hier findet man ein kleines privates Restaurant im Garten, das Lantana (2). Das Ambiente, die Speisen und eine nette Bedienung sind den Weg von etwa 15 Minuten unbedingt wert (Tel.: 023-268 264).

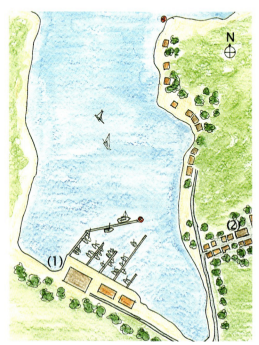

Marina Sutomišcica/UGLJAN. (1) Badeplatz, (2) Gasthaus Lantana.

Marina Preko/UGLJAN

80 Plätze/5 m, Tel.: 023-286 230, Fax: 286 272, www.marinapreko.com, info@marinapreko.com
(T) Tankstelle
■ Stegplätze mit Moorings
≡ **Ambiente:** Günstige Lage direkt gegenüber Zadar.
Anfahrt: ⊕ **44°05,0'N-015°11,7'E.** Hafenhandbuch: »808 Häfen«, S. 51
Versorgung: Am Liegeplatz: Marina-Standard.

Liegeplätze in Buchten

⚓ Die **Mala Lamjana-Bucht**
Am Südende der Insel UGLJAN liegt diese schöne Ankerbucht mit vielen Liegemöglichkeiten und sie hat Zugang zu einem Badestrand.
Anfahrt: ⊕ **44°17'N-015°13'E.**

Marina Kukljica am südlichen Ende von UGLJAN.

Marina Kukljica/UGLJAN

(CRO 100-20) Tel.: 023-373 276, Fax: 373 842
■ Liegeplätze mit Moorings
≡ **Ambiente:** Rast in einem Fischerort.
Versorgung: Um das Hafenbecken herum mehrere nette Gasthäuser, kleiner Supermarkt, Postamt, Ambulanz (Tel.: 023-373379).
Anfahrt: ⊕ **44°02,0'N-015°15,5'E.** »808 Häfen«, S. 51, IIIB-D-2-c/19

Marina Preko. (T) Tankstelle.

Von hier aus kann man in ca. einer Stunde den 265 m hohen Berg Veliki Brodo ersteigen. Der Weg führt durch Olivenhaine mit schönen Ausblicken über die Insel. Am Gipfel thront die Burgruine Sveti Mihivil.

🟢 **Prozession zu Himmelfahrt.** Alljährlich pilgern die Einwohner von Kukljica zur Kapelle am Meer und holen von dort seit fünf Jahrhunderten für eine Woche die Madonna »Maria im Schnee« in ihre Gemeindekirche, wo sie von allen Gläubigen bewundert und angebetet werden kann. Dann ist auch der kleine Anlegesteg dicht besetzt.

Die Kirche »Maria im Schnee«.

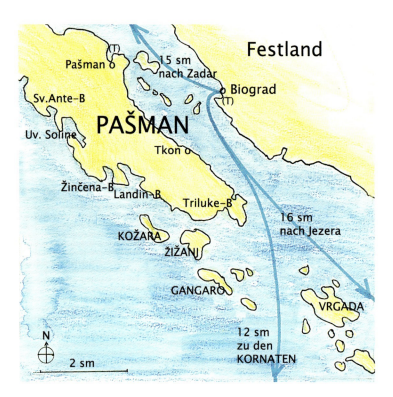

Insel PAŠMAN

Die Insel PAŠMAN ist die Zwillingsinsel von UGLJAN und praktisch deren Fortsetzung nach Süden. Beide Inseln sind mit einer Brücke verbunden, die jetzt eine Durchfahrtshöhe von 17 m über Wasserlinie aufweist.

Liegeplätze in Buchten von PAŠMAN
⚓ **Uvala Soline**
CRO 100-20/MK 13, 14/ »808 Häfen« S. 53
Diese Bucht an der Südwestküste ist sehr ruhig und direkt am Ufer befinden sich zwei urige Gasthäuser.
Anfahrt: 🔴 **43°55,5'N-015°20'E**

Hafen Pašman/Insel PAŠMAN
(CRO 100-20/MK 14)
Der Hafen Pašman liegt versteckt hinter der Insel BABAC und verfügt nur über sehr geringe Wassertiefe.
■ Anlegemöglichkeiten gibt es an der Innenseite der Ostmole, wo es allerdings bei Winden aus NW unangenehm werden kann.
Anfahrt: 🔴 **43°57,5'N-015°23,3'E.** Hafenhandbücher: »808 Häfen«, S. 53, IIIB-D-2-e/4
Versorgung: In der Nähe des Liegeplatzes findet man ein einfaches Restaurant.
Alternativer Liegeplatz: ■ Marina Biograd

Hafen Pašman. (1) Restaurant Kod Barba Tome.

Weitere Buchten von PAŠMAN

◐ Die **Landin-Bucht** an der SW-Küste bietet Liegemöglichkeiten mit vielen Festmachebojen.
Anfahrt: ⊕ **43°53,8'N-015°23,4'E**
◐ Die **kleine Zincena-Bucht** liegt ebenfalls an der SW-Küste, sie ist der Nachbar der Landin-Bucht und bietet bei allen Winden geschützte Liegeplätze (außer bei Jugo).
◐ Die **Sveti Ante-Bucht** mit Bojen liegt dicht nördlich der Soline-Bucht mit einer kleinen Kirche und zwei Gaststätten.
Anfahrt: ⊕ **43°55,6'N-015°20,8'E**
◐ Die **Triluke-Bucht** im Südosten der Insel und bietet recht passable Ankermöglichkeiten.
Anfahrt: ⊕ **43°52"N-015°26,4'E**

Der kleine flache Hafen Tkon. (1) Restaurant, (2) Fähranleger.

Der Hafen Tkon

(CRO 100-20) am Südende von PAŠMAN
■ Fester Kai mit Mooring mit Strom und Wasseranschluss für wenige Yachten. Achtung, die Wassertiefe beträgt nur 1,5 bis 2,5 m.
Anfahrt: ⊕ **43°55,4'N-015°25,3'E.** Hafenhandbücher: »808 Häfen«, S. 53, IIIB-D-2-e/5
Versorgung: Im Ort finden wir Skipper einen gut sortierten Supermarkt, Metzger, Postamt, Ambulanz (Tel.: 023-85 708).

Insel VRGADA

Dicht südlich von PAŠMAN liegt die kleine Insel VRGADA. Im gleichnamigen Ort im Norden der Insel finden wir Wassersportler Anlegemöglichkeiten in allerdings recht flachem Wasser sowie einen kleinen Laden für den täglichen Bedarf.

◐ Der **Hafen Vrgada** bietet einen kleinen Steg Festmachebojen. Man findet hier auch mehrere Gostionicas.
Anfahrt: ⊕ **43°51,6'N-015°31'E**
Im Süden der Insel gibt es noch eine kleine Ankerbucht, die allerdings auch von den Schwimmern des Campingplatzes besucht wird.

Kakteen blühen überall.

Die Ždrelac-Enge (Prolaz Ždrelac)

Zwischen den Inseln UGLJAN und PAŠMAN hat die Durchfahrt eine Breite von 15 m und (neuerdings) eine lichte Höhe von 17 m, die Tiefe beträgt 4 m. Achtung, zeitweise besteht hier eine Strömung von bis zu 5 kn! Die roten Baken bleiben aus Richtung Zadar, die Vorrecht hat, an Steuerbord, aber der Berufsschifffahrt sollte in jedem Fall Wegerecht gewährt werden.

Die Durchfahrt von Westen aus gesehen.

Die Ždrelac-Enge von der Brücke aus.

Anfahrt des Ždrelac-Kanals
- 44°01'N-015°15'E (aus N)
- 44°N-015°15'E (aus S)

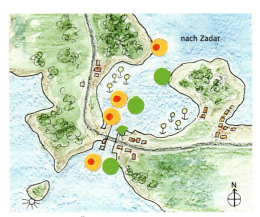

Die wichtige Ždrelac-Enge.

Von der Ždrelac-Enge nach

Marina Sukosan	3 sm
Zadar Marinas	7 sm
Telašcica-Bucht	10 sm
Šibenik	34 sm

Liegeplätze in der Ždrelac-Enge:
In den weiten Buchten der Passage (Ždrelac-Enge) liegen gebührenpflichtige Bojen (s. Skizze).

Trotz Gewitterwarnung legen Segler ab.

Wenn man die Ždrelac-Enge passiert hat und weiter nach Westen steuert, liegt der südliche Zipfel der Insel IŽ voraus, wo sich eine recht komfortable Marina befindet, die ich gern besuche.

Insel IŽ

Die Insel IŽ fällt schon lange vor Erreichen wegen einer weithin sichtbaren Erhebung ins Auge, es ist der 168 m hohe Berg Korinjak. Für uns ist in erster Linie die Marina Iž Veli an der Ostseite wichtig, die im Hauptort mit allen notwendigen Einrichtungen auf uns Wassersportler wartet.

Marina Iž Veli/IŽ

50 Plätze/3 m, CRO 100-20,
Tel.: 023-277 006, Fax: 023-277 186,
Marina.zadar@tankerkomerc.t-com.hr,
www.tankercomerc.hr
UKW-Kanal 17
■ Betonstege mit Moorings
≡ **Ambiente:** Einfach, bäuerlich-mediterran.
Anfahrt: 44°03,2'N-015°06,9'E.
Man sollte bei der Anfahrt dicht an der Marina-Seite bleiben, das Nordufer ist sehr flach. Hafenhandbücher: »808 Häfen«, S. 49, IIIB-D-2-d/46
Versorgung: Am Liegeplatz: Marina-Standard; im Ort: Markt, Supermärkte, Bäckerei (Bude vor der Marina), Postamt, Ärzte.
Weitere Liegeplätze: **Kneža-Bucht.** Hier findet man einige Ankerplätze im türkis schimmernden Wasser, es gibt dort auch einen Badestrand, gut für Kinder.
Anfahrt 44,2°N-015°08,6'E

Die Seefahrer- und Töpferinsel, dicht mit Macchia überzogen, scheint unendlich weit weg zu sein von jeder größeren Stadt.
Im Juli/August kann man die Keramikwerkstätte Iska Keramika eines Lehrers für Kunst aus Zadar besuchen. Er stellt nach alten Vorbildern mit authentischen Materialien Töpferwaren her, die man dort auch zu erschwinglichen Preisen erwerben kann. So gibt es »Töpfe für die Schiffsküche des Fischers« oder den Mugar, ein Gefäß für »in Olivenöl eingelegten Käse« und mehr.

Schöner Uferweg für einen Abendspaziergang.

Gaststätten: Restaurant MANDRAC (1) mit urigem Innenhof. Dort bereitet der Seniorchef die größten Steaks zu, die ich je gesehen habe. Alternativ können Sie auch die Gaststätte Rajka besuchen, die sich oberhalb der Kirche befindet. Mali Iž an der gleichen Seite der Insel bietet nur für kurzzeitiges Anlegen einige Möglichkeiten, z. B. an der Außenseite des Fährsteges.

Anfahrt auf die Marina Iž Veli auf der Insel IŽ.
(1) Gasthaus Mandrac.

Anfahrt auf die Marina Iž Veli.

🏠 **Besuchen Sie das Inselfest auf IŽ.** Ende Juli jeden Jahres findet das traditionsreiche Fest statt, auf dem mit viel Spektakel und ebensoviel Wein der »König von IŽ« gewählt wird. (Vielleicht kreuzen Sie ja gerade im Revier?) Segelgäste werden dabei gern gesehen, sie lassen ja auch etwas Geld zurück.

Nur knapp 4 sm nordwestlich von IŽ finden Sie die kleine Insel SESTRUNJ. Ich kenne sie eigentlich nur als »Nothafen« bei stürmischen Winden aus Nord.

Insel SESTRUNJ

Von Süden kommend erreicht man zuerst die Kablin-Bucht und etwa eine Seemeile weiter nordwärts die Dumbočica-Bucht. Nur noch wenige, meist alte Menschen leben im einzigen Ort oben am Hügel auf der bis ans Ufer dicht mit Macchia bewachsenen Insel. Den Kontakt zur Welt hält die Fähre von Sestrunj nach Zadar aufrecht. Wenn man als Segler auf die Insel zuhält, sieht man als markantes Zeichen bald den 185 m hohen Berg Obručar, der in der Mitte des nördlichen Teiles deutlich aus der Umgebung aufragt.

Kablin-Bucht Sestrunj
CRO 100-20

▪ Im **Südhafen von SESTRUNJ** hat man guten Schutz bei Winden aus N und NW.
Anfahrt: ⊕ 44°08′N-015°00, 7′E (s. o.), Hafenhandbuch: »808 Häfen«, S. 47, IIIB-D-2-c/9c
Versorgung: Wenige Geschäfte und eine Gaststätte im Ort.
Weitere Liegeplätze: ⚓ Die **Dumbočica-Bucht** ist eine unbewohnte Ankerbucht mit kleiner Mole auf der Insel SESTRUNJ.
Anfahrt: ⊕ 44°09,2′-015°54,7′E.
⚓ Die **Kablin-Bucht** mit kurzem Anlegesteg, alternativ ankern.
Anfahrt: ⊕ 44°08′N-015°00′E.

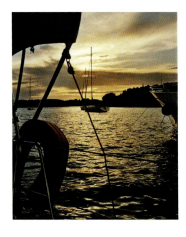

Wir finden immer wieder schöne Buchten für eine Nacht.

Insel SESTRUNJ

Solche Unterschlupfe schützen die Schafe bei Unwettern.

Wir halten zwischen ZVERINAC und TUN-VELI nach Nordwesten. Wie eine Zange öffnet sich jetzt die Südflanke der Insel MOLAT mit einem großen Bojenfeld und auch im Hafen Molat finden wir Anlegeplätze.

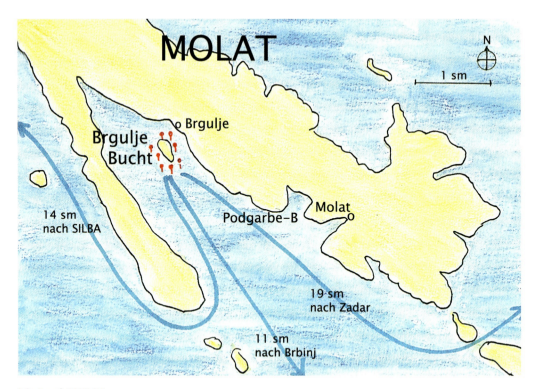

Die Insel MOLAT.

Insel MOLAT

Die Insel MOLAT ist ein dicht mit Machia bewachsenes felsiges Fleckchen Erde. Die wenigen Einwohner, die nicht ausgewandert sind, leben vom Fischfang, züchten ein paar Schafe oder bauen Wein an. Auf der Insel hat man mehrere sehr begehrte Liege- und Anlegemöglichkeiten für Sportskipper geschaffen. Das findet allerdings auch in den Liegegebühren ihren Ausdruck.

Die Brgulje-Bucht

Die Brgulje-Bucht gräbt sich tief in die Insel MOLAT ein, sie ist bei Buchtenliegern sehr beliebt, da man je nach Wetterbericht verschiedene Liegepositionen finden kann.

 Große Bojen-Bucht, Anfahrt: 44°13,3'N-014°50,2'E

Im Ort Brgulje besteht Möglichkeit, für den täglichen Bedarf einzukaufen, allerdings muss man dafür das Beiboot klar machen.

Weitere Anlegemöglichkeiten:
 Vor dem **Grillrestaurant im Ort Molat** finden wir Liegeplätze mit Moorings und Strom sowie auch Wasser.

 Die Podgarbe-Bucht. Hier, in der unbewohnten, ruhigen Bucht dicht nördlich beim Hafen Molat gibt es ebenfalls Ankerplätze, jedoch ohne Einkaufsmöglichkeiten.

Insel IST

Die Insel IST liegt dicht nördlich von MOLAT und kann ebenfalls mit einem hohen Berg aufwarten, es ist der Vrh gore, der sich 163 m über den Meeresspiegel erhebt. Die Insel MOLAT ist autofrei und in ihrer ursprünglichen Art sehr charmant. Für Taucher könnte es interessant sein, dass bei Eingeweihten dieses Revier für noch wenig erforschte Tauchgründe an Steilwänden bekannt ist.

Marina Ist/IST

CRO 100-19, Tel.: 023-372 419, Fax: 023-372 464
UKW-Kanal 17

■ Mole mit Moorings sowie Strom und Wasser. (Bitte unbedingt Platz für die Fähre freihalten!)
≡ **Ambiente:** Einfacher Liegeplatz in einem charmanten kleinen Inselort.
Anfahrt: ⊕ **44°15,4'N- 014°46,6'E**
Versorgung: Am Liegeplatz hat man Marina-Standard und im Ort gibt es Lebensmittelgeschäfte, Metzgerei, Ambulanz (Tel.: 023-372 510). Nicht weit vom Liegeplatz finden Sie die Gaststätte Katy mit großer Terrasse über der Hafenbucht, sie ist bei Bootstouristen sehr beliebt (Tel.: 372 417).
◉ In der Saison werden vor der Marina auch noch Bojen ausgelegt.
Anfahrt: ⊕ **44°15,4'N-014°46,6'E.** Am besten zwischen Insel BENUŠIC und dem Untiefezeichen in der nach Süden hin offenen Široka-Bucht.

Die sehr kleine Marina Ist.

⛰ **Kurzer Spazierweg zum Gipfel der Insel IST.**
Vor dem Abendessen kann ich einen Serpentinenweg empfehlen, der auf den 174 m hohen Berg Straza führt (30 Minuten Gehzeit). Das ist eine echte Entspannung nach dem Segeln. Der Berg ist die höchste Erhebung in diesem Seegebiet. Oben steht eine Kapelle. Von dort hat man einen herrlichen Rundblick und vielleicht den richtigen Appetit für einen Adriafisch vom Grill.

Der Hafen Zapuntel an der Nordküste von MOLAT

■ Hier finden wir eine steinerne Pier mit Moorings und auch Bojenplätze, die bei allen Winden angelaufen werden können. Aber Achtung bei starker Bora.
Anfahrt: ⊕ **44°16,4'N-014° 48,8'**

Insel SKARDA

Die winzige Insel zwischen IST und PREMUDA bietet zwei Liegemöglichkeiten für einen Stopp über Nacht:

◉ In der **Griparica-Bucht** liegen Festmacherbojen mit Leinen zum Ufer, die man aus Sicherheitsgründen benutzen sollte.
Anfahrt: ⊕ **44°16,1'N-014°43,5'E**
An der Westküste von SKARDA findet man eine weitere kleine Ankerbucht, die ⚓ **Lojišce-Bucht** mit 5 bis 7 m Wassertiefe.
Anfahrt: ⊕ **44°18'N-014°42'E**

Insel PREMUDA

Der nächste Punkt auf unserer Törnkarte durch das VIRSKO MORE ist eine einsame Fischerinsel. Hier leben nur noch wenige Einwohner. Es ist ein sehr ruhiger Fleck, nur die Fähre legt mehrmals in der Woche hier an, sie ist die einzige Verbindung zum Festland und zu den Nachbarinseln.

Keine Zeit zum Abwracken?

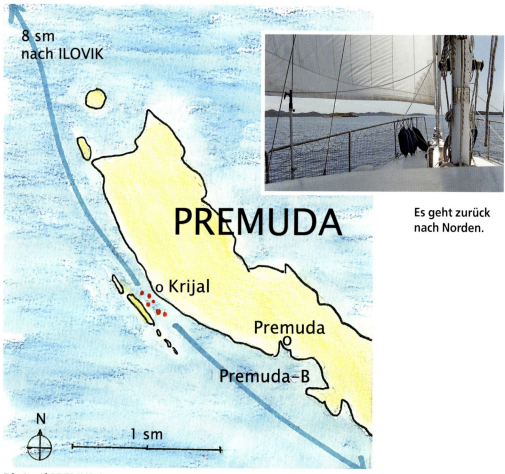

Die Insel PREMUDA.

Es geht zurück nach Norden.

Hafen Krijal/PREMUDA
🔴 **Kleiner Anleger:** Meist ist dieser winzige Anleger mit Booten der Einheimischen belegt und der größte Bereich muss außerdem unbedingt für die Fähre freigehalten werden, sie ist die einzige Verbindung zur Außenwelt.
Anfahrt aus SW: ⊕ **44°19,6'N-014°36,6'E.**
Hafenhandbücher: »808 Häfen«, S. 44, IIIB-D-1-e/65.
Vor dem Hafen liegen im Sommer Festmacherbojen, die jedoch bei starken Winden hohem Seegang ausgesetzt sind.
Versorgung: Restaurant und kleiner Supermarkt im Ort.

⚓ **Ankermöglichkeiten** findet man in der unbewohnten Premuda-Bucht. hier hat man mindestens 5 m Wassertiefe. Am sichersten liegt man in einem der beiden kleinen Zipfel, die sich weit ins Land eingraben.
Anfahrt: ⊕ **44°19,4'N-014°37'E**
Hafenhandbücher: »808 Häfen«, S. 44, IIIB-D-1-e/64

Nun geht der Törn zur grünen, autofreien Insel SILBA. Dort existiert schon lange ein einfacher Segelhafen, wo ich gern anlege. Ich freue mich schon auf den Spaziergang entlang der vielen schönen Gärten zu einem guten Gasthaus an der anderen Seite der Insel.

Insel OLIB

Sportboothafen Silba Ost. (1) Gasthaus

Insel SILBA

Die Insel SILBA ist autofrei, der Hauptort erstreckt sich von einer zur anderen Seite der Insel, zu Fuß 20 Minuten. Entlang der blühenden Gärten und Wiesen mit z.T. exotischen Pflanzen, die viele Kapitäne aus allen Teilen der Welt mitgebracht haben, werden Sie die Insel schnell in Ihr Herz schließen. Hier gibt es nur eine Sehenswürdigkeit, den Liebesturm. Ende des 18. Jh. hat ein reicher Kapitän diesen Turm für seine Angebetete bauen lassen. Von dort soll sie tagelang nach seinem Schiff Ausschau gehalten haben.

Sportboothafen Silba Ost
CRO 100-19, Tel.: 023-370 17 (oder 370 010)
UKW-Kanal 17

■ Steinmole mit Moorings, Strom und Wasser. Wegen großer Steine unter Wasser ist es hier ratsam, mit dem Bug festzumachen.
≡ **Ambiente:** Kleiner Urlaubshafen mit Anbindung an das Dorf.
Bojen vor der Marina (in der Saison)
Anfahrt: 44°22,6'N-014°42,4'E. Hafenhandbücher: »808 Häfen«, S. 43, IIIB-D-1-e/55
Versorgung: Im Ort findet man Restaurants jeder Art, auch eine Pizzeria, Supermarkt, Obststände, Ambulanz, Postamt.
Alternativer Liegeplatz:
Sv. Ante, borasichere Bucht mit Bojen.
Anfahrt: 44°16,8'N-014°42,3'E.

Insel OLIB

Dicht östlich der eben besprochenen Insel SILBA liegt das etwas größere OLIB mit einem Sporthafen auf der Westseite. Auf der Flucht vor den Türken kam 1476 ein kleiner Volksstamm aus der Umgebung von Split auf die Insel und begann hier Olivenplantagen anzulegen. Ein Relikt aus dieser Zeit ist ein Holzkreuz in der Pfarrkirche Sv. Marije. Später waren die Insel und ihre Einwohner Leibgarde der Adelsfamilie Filipi aus Zadar, bis sie am 14. Mai

Anlegesteg Silba Ost.

1900 mitsamt der Insel von der Kirche freigekauft wurden. Eine ungewöhnliche Geschichte, finde ich. Viele der Einwohner arbeiteten später hier als Landarbeiter und Holzfäller. Aber lange konnten sie von diesem Erwerbszweig nicht leben und so wanderten viele nach Amerika aus. Erschwerend kam hinzu, dass in diesen Jahren die Weinstöcke von der Reblaus weitgehend zerstört wurden.

Einige der Nachkommen dieser Auswanderer, »Amerikaner« genannt, sieht man im Sommer vor ihren z.T. sehr gut renovierten Häusern sitzen und den freien Blick aufs Meer oder zum Velebitgebirge genießen. Die wenigen verbliebenen Familien betreiben bis heute Wein- und Olivenanbau oder Schafzucht, daneben gehen sie für den Eigenbedarf auf Fischfang.

Hafen Olib
CRO 100-19
UKW-Kanal 17

⛔ Liegeplätze mit Strom und Wasser findet man an der Steinmole mit einigen Moorings (bei Bora ist dieser Platz allerdings unsicher! Bitte auch Raum für die Fähre lassen.)

⚓ In der Hauptsaison liegen hier auch noch Festmachebojen.

≡ **Ambiente:** Ein ruhiges Dorf am Meer.
Anfahrt: ⊕ **44°22,8'N-014°46,3'E.** Von SE kommend lässt man die Untiefentonne mit einem schwarzen Streifen steuerbords liegen. Hafenhandbücher: »808 Häfen«, S. 43 sowie IIIB-D-1-e/51

Versorgung: Im Ort finden wir Bäckerei und weitere Geschäfte, Postamt und eine Sanitätsstation.

Alternativer Liegeplatz:
⚓ **Bucht Sv. Nikola** an der SE-Seite der Insel mit einigen Bojen.
Anfahrt: ⊕ **44°21,1'N-014°46,6'E.** Hier hat man auch bei Bora guten Schutz. Zur Sicherheit trotzdem eine Landleine ausbringen.

Üppige Blütenfülle findet man in den kleinen Orten überall.

Ein lohnender Spazierweg führt auf den Gipfel Straza mit der Kapelle Maria Schnee und einem grandiosen Rundblick zu den umliegenden Inseln.

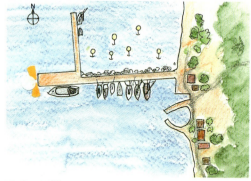

Hafen Olib.

Der nächste Schlag geht nach DUGI OTOK. Die Inseln MOLAT, IST und SKARDA habe ich auf den Seiten 120 und 121 kurz skizziert.

Insel DUGI OTOK

Diese Insel ist 28 Seemeilen lang, für viele Segelboote eine ganze Tagesetappe. Im Norden sind die von Hügeln umgebenen Buchten dicht mit Machia bewachsen. Dieser Teil ist still und einsam, von Touristen noch wenig besucht, die Landschaft voller Unberührtheit. Wassermangel ist einer der Gründe, es gibt hier keine Quellen, nur Zisternen. Für die wenigen Hotels wird das kostbare Nass mit dem Schiff angeliefert.

Für uns Wassersportler sind Veli Rat und die große Pantera-Bucht interessant, hier finden wir auf der Fahrt zu den Kornaten gute Anker- und Anlegemöglichkeiten.

Schon weit voraus sieht man den 41 m hohen Leuchtturm von Veli Rat, dem ältesten in Kroatien. An der langen Ostküste von DUGI OTOK sind für uns die Häfen Božava und Brbinj von Bedeutung sowie Luka, Sali und weiter die Bucht Žman. Auf dieser Strecke hat man noch den Schutz der Insel RAVA an Backbord mit Anlegemöglichkeiten (Seite 129). Ganz im Süden dann öffnet sich die allen Adriafans bekannte Telašcica-Bucht, die den Status eines Naturparks besitzt und praktisch schon zu den KORNATEN gehört, sie wird dort besprochen.

Die lange Westküste ist an weiten Strecken praktisch unbesiedelt und wegen der steilen und felsigen Ufer nur schwer zugänglich. Diese Seite der Insel ist aber für Taucher interessant. An den bis zu 50 m abfallenden Steilwänden gibt es interessante Höhlen und Grotten, wo man Georgien, Schwämme und Congeraale beobachten kann. Informationen darüber erhalten Sie in der Taucher-Zentrale Božava (Tel.: 023-377 619 und bei RIVA-Tours München, Tel.: 089-231 1000). Die einzige für uns Skipper wirklich interessante Bucht an der Westküste ist die Sakuran-Bucht am Rt. Lopata ganz im Norden, südlich vom Ort Solin. Hier gibt es einen Ankerplatz mit türkisfarbenem Wasser über Sandgrund, was ja an der östlichen Adria extrem selten vorkommt.

Mehr Details zu den interessanten Punkten entlang der Insel DUGI OTOK finden Sie auf den nächsten Seiten.

Borasichere Häfen und Buchten:
(1) Pantera-Bucht
(2) Sakuran-Bucht
(3) Božava
(4) Lučina-Bucht
(5) Brbinj
(6) Žman-Bucht
(7) Zaglav
(8) Marina Sali
(9) Telaščica-Bucht
(10) Kablin
(11) Marina Iž Veli
(12) Marina Sutomišcica

Ich beginne bei der Beschreibung der Anlegemöglichkeiten wieder ganz im Norden der langen Insel. Die Pantera-Bucht ist von besonderem Interesse, denn sie bietet uns viele Bojenplätze in Buchten oder direkt beim Ort Soline außerdem eine moderne Marina. Die Buchteinfahrt ist wegen vieler Untiefen durch ein Seezeichen und mit roten und grünen Fahrwassertonnen gekennzeichnet, bitte strikt beachten! Sie fahren mit südöstlichem Kurs auf die Marina Veli Rat zu oder Sie suchen in der **weitläufigen Pantera Bucht** einen Bojenplatz (2). **Festmachebojen** findet man auch in der Innenbucht ČUNA.
Beachten Sie bitte bei der Weiterfahrt die geringe Wassertiefe in der schmalen, aber gut gekennzeichnete Passage vor dem kleinen Ort Soline.

Veli Rat
Veli Rat ist ein kleines Dorf direkt bei der Marina, wo man die Möglichkeit hat, das Notwendigste für den nächsten Tag einzukaufen und dicht bei der Marina finden wir auch ein gutes Restaurant mit einer großen Fischauswahl. Da könnte doch die Bordküche mal kalt bleiben, oder?

Marina Veli Rat/DUGI OTOK
CRO 100-20, Tel.: 091-2800034, Fax: 023-378072, marinavelirat@baotic-yachting.com
UKW-Kanal 17
■ Schwimmstege mit Moorings und Strom, der von einem Generator erzeugt wird und deshalb nur wenige Stunden täglich verfügbar ist. Kleine, aber gute Sanitäreinrichtungen. Einkaufsmöglichkeiten und ein gutes Gasthaus im Ort in Fußgängerentfernung.

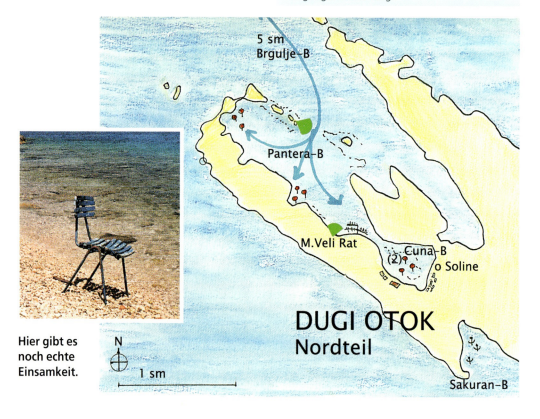

Hier gibt es noch echte Einsamkeit.

Marina Veli Rat. (1) Weg zum Gasthaus Verunic (Tel.: 023-378 042).

Anleger vor dem Ort Božava.

Eine sehr schöne Ankerbucht liegt an der äußeren Seite der Insel DUGI OTOK. Sie wird aber sehr selten besucht, weil man von hier aus 23 sm lang in südlicher Richtung weiter keine Anlegemöglichkeiten hat. Es ist die ⊕ **Sakuran-Ankerbucht.** Hier hat man an der Südostseite des Inselkopfes, also an der »Außenseite«, Sandgrund. Die Bucht ist unbewohnt, nur in der Saison findet sich hier eine kleine Bar.
Anfahrt: ⊕ **55°07,3'N-014°52,9'E.**
An der Ostseite von DUGI OTOK geht's nach Süden.

Der **Hafen Božava** an der langen, zerklüfteten Ostküste ist die erste Möglichkeit, festzumachen. Er findet sich ziemlich im Norden der Insel.

Hafen Božava/DUGI OTOK

■ Liegeplätze findet man hier an der Innenseite des Wellenbrechers sowie am Ostkai mit Moorings, Strom und Wasseranschluss. Aber Achtung, bei starken Südwinden kann das Anlaufen des Platzes wegen des hohen Schwells extrem schwierig sein. (CRO 100-20)
≡ **Ambiente:** Uriger Fischerort mit viel Charme.
Anfahrt: ⊕ **44°08,3'N-014°54,9'E.** Hafenhandbücher: »808 Häfen«, S. 46, IIIB-D-2-d/3
Versorgung: Im Ort findet man Supermarkt, Bäckerei, Restaurants, Postamt, Ambulanz und für den Notfall einen Arzt (Tel.: 023-377 604), eine Fährverbindung besteht nach Zadar.

Unser Törn geht immer weiter südwärts. Zwei Seemeilen südlich vom Ort Božava finden wir eine Ankermöglichkeit in der ⊕ **Dumboka-Bucht.**
Anfahrt: ⊕ **44°07,6'N-014°56,4'E.** Dieser kleine Anker-Liegeplatz in der Bucht vor dem kleinen Ort Dumboka ist hinter der Insel MAGARCIC recht geschützt gelegen und deshalb ziemlich beliebt.

Hafen Božava/DUGI OTOK.

Wir halten weiter entlang der östlichen Inselseite zur Brbinj-Bucht und zum Hafen Brbinj, der südlich der vorspringenden Huk liegt. Vorher passieren wir noch die große Lučina-Bojenbucht, die ich danach bespreche.

Marina Brbinj/DUGI OTOK
CRO 100-20

◼ Kleiner Hafen mit wenigen Plätzen an der Pier, aber mit Moorings, Strom und Wasser. Beachten Sie bitte, hier macht auch die Fähre fest!
≡ **Ambiente:** Dörflich-ruhig, ohne Attraktionen.
Anfahrt: ⊕ **44°04,4'N-015°00'E.** Hafenhandbücher: »808 Häfen«, S. 46 IIIB-D-2-d/6
Versorgung: Lebensmittelladen, Postamt, Restaurant, z. B. Antonio (Tel.: 023-378 720).

Buchten mit Bojen
Dicht nördlich von Brbinj Ort befindet sich die
⚓ **Lučina-Bucht** (siehe Skizze).
Anfahrt : ⊕ **44°05,6'N-015°01'E.** Hier haben wir ein großes Bojenfeld, das durch die vorgelagerte Insel UTRA sehr geschützt ist. Hafenhandbücher: »808 Häfen«, S. 46.

In der Einfahrt zum Ort Brbnj liegt noch die
⚓ **Bok-Bucht.**
Anfahrt: ⊕ **44°04,4'N-015°01,6'E.** Hier sind die Bojenleinen schon mit dem Ufer fest verbunden, die man als Achterleine aber auch benutzen sollte.

Wenn Sie von Brbinj weiter südwärts laufen, versäumen Sie nicht, dicht an der Halbinsel Rt. Pelegrin vorbei zu halten, Sie können sehr schön eine Friedhofsanlage aus dem 13. Jh. sehen, eine der bedeutendsten altkroatischen Sakralbauten. Für einen Kurzbesuch gibt es auch einen kleinen Anlegesteg.

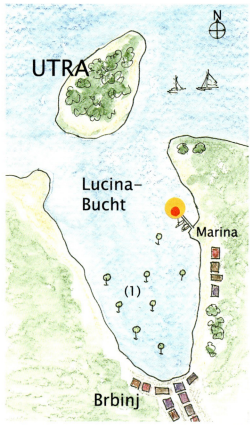

Lučina-Bucht und Marina Brbinj. (1) Bojenfeld

Dorfromantik aus dem 19. Jh. (oder ist es immense Armut? Ich habe es nicht herausgefunden).

Luka/DUGI OTOK
CRO 100-20
🟦 Hier können wir an der nördlichen Hafenpier mit Strom und Wasser festmachen.
Anfahrt: ⊕ **44°00'N-015°04,5'E.** (Bitte auf eine Untiefe nördlich Rt. Gubac achten!), Hafenhandbücher: »808 Häfen«, S. 50, IIIB-D-2-d/9
Versorgung: Im Hafen gibt es einen Lebensmittelladen und ein gutes Restaurant, das vielfach als Geheimtipp gehandelt wird.

Etwas weiter südlich findet man die gut ausgebaute, sichere Marina Sali.

Marina Sali/DUGI OTOK
80 Plätze, CRO 100-20, Tel.: 023-377 042, Fax: 023-384 944
Der südliche Teil wurde zu einer Marina ausgebaut.
🟦 Feststege mit Moorings, Strom und Wasser
Anfahrt: ⊕ **43°56,1'N-015°10,3,5'E.** Hafenhandbücher: »808 Häfen«, S. 52, IIIB-D-2-d/13 (T) in Zaglav, ca. 2 sm nördlich von Sali.
Versorgung: Im Ort findet man einen Lebensmittelladen sowie Metzgerei, Postamt, Ambulanz (Tel.: 023-377 032).

Marina Sali mit neuer Anlegepier. (1) Gasthaus, (2) Gasthaus.

Der Ort Sali
Hier findet alljährlich zum Rochustag am 16. August ein besonderes Eselrennen statt. Es ist ein kurioses Ortsfest, wo in einem Wettbewerb Männer versuchen, mit ihrer Musik die bösen Geister zu vertreiben. Dazu verwenden sie selbst gefertigte Musikinstrumenten, wie Hörner von Kühen oder mit Steinen gefüllte Bügeleisen usw. Informationen dazu erhalten Sie im Touristenbüro.

Insel RAVA

Versteckt zwischen den Inseln IŽ und DUGI OTOK kann man das winzige Eiland RAVA anlaufen, es hat zwei kleine Anlegemöglichkeiten.

Liegeplätze in Buchten
🔴 **Yachtanleger vor dem Gasthaus Villa Rava** in der Bucht Vela Rava.
Anfahrt: ⊕ **44°01'N-015°03'E.** (nur 2–3 m Wassertiefe). In der Saison gibt es hier auch einen kleinen Laden.

Dicht dabei eine weitere Liegemöglichkeit:
🔴 **Anleger in der Bucht Mala Rava**
Anfahrt: ⊕ **44°02'N-015°03'E.**

Weitere Ansteuerungspunkte:

Von der Insel RAVA nach
Ždrelac-Enge	9 sm
Telašcica-Bucht	13 sm
Marina Žut	14 sm
Biograd	19 sm
M. Hramina/MURTER	25 sm
Zadar	15 sm
Brgulje-Bucht	16 sm
Silba	27 sm
Sukosan	12 sm

Nun spanne ich Sie nicht länger auf die Folter, es geht zu den KORNATEN. Alles, was Sie wissen sollten, wenn Sie dieses Revier kreuzen, habe ich zusammengetragen und auf die für uns Sportskipper interessanten Themen reduziert.

Teil 6: Die KORNATEN

Film »Kornaten« zum Herunterladen unter
http://filme.pietsch-verlag.de/50647/

Umfang des Reviers
Dieser Teil umfasst die Telašcica-Bucht im Süden der Insel DUGI OTOK, die Inseln KORNAT, ŽUT und alle weiteren kleinen Inseln des Archipels. Das hier beschriebene Gebiet ist ein Nationalpark, wo Eintrittsgeld erhoben wird. In einigen Marinas am Festland kann man die Tickets wesentlich preiswerter kaufen, fragen Sie in der Rezeption danach, wenn Ihr Ziel die KORNATEN sind.

Seekarten
Kroatische Seekarten Nr. 100–20 sowie Kroatische Sportbootkarten MK 14 bis 16. Eine Übersichtsskizze siehe Seiten 134/135.

Hafenhandbücher
Hafenhandbuch Mittelmeer Teil IIIB Adria Mitte (kurz IIIB) D-2-d sowie »808 Häfen und Buchten« (kurz »808 Häfen«) Seite 49–68.

Der KORNATI-Nationalpark
Der KORNATI-Nationalpark besteht aus insgesamt 89 Inseln und Riffen, eine unwirkliche Welt starker Kontraste. Sie imponiert als wüstenartige Hügellandschaft, die sanft aus dem klaren Wasser aufsteigt. Sehr poetisch schrieb G.B. Shaw nach einem Besuch: »Am letzten Tage der Erschaffung der Welt wollte Gott sein Werk krönen und schuf aus Tränen, Sternen und dem Lufthauch die Kornaten«.
Die KORNATEN sind Meer und Karst, ein Labyrinth aus Meeresengen und Inseln, aus Klippen und Steilküsten, die unvermittelt ins Meer abfallen. Einige der Inseln haben winzige, meist nur im Sommer bewohnte Fischersiedlungen, die oft nur aus einzelnen Häusern bestehen.

Morgenstimmung in den KORNATEN.

Jahrhunderte lang segelten römische Schiffe und die Gajeten der Einheimischen aus Murter durch diese Inselwelt und es hat sich seitdem kaum etwas verändert, auch wenn heute moderne Yachten die Gewässer befahren. Nur ein paar winzige Häuser sind dazu gekommen, wo Fischer den Sommer über leben, wie eh und je fischen oder Feigen trocknen von den wenigen Bäumen, die hier gedeihen, so, wie ihre Urahnen es taten.

Die Inseln sind etwas Einmaliges an sich, von ihrer Struktur her und auf Grund der Tatsache, dass sie ausschließlich auf dem Wasserwege erreicht werden können. Neu etabliert haben sich lediglich einige Gaststätten, die uns Bootsleute versorgen. Für uns ist diese Inselgruppe etwas ganz Besonderes und es ist das Ziel eines jeden Skippers, die KORNATEN wenigstens einmal zu befahren. Für jeden haben sie allerdings unterschiedliche Bedeutung, aber fasziniert ist jeder. Viele kommen so oft es geht in dieses Gebiet, andere haben mit einem Törn genug gesehen.

Der Nationalpark

Der Park mit seiner weitgehend unberührten Natur unterliegt wegen seines nahezu intakten Ökosystems strengen Auflagen. Dies betrifft z. B. das Ankern, das nur in genau bezeichneten Buchten erlaubt ist (Kartenskizzen Seiten 132–135). Heute sind viele dieser schönen Buchten mit Bojen bestückt, an denen man ohne weitere Kosten bequem und sicher liegen kann. Man schont so außerdem noch den Meeresgrund.

Daneben gibt es eine ACI-Marina (Seite 136), wo man allerdings, wie überall, zusätzlich Liegegebühren entrichten muss. Das Tauchen mit Ausrüstung ist ohne »Schein« streng verboten, besorgen Sie sich ggf. in einer der Tauchbasen in Murter oder Biograd eine Genehmigung.

Eine Fahrt durch diese Inselgruppe oder noch besser der Aufenthalt für zwei Tage ist wie Eintauchen in eine bisher nicht gekannte Welt. Ab dem Moment, wenn man in das Revier einfährt, fragt man sich unwillkürlich, wie die KORNATEN entstanden sein könnten.

Kliffs im Süden von DUGI OTOK.

Die Telašcica-Bucht

Ja, weiß man überhaupt, wie alles gekommen ist? Die Wissenschaftler glauben, dass vor 15.000 Jahren das Wasser der Adria um fast 100 m gestiegen war und dabei Berge und Täler unter sich begraben hat, nur die Gipfel von fast 100 Inseln und Riffe waren danach noch übrig, das sind die heutigen KORNATEN-Inseln. Sie bilden eine eigene, eine besondere Welt. Das Gesicht dieser Wasserlandschaft ändert sich fortwährend, auch im Laufe des Sommers gewinnt das Revier immer wieder eine neue, unterschiedliche Identität. Die Schönheit des Parks muss jeder für sich selbst erfahren. In jedem Fall sind die KORNATEN ein besonderer Platz in der Welt, anders als alles, was man vorher gesehen hat. Wir steuern das Revier von Osten her an und fahren zwischen der Insel KATINA im SE und DUGI OTOK im NW in den Nationalpark ein (A). Diese nördliche Einfahrt heißt offiziell in der Seekarte Mala Proversa (A). Die Ansteuerung ist ⊕ 43°53,8'N-015°14,5'E (zwischen Rt. Cuska/DUGI OTOK und der Insel KATINA). Diese Durchfahrt ist 4 m tief und 40 m breit. Grüne und rote Tonnen markieren die Fahrrinne. Die Vela Proversa (B) ist dagegen flacher und etwas enger.

Die Telašcica-Bucht ist unser erstes Ziel. Sie ist ein seeähnlicher Meeresgolf mit verschiedenen ruhigen Armen, die man erreicht, wenn man sich gleich nach Durchfahrt der Mala Proversa nach Nordwesten hält. Diese große Bucht ist ca. 5 sm lang und seit der Antike ein viel genutzter Naturhafen mit sechs Inseln und 25 kleinen Buchten. Wir Bootssportler finden hier viele geschützte Liegeplätze an Bojen.

Die vielen Möglichkeiten, das Schiff in der Telašcica-Bucht festzumachen, habe ich in der Skizze auf Seite 132 aufgezeigt.

Liegeplätze in der Telašcica-Bucht

Wir finden hier ⓘ die **Mir-Bucht.** Dieser Platz ist sehr gut geschützt, wegen der Gaststätte allerdings zeitweise unruhig.
Außerdem befindet sich hier ⓘ die **Krusevica-Bucht.** Die Krusevica-Bucht ist ein netter Platz in schöner, bewaldeter Umgebung, ein Ort zum Verweilen.
Als dritten Liegeplatz finden wir die ⓘ **Farfarikulac-Bucht.** Dieser idyllische Liegeplatz ist auch bei Bora recht geschützt. In Sichtweite haben Sie das kleine Gasthaus Goro.

Wir haben inzwischen einen Liegeplatz in der Mir-Bucht gewählt und uns entschieden, mit dem Beiboot an Land zu rudern, um den Salzsee sowie die Steilklippen zu besuchen.
Der See ist ein Naturphänomen, weil sich hier Niederschlagswasser mit Meerwasser vermischt, obwohl der Grund des Sees fast 70 m über dem Meeresspiegel liegt. Die beste Sicht auf die 140 Meter steil ins Meer abfallende Kliffküste haben Sie von einem besonderen Foto-Aussichtspunkt.

Sie erreichen diesen Platz über einen schmalen Weg beginnend beim Restaurant in der Mir-Bucht.

Nun geht es in die eigentlichen KORNATEN. Von der Telašcica-Bucht aus liegen die KORNATEN-Inseln in südöstlicher Richtung. Die blaue Linie auf den Skizzen auf den Seiten 134/135 führt Ihr Schiff von Norden aus durch das einmalige Inselgewirr.
Sie fahren nun in ein Segelgebiet mit einer unüberschaubaren Zahl von kleinen und großen Inseln. Bitte fahren oder segeln Sie von jetzt an sehr bedacht, denn es gibt nach wie vor ein paar nicht gekennzeichnete Untiefen in Form winziger Felsen, die manchmal nur geringfügig die Wasseroberfläche berühren oder gar darunter liegen. Wenn Sie vorab mehr Informationen einholen möchten, gehen Sie im Internet auf www.kornati.hr oder lassen Sie sich per E-Mail mehr Informationen senden: kornati@kornati.hr.
Die fast 15 sm lange Hauptinsel KORNAT war bis vor 300 Jahren dicht mit Wald bewachsen. Ein verheerender Brand ist für ihr heutiges Aussehen verantwortlich. Auf der Vorbeifahrt sieht man nur ab und zu ein grünes Fleckchen in der Nähe der kleinen Häuser, die ausschließlich im Sommer bewohnt sind. Wenn man jedoch näher kommt oder über die Inseln wandert, entdeckt man hier und da Oliven- und Feigenbäume oder sogar kleine Weingärten.

Die Telašcica-Bucht von Norden aus gesehen.

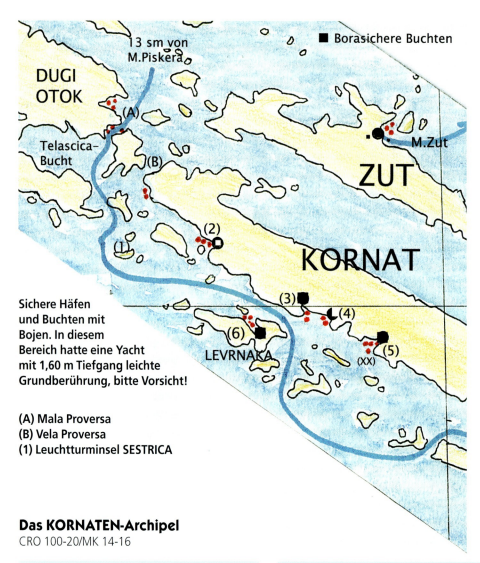

(A) Mala Proversa
(B) Vela Proversa
(1) Leuchtturminsel SESTRICA

Das KORNATEN-Archipel
CRO 100-20/MK 14-16

Liegeplätze in Buchten
(2) ⚓ ⚪ **Šipnate-Bucht/Insel KORNAT.** Hier findet man 10 Bojen und eine Anlegemole für die Gäste der Restaurants Antonio und Levrnaka.
(3) ⚓ ⚪ **Kravljačica-Bucht/Insel KORNAT.** Kleiner Liegeplatz am Gasthaus und davor einige Bojen.
(4) ⚓ ⚪ **Strižnja-Bucht/Insel KORNAT.** Kleiner Steg, z.T. mit Moorings und Festmachebojen an den Restaurants Qattro und Darko (reservieren Sie über Tel.: 098-435 988).
(5) ⚓ ⚪ **Vrulje-Bucht/Insel KORNAT.** Bojen und Anleger mit Moorings vor den Restaurants Ante und Konoba Robinson, (Tel.: 098-388 667 bzw. 098-385 044).

Weitere Liegeplätze
(6) ⚪ ⚪ **Levrnaka-Bucht/Insel LEVRNAKAT** Bojen und ein Schwimmsteg vor beiden Gasthäusern.
(7) ⚪ ⚪ **Lopatica-Bucht/Insel KORNAT** Festmachebojen und einige Moorings vor dem Restaurant Piccolo.

Liegeplätze in Buchten

(8) 🔴 🟠 **Lavsa-Bucht/Insel LAVSA**
mit 12 Bojen und Anlegestege vor den Restaurants.

(9) 🔴 🟠 **Opat-Bucht /Insel KORNAT**
Anleger mit Moorings für die Gäste des Restaurants Opat (der Koch ist sehr bekannt, er kommt aus dem Tic Tac). Achtung, nicht bei Gefahr von Jugo einfahren!

(10) 🔴 🟠 **Die Lojena-Bucht/Insel SMOKVICA** ist eine borasichere Bucht mit Festmachebojen und einem kleinen Anleger vor dem Restaurant Piccolo (Tel.: 098-237 136).

(11) 🔴 **Die Ravni-Žakan-Bucht/RAVNI** hat Moorings am Restaurant und besitzt in der Saison zusätzlich Bojen.

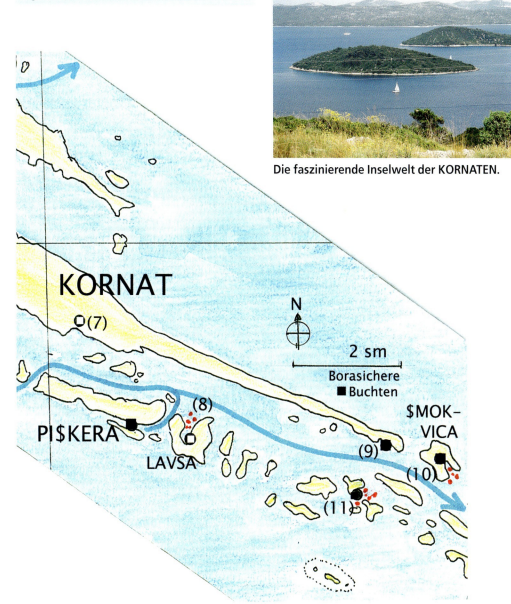

Die faszinierende Inselwelt der KORNATEN.

Der blau eingezeichnete Kurs auf den Skizzen Seite 134 und 135 garantiert Ihnen gute Fotomotive und gibt Ihnen Einblicke in schöne Buchten mit Liegeplätzen an Bojen oder führt Sie zu guten Restaurants mit dem besonderem Ambiente der Einzigartigkeit.

Unsere Fahrt geht weiter und bitte vergessen Sie nicht, die abgefahrene Strecke auf der Seekarte »abzuhaken«, denn nur so wissen Sie genau, wo sich Ihr Schiff im Moment befindet. Behalten Sie auch im Auge, die Insel KORNAT ist 15 sm lang und hat nach Osten hin keinen Durchlass!

Nahe der Kravljačica-Bucht (3) trifft man zur eigenen Überraschung sogar auf eine Kirche, sie stammt aus dem Mittelalter. Am 2. Juli jeden Jahres zelebriert der Pfarrer von Murter hier eine Messe zu Ehren der heiligen Maria. Dann ist die kleine Bucht voll mit Booten jeder Art, denn dieses Ereignis ist für viele ein wichtiger Termin im Jahresablauf.

In der Mitte des Weges durch den Archipel mit vielen Riffen liegt ein moderner Sportboothafen mit komfortablen Liegeplätzen, die Marina Piskera. Hinter dem Anleger führt ein Weg auf die Kuppe der kleinen Insel. Von dort aus haben Sie eine schöne Aussicht zu den steilen Riffs der Insel RASIP VELA. Sollten Sie die Marina von der Meerseite aus besuchen, müssen Sie die kleine Insel PANITULA Mala umfahren, da zwischen dieser Insel und PANITULA Vela nur ungenügend Wassertiefe besteht. Ziehen Sie bitte die aktuelle Seekarte zu Rate. In diesen Buchten finden Sie Bojen, wo die Benutzungsgebühr bereits im Kornaten-Ticket enthalten ist. Die erlaubten Liegeplätze im Nationalpark finden Sie auf den Seiten ab 134.

Meine Lieblingsbucht in den KORNATEN.

ACI-Marina Piškera
120 Plätze/4 m, CRO 100-20, 21, MK 14,
Tel./Fax: 091-470 0091/92,
m.piskera@aci-club.hr, www.aci-club.hr
UKW-Kanal: 17

◼ Schwimmstege mit Moorings, Strom und Wasseranschluss.

Liegegebühren: ja (zusätzlich zum Kornaten-Ticket!)

≡ **Ambiente:** Ein Punkt der Zivilisation im Kornaten-Archipel.

Anfahrt: 🔴 **43°45,80'N-015°22,3'E.**

Versorgung: Am Liegeplatz: Marina-Standard mit Einschränkungen, (z. B. ist die Wasserversorgung zeitweise eingeschränkt), Restaurant, Supermarkt.

Die Unterwasserwelt des KORNATEN-Reviers ist noch immer sehr artenreich.

Marina Piškera.

Meist findet man in den Buchten auch ein oder zwei Gasthäuser mit festen Stegen und Moorings. Dort können Sie sehr sicher über Nacht liegen, wenn Sie mit Ihrer Crew zum Abendessen einkehren. Nach meiner Erfahrung ist das immer wieder ein Abend der besonderen Art, oft fern aller uns bekannten Zivilisation.

Insel ŽUT

Die Insel ŽUT ist die zweitgrößte Insel des Archipels, sie liegt zwischen KORNAT und PAŠMAN mit einer markanten Erhebung von 160 m Höhe. Das Land ist karstig und trocken. Seit Jahrhunderten ist es im Besitz der Bauern von MURTER, die dort in mühevoller Arbeit Olivenplantagen und Obstgärten angelegt haben und sie aus Zisternen wässern. In Žut finden wir Wassersportler ebenfalls eine komfortable Marina.

Etwas südlicher auf ŽUT, dicht beim Ort Pristanišče findet man den **Luka Hiljaca-Anleger.**
Anfahrt: ⊕ **43°51,9'N-015°20,5'E.** Auf Wassertiefe achten!
Hier gibt es ein gutes Gasthaus, das Sexi Zmara.

ACI-Marina Žut

110 Plätze/4,50 m, CRO 100-20, MK 14, geöffnet von April bis Ende Oktober.
Tel.:022-786 0278, Fax: 7860 279,
m.Žut@aci-club.hr, www.aci-club.hr
UKW-Kanal 17

■ Stege mit Moorings, Strom und Wasser (bei Bora am besten im Ostteil, bei Jugo im Westteil anlegen).
Liegegebühren: C
≡ **Ambiente:** Vorgeschmack auf die Kornaten.
Anfahrt: ⊕ **43°53,3'N-015°19,1'E.** Rt. Strunac bei einer Anfahrt aus S oder E, Hafenhandbücher: »808 Häfen«, S. 55, IIIB-2-d/55
Versorgung: Am Liegeplatz: Marina-Standard und am Ufer entlang gibt es jetzt mehrere Gasthäuser, z.T. mit Steganlagen und Mooringplätzen ebenfalls zum sicheren Anlegen.

Marina Žut.

Die Wallfahrtskirche aus dem Mittelalter steht einmal im Jahr im Mittelpunkt des Interesses der Eigentümer der Inseln und ihrer Freunde.

Teil 7: Region Šibenik

Film »Region Šibenik« zum Herunterladen unter
http://filme.pietsch-verlag.de/50647/

Nach dem Ausflug in die Inselwelt vor Zadar und zu den KORNATEN sind wir wieder in DALMATIEN.

Überblick
Dieser Teil umfasst die Festlandsküste südlich von Zadar bis kurz vor Trogir und die Inseln MURTER, KAPRIJE, ZLARIN, KAKAN, PRVIC, ZIRJE sowie VELI und MALI DRVENIK.

Seewetterberichte
Im Abstand von ca. 10 Minuten sendet Split Radio (UKW-Kanal 67) Seewetterberichte, auch in deutscher Sprache. Diese Meldungen werden jeweils um 07:00, 13:00 und 19:00 Uhr aktualisiert. Ausführliche Vorhersagen in Englisch empfangen Sie auf UKW Kanal 07, 21, 23, 28 und 81 um 05:45, 12:45 und 19:45 Uhr Sommerzeit.

Hafenhandbücher
Mittelmeer III B D-2-e sowie »808 Häfen und Buchten« Seite 49–68, die Küste südlich Zadar bis Trogir, Seekarten 100-20, 21 und MK 14–16.

Anfahrt
Bis Split kann man entweder die neue Autobahn benutzen oder ab slowenischer Grenze nach wie vor der Küstenstraße folgen, auch wenn man dadurch für die Anreise ein paar Stunden länger braucht. Bald nach der Großstadt Zadar tritt das Velebitgebirge von der jetzt stärker gegliederten Küste zurück. Der Blick weitet sich und bald erkennt man die majestätische Brücke, die den Šibenik-Kanal überspannt. Diese Wasserstraße, die wir mit dem Pkw überqueren, führt zur Marina Skradin mit den Krka-Wasserfällen, die ich ebenfalls beschreiben werde.

Dann erreicht auch die Küstenstraße wieder das Ufer der Adria und Sie sehen küstennah die Insel ZLARIN. Weiter draußen im Meer erahnen Sie noch weitere Inseln, die Sie nicht bezeichnen können.

Anfahrt mit rauem Wind.

Auf der Karte erkennen Sie KAPRIJE, KAKAN oder ŽIRJE. Die Straße schlängelt sich weiter die Küste entlang, nach Primošten, einem bezaubernden kleinen Ort, der auf einer Halbinsel gelegen ist. Unsere Blicke schweifen natürlich immer wieder zu den vorgelagerten Inseln. Vielleicht ist eine davon unser nächstes Segelziel?

Am Krka-Wasserfall.

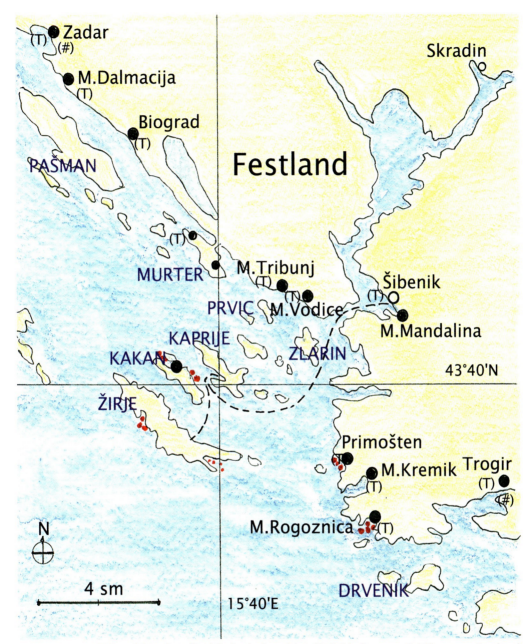

● Borasichere Häfen, (T) Tankstelle, (#) Flughafen, (Z) Zoll/Einklarierung, -F- Fähre zum Festland.

Sechs Kilometer südlich von Zadar liegt dicht vor dem Ort Sukosan die große Marina Dalmacija, mit 1200 Liegeplätzen ein Superlativ.
Dieser Sportboothafen verfügt auch über alle Serviceeinrichtungen, die man sich denken kann. Zwanzig Kilometer später erreicht man Biograd mit langer Geschichte und zwei komfortablen Segelhäfen. Weiter südlich liegen noch die Marinas Tribunj und Vodice. Bald weicht dann die Straße etwas vom Meer zurück, um einige Kilometer weiter den Šibenik-Kanal zu überqueren und in die Stadt Šibenik einzumünden.

Nationalpark Plitvitzer Seen

Wenn Sie bei der Anfahrt noch etwas Zeit haben oder sich ein wenig akklimatisieren wollen, fahren Sie zum Nationalpark Plitvitzer Seen. 16 Seen ergießen ihr Wasser von einem zum anderen, dabei überwinden sie einen Höhenunterschied von fast 155 Meter. Es braust und gurgelt, wohin man kommt. Die Wasserfälle erneuern sich ständig durch den im Wasser gelösten Kalk. Immer wieder werden neue Hindernisse geschaffen, andere durch Auflösung verschoben, daraus ergibt sich eine äußerst eindrucksvolle immerwährende Erneuerung. Dieses Schauspiel der Natur findet in einer fast unberührten Landschaft statt, deshalb wurde dieser Park in das Verzeichnis des UNESCO-Kulturerbes aufgenommen. Die Kaskaden des Wassers schimmern zeitweise kristallklar, dann leuchten sie wieder blaugrün, je nach Tageszeit und Sonneneinstrahlung.

Eine gute Zeit ist der frühe Vormittag, dann liegen die spektakulären Wasserfälle im Sonnenlicht (wichtig für alle Fotografen und Filmer). Also, ein perfektes Timing, wenn Sie am Abend ankommen. So können Sie am anderen Vormittag den Park besuchen und gegen Mittag die Reise fortsetzen.

Im interessanten Nationalpark.

Das Symbol der Herrschaft Venedigs verabschiedet uns, als wir Zadar verlassen.

5 sm südlich von Zadar entfernt liegt die größte Marina an der kroatischen Küste. Sie verfügt über alle technischen Einrichtungen und ist ein idealer Ausgangspunkt für einen Besuch der KORNATEN.

Marina Dalmacija bei Sukosan
1200 Plätze/7 m, CRO 100-20,
Tel.: 023-200 300, Fax: 023-200 333,
www.marinadalmacija.hr
UKW-Kanal 17
(T) Tankstelle
■ Schwimmstege mit Moorings, Wasser und Strom
Liegegebühren: B
≡ **Ambiente:** Exklusiver Standort mit bester Anbindung an Verkehrswege und herrliche Segelziele »vor der Tür«.
Anfahrt: ⊕ **44°02,8'N-015°17,8'E.** Hafenhandbücher: »808 Häfen« S. 51, IIIB-D-2-a/8a
Versorgung: Am Liegeplatz: Marina-Standard und alle weiteren technischen Einrichtungen, Motorservice (Tel.: 023-393 959).
Der Flughafen Zadar ist in ca. 25 Minuten erreichbar. Busshuttle nach und von Zadar.
Alternativer Liegeplatz: Zadar-Marinas.

Knapp 10 sm weiter finden wir in Biograd den nächsten großen Segelhafen, fest in den historischen Ort eingebunden mit langer Geschichte und Tradition. Gegründet im 10. Jh. war Biograd lange Zeit Residenzstadt mittelalterlicher kroatischer Herrscher und Krönungsstadt mit der Prunkentfaltung damaliger Zeit. Danach wurde der Ort zweimal fast vollständig zerstört und erlangte danach keine Bedeutung mehr.
Heute ist Biograd ein freundlicher, moderner Ort mit einer großen Marina, ein idealer Ausgangspunkt für Törns in die KORNATEN und weiter in den Süden, wie zur Insel JEZERA mit drei Marinas oder Šibenik, wo es seit einiger Zeit auch einen modernen Segelhafen gibt. Und natürlich kann man von dort leicht den KRKA-Nationalpark erreichen.

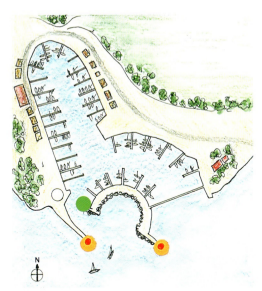

Die gut gerüstete Marina Dalmacija.

Die Kapelle Sv. Stosija aus dem 17. Jh. in Biograd.

Enfernungen von M. Dalmacija nach
Ždrelac-Enge	3 sm
Zadar-Marinas	6 sm
Biograd Marinas	8 sm
Telašcica-Bucht Einfahrt	9 sm
Marina Hramina	17 sm
Marina Jezera	25 sm
Šibenik	33 sm

Marina Kornati Biograd

800 Plätze/4 m, CRO 100-20, Tel.: 023-383 800, Fax: 023-384 500, www.marina-kornati@zd.t-com
UKW-Kanal 17
(T) Tankstelle am Fährenanleger
■ Schwimmstege mit Moorings, Strom und Wasser
Liegegebühren: B
≡ **Ambiente:** Guter Ausgangspunkt für die »100 Inseln vor der Tür«.
Anfahrt: ⊕ **43°56,4'N-015°26,2'E.** Hafenhandbücher: »808 Häfen«, S. 53, IIIB-D-2a/14
Versorgung: Am Liegeplatz: Marina-Standard sowie ein gutes Marina-Restaurant, Motorenservice (Tel.: 023-389 449). In der Stadt findet man alle Geschäfte für den täglichen Bedarf, Ärzte, Apotheke, Ambulanz, Gaststätten. Den Flughafen Zadar erreicht man mit dem Taxi in ca. 30 Minuten.

Biograd

Diese Stadt hat eine lange Geschichte. Sie wurde bereits im 10. Jh. gegründet und war lange Zeit Residenzstadt mittelalterlicher kroatischer Herrscher und auch deren Krönungsstadt mit dementsprechender Prunkentfaltung.

Vom alten Kirchplatz aus haben Sie einen schönen Blick über das Dächergewirr der Altstadt. Gehen Sie dann noch ein Stück in den Ort hinein. Sie werden bei einem Rundgang auch die winzige Kirche Sv. Stosija mit der Mondsichel-Madonna aus dem 17. Jh. entdecken. Sehr umfangreich und sehr interessant ist die Sammlung von Gegenständen aus einem Frachter des 16. Jh. im Heimatmuseum an der Uferpromenade zu sehen, der auf der Fahrt von Venedig nach Konstantinopel hier in der Nähe Schiffbruch erlitten hat. Sehr plastisch erhält man Einblicke in die Vielfalt der im Mittelalter benutzten Dinge des täglichen Gebrauchs. Das Heimatmuseum ist von 9–12 und 20–22 Uhr geöffnet.

Beim weiteren Spaziergang durch den Ort ist die Basilika des Hl. Johannes aus dem 11. Jh. ein guter Anlaufpunkt, nicht zuletzt wegen dem kleinen urigen Weinlokal »In vino veritas« dicht bei der Kirche. Ein Geheimtipp unter Seglern.

Das Wirtsehepaar bedient Sie hier mit offenem Wein und edel geräuchertem Schinken, ein willkommener Appetizer nach einem langen Segeltag. Vielleicht haben Sie danach erst richtig Hunger bekommen und schauen mal rein in die Konoba Cotonovum dicht bei. Sie liegt in einem windgeschützten Innenhof in der zweiten Reihe, nicht weit vom jetzigen Standpunkt entfernt (Tel.: 098-661 174).

Marina Biograd. (T) Tankstelle.

Vrana-See

Vielleicht könnte an einem Bora-Tag für Sie ein Ausflug vom städtischen Busbahnhof im Zentrum der Stadt zum Vrana-See interessant sein. Angler können hier Aale, Welse, Hechte und Karpfen fangen. Für eine Tageslizenz gehen Sie zur Rezeption des Campingplatzes (Tel.: 023-381 004).

Insel MURTER

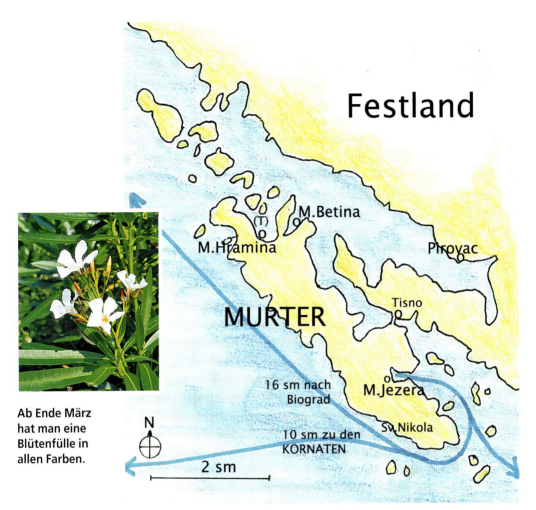

Ab Ende März hat man eine Blütenfülle in allen Farben.

Den Busbahnhof von Biograd finden Sie im Zentrum, nicht weit entfernt von der kleinen Kirche Sv. Stosija, die ich schon erwähnt habe. Ein weiterer interessanter Punkt auf Ihrem Kurs entlang der Küste ist eine Insel dicht beim Festland.

Insel MURTER

Die Insel MURTER ist durch einen schmalen Kanal von der Küste getrennt und in Tisno durch eine Brücke mit dem Festland verbunden.
Als Ausgangspunkt zu den KORNATEN liegen die drei Marinas der Insel einfach ideal und von Biograd aus ist es auch nur ein Schlag von ca. 16 sm bis zur ersten, der Marina Jezera, die ich gern anlaufe, weil es dort gleich neben den Stegen ein Gasthaus mit exzellenten Speisen gibt. Auf dieser Insel leben ca. 4000 Einwohner, die ein recht fruchtbares Stück Erde bewirtschaften und mit ihren Oliven- und Feigenplantagen ein verhältnismäßig gutes Auskommen haben.
Ähnlich den KORNATEN-Inseln ist MURTER seit sehr langer Zeit bevölkert. Dazu kommt, dass seit Ende des 19. Jahrhunderts die KORNATEN-Inseln im rechtlichen Besitz von Einwohnern der Insel MURTER sind.
Von Norden kommend haben Sie auf dieser Insel zwei weitere gut eingerichtete Marinas: Hramina und Betina. Von da aus können Sie zu Fuß auch das Lokal Tic Tac im Ort Murter erreichen, der Chef ist ein bekannter Gourmet-Koch (Tel.: 022-435 230) oder besuchen Sie das Zameo ih Vjetar, vielleicht für eine köstliche Pizza (Tel.: 022-435 304).

Die Insel MURTER verfügt also über drei Marinas, zwei im Norden und die Marina Jezera an der Südspitze der Insel (S. 245).

Marina Hramina

400 Plätze/4 m, CRO 100-21, Tel.: 022-434 411, Fax: 022-435 242, info@marina-hramina.hr, www.marina-hramina.hr
UKW-Kanal 17
(T) Tankstelle
■ Schwimmstege mit Moorings, Strom und Wasser
Liegegebühren: C
≡ **Ambiente:** Zum Relaxen vor einem Törn in die KORNATEN.
Anfahrt: 43°50,0-015°33,7'E. Hafenhandbücher: »808 Häfen«, S. 58, IIIB-D-2e/16a
Versorgung: Am Liegeplatz: Marina-Standard sowie WLAN, eine Wäscherei und alle Geschäfte für den täglichen Bedarf, sowie Ärzte, Apotheke, Krankenhaus, Motorservice (Tel.: 022-435 950 oder 434 444). Empfehlenswerte Gaststätten s. Seite 143.

Marina Betina

240 Plätze/3 m, CRO 100-21,
Tel.: 022-434 497, Fax: 022-434 497,
www.marina-betina@si.t-com.hr,
www.marina-betina.hr
UKW-Kanal 17
■ Stege mit Moorings, Strom und Wasser
Liegegebühren: B
≡ **Ambiente:** Sachlich, schlicht, Werftnähe.
Anfahrt: 43°50,0-015°33,7'E. Hafenhandbücher: »808 Häfen«, S. 58, IIIB-D-2e/16 b
Versorgung: Am Liegeplatz: Marina-Standard sowie eine Werft für größere Reparaturen.
In den Orten Hramina, Betina und Murter, die auf der Insel dicht beieinander liegen, haben Sie alle Geschäfte für den täglichen Bedarf, Postamt, Bank, Ärzte, Krankenhaus und Apotheken. Neben den schon erwähnten Restaurants finden Sie auch die exzellente Pizzeria Trabakul (Tel.: 022-434 080), (T) in Murter.

Marina Betina.

Wenn Sie etwas mehr Zeit haben: Am 9. August findet das große Murter-Fest statt. Sollten Sie in der Nähe sein, dann empfehle ich Ihnen, die Altstadt zu besuchen. Das Programm gibt authentische Einblicke in das Revier.

Marina Hramina/MURTER. (T) Tankstelle.

Liegeplatz Insel ZIMINJAK:
Am Restaurant Anlegesteg und mehrere Bojen.
Anfahrt: 43°50,4'N-015°34,5'E.

Tisno-Passage

Marina Jezera.

Die Tisno-Passage
Die Durchfahrt in Tisno ist 11 m breit und 2,10 m tief. Die Brücke öffnet vom 15.4. bis 15.9. um 09:00 und um 17:00 Uhr. In den anderen Zeiten wird der Durchlass nur montags, mittwochs und freitags um 09:00 Uhr geöffnet (Tel. Hafenamt: 022-439 313).

⛵ Die bekannte Segelregatta (Kornaten-Cup) wird immer im April durchgeführt.

⛵ Fahrrad- und Motorroller-Verleih bei Jezatours im Ort Jezera, Tel.: 022-439 042.

⛵ Von hier können Sie in einem Tagestrip auch ganz bequem die KORNATEN besuchen und das eigene Schiff »schonen«, wenden Sie sich an das Touristenbüro.

Im Südosten der Insel MURTER liegt die Marina Jezera malerisch inmitten eines alten Fischerdorfes, umgeben von weiten Olivenhainen, die sich über die ganze Insel hinziehen. Dort finden Sie auch ein exzellentes Marina-Restaurant, wo Sie sich am Abend fast neben Ihrem Schiff auf einer großen schattigen Terrasse bei exzellenten Speisen und Getränken entspannen können.

ACI-Marina Jezera/MURTER
190 Plätze/5 m, (T) Tankstelle, CRO 100-20, 21, MK 14,15, UKW-Kanal 17
Tel.: 022-439 295, Fax: 022-439 294, m.jezera@aci-club.hr, www.aci-club.hr
■ Schwimmstege mit Moorings, Strom und Wasser
Liegegebühren: C
≡ **Ambiente:** Das Dorf ist die Marina, sehr sympathisch.
Anfahrt: ⊕ 43°46,2'N-015°40,3'E, Anfahrt von S zwischen Feuer MASLINAK und der Südspitze von MURTER. Hafenhandbücher: »808 Häfen«, S.60, IIIB-D-2e/19
Versorgung: Am Liegeplatz finden wir Marina-Standard und neben den Stegen ein sehr gutes Marina-Restaurant. Im Ort haben wir Geschäfte für den täglichen Bedarf, Postamt.

Liegeplätze in Buchten an der Westküste

⚓ **Ankerbucht Vučigrade**
Anfahrt: ⊕ 43°48'N-015°35,5'E.

Weitere Plätze finden sich in der ⚓ **Bucht Sv. Nikola**
Anfahrt: ⊕ 43°46'N-015°38'E.

Kalbshaxe unter der Glocke im Marina-Restaurant Jezera, ein Genuss. Wie lange noch? Der Wirt will sich zur Ruhe setzen.

Wieder am Festland

4 bis 5 sm südlich der Insel MURTER haben wir in Vodice und Tribunj zwei weitere komfortable Marinas mit Tankstelle.

Mit dem Pkw sind es auf der Küstenstraße von Ljubljana aus ca. 440 km. Wegen der vielen Kurven und des dichten Schwerverkehrs kommt man allerdings nicht schneller als 50 km/h voran. Dafür wird man jedoch mit einer grandiosen Aussicht auf die Adria und die vorgelagerten Inseln belohnt. Heute verbindet eine moderne Autobahn fernab der Küste Dalmatien und Süddalmatien näher mit Mitteleuropa, schneller, aber weniger spektakulär, sie ist eine Alternative, wenn man weniger Zeit hat.

Tribunj und Vodice sind ideale Ausgangspunkte zu vielen Inseln und interessanten Seestrecken, die man mit fast allen Winden genussvoll segeln kann.

Vodice

Die kleine Stadt liegt an einer Bucht nordwestlich von Šibenik, sie ist schon seit dem Mittelalter bewohnt. Damals hatten Šibeniker Gutsherren wegen des frischeren Klimas hier ihre Sommerhäuser, später versank der Ort lange Zeit in den Schlaf eines einfachen Fischerdorfes. Erst in den letzten Jahren hat sich Vodice zu einem echten Ferienort gemausert, der mit seiner autofreien Zone entlang des Ufers und mit urigen Cafés und Gasthäusern in seinen engen Gassen viel von dem ansprechenden Ambiente des ursprünglichen Dorfes wiedergewonnen hat.

Aktivitäten an Land
- Fahrradverleih im Sportzentrum
- Tauchschule unter deutscher Leitung
- Tennisplätze

Alte Karawanserei in Vrana.

Bei Bora kann man mit dem Bus einen Ausflug an den Vrana-See unternehmen, der u. a. ein Dorado für Angler sein soll, eine Erlaubnis erhalten Sie im dortigen Gasthaus. Man kann Aale, Welse, Hechte und Karpfen fangen.

Ganz in der Nähe sind noch Reste einer Templerburg aus dem Mittelalter zu sehen und an der Straße in Richtung Benkovac eine recht gut erhaltene kleine Karawanserei aus dem 16. Jh., in deren Hof man auch kurz hineinschauen kann.

Agaven können hier mannshoch werden.

Von Vodice nach
Šibenik	6 sm
Primošten	12 sm
Skradin	15 sm
Biograd	20 sm
Trogir	30 sm
Kornaten-Süd	14 sm

Marina Tribunj

250 Plätze/2,5 m, CRO 100-21, Tel.:022-447 140, Fax: 022-447 147, marina-reception@marina-tribunj.hr, www.marina-tribunj.hr
UKW-Kanal 17
(T) Tankstelle
■ Stege mit Moorings, Strom und Wasser
Liegegebühren: B
≡ **Ambiente:** Neue Marina, gut angelegt mit sachlichem Charme.
Anfahrt: ⊕ **43°50,0′N-015°44,9′E.** Achtung auf Untiefen östlich des Hafens. Beste Ansteuerung ist zwischen den Inseln LUKOVNIK und LOGORUN. Hafenhandbücher: »808 Häfen«, S. 61, IIIB-D-2a/22
Versorgung: Am Liegeplatz: Marina-Standard, Wäscherei, Apartments, Kabel-TV, Internet, Essen-an-Bord-Service durch das Marinarestaurant im Ort: Alle Geschäfte für den täglichen Bedarf, Tierarzt (Tel.: 022-333 322), gute Gaststätte: PIJERO (Tel.: 091-576 4110).
Für Individualisten, die das Besondere lieben und auf ein wenig Komfort verzichten können, gibt es einen alternativen Liegeplatz am Anlegesteg Alt-Tribunj. Hier finden wir ■ 20 Liegeplätzen mit Moorings, Strom und Wasser.

ACI-Marina Vodice

290 Plätze/3,5 m, CRO 100-21, MK 15, Tel.: 022-443 086, Fax: 022-442 470, m.vodice@aci-club.hr, www.aci-club.hr
UKW-Kanal 17
(T) Tankstelle
■ Schwimmstege mit Moorings, Strom und Wasser
≡ **Ambiente:** Recht turbulente Marina mit Ortsanschluss.
Anfahrt: ⊕ **43°45,2′N-015°46,8′E.** Hafenhandbücher: »808 Häfen«, S. 62, IIIB-D-2a/23
Versorgung: Am Liegeplatz: Marina-Standard, im Ort: Alle Geschäfte für den täglichen Bedarf, Ärzte, Gasfüllstation, Markt, Bäcker, Motorenservice (Tel.: 022-443 021). Gaststätten: Konoba Guste serviert einmalig gute Fleischgerichte (Tel.: 091-201 7593).
Alternativer Liegeplatz
■ Marina Tribunj, ca. 2 sm weiter nördlich (Tel.: 022-447 140).

ACI-Marina Vodice.

Weiter südlich erreichen wir nun den Šibenik-Kanal. Auf dem Wege nach Skradin passiert man die alte Stadt Šibenik mit der Kathedrale Sveti Jakov und nicht weit die neue, großzügig angelegte Marina. Der Kanal führt von da aus weiter die Krka hinauf zum Nationalpark Skradin.

Marina Tribunj und die Insel-Altstadt.

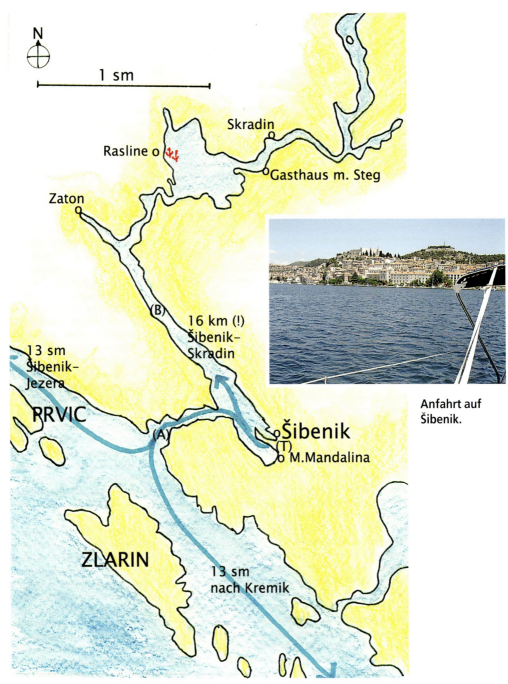

Anfahrt auf Šibenik.

(A) Sveti Ante-Kanal, (B) Krka-Fluss, Ansteuerung: ⊕ 48,5'N-43 43,2'E.

Vor der Einfahrt in den Kanal liegen noch mehrere Inseln, die in früheren Zeiten enorme Bedeutung für die Sicherheit von Dubrovnik hatten, so die Inseln PRVIC und ZLARIN, die ich später behandele.

Der Sveti Ante-Kanal

Beginnen wir hier das kleine Abenteuer, das uns nach Šibenik selbst und weiter bis zum Nationalpark Krka führt.

Die Durchfahrt ist gut markiert. Für unsere Sportboote ist die Einfahrt in den 2700 m langen Sveti Ante-Kanal immer frei, wir müssen das Signal nicht beachten, wir wissen aber dadurch, in welche Richtung sich der Schiffverkehr gerade bewegt. Das Signal für die Gegenrichtung befindet sich oben auf dem Fort Sv. Ana. Wichtig ist, dass sich alle Schiffe – auch wir Segler – steuerbords halten und die 5 kn Höchstgeschwindigkeit beachten.

Wenn wir das Ende des Sv. Ante-Kanals erreicht haben, öffnet sich am gegenüber liegenden Ufer der Blick auf die einst uneinnehmbare Stadt.

Šibenik

Die mächtigen Festungsanlagen postieren sich über den Häusern, aber das Prunkstück der Stadt, die schöne Kathedrale, liegt unten am Meer. Die müssen Sie gesehen haben, sie gilt als das schönste sakrale Bauwerk an der östlichen Adria (Abb. Seite 150). Die interessante Stadt hat viel zu bieten. Man sollte hier einen Zwischenstopp einlegen und zumindest die Festung besuchen.

Anlegemöglichkeit gibt es seit einiger Zeit in dem Vorort von Šibenik, dort existiert die moderne Marina Mandalina mit 300 Liegeplätzen. Dort gibt es auch ein Gasthaus und für den Notfall eine Werft, wo Reparaturen schnell möglich sind.

Auf der Anfahrt zum Sveti Ante-Kanal.

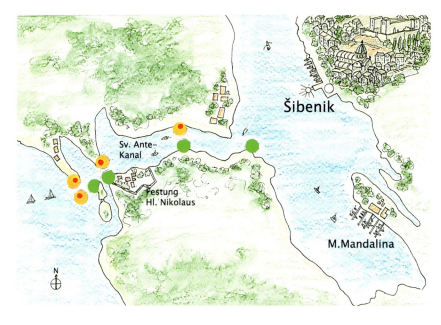

Der Sveti Ante-Kanal und die Marina Mandalina.

Der Kanal und die Marina Mandalina
Entweder man macht an der Stadtpier fest oder fährt in die neue Marina Mandalina (Seite 151). Das Stadtbild von Šibenik wurde durch viele Kulturen geprägt. Die Kathedrale Sv. Jakov aus dem 15. Jh. steht vorn an, sie ist unbedingt eine kurze Besichtigung wert. Gehen Sie dazu von der Promenade durch das Seetor und die wenigen Stufen hinauf zum Platz der Republik. Ein schönes, harmonisches Ambiente wird Sie umfangen. Nur wenige Schritte und Sie stehen vor einer der schönsten Kirchen Kroatiens. Schon außen sehen Sie in sechs Meter Höhe einen bemerkenswerten Fries mit 70 steinernen Köpfen der damals bedeutendsten Persönlichkeiten der Stadt, die auf die Besucher herab sehen. Das Besondere an dem Bauwerk ist die einzigartige Dachkonstruktion, ein freitragendes Tonnengewölbe, das nach wie vor im Original erhalten ist.

Sveti Ante-Kanal in das große Hafenbecken vor Šibenik einlaufen und Sie haben auch einen weiten Blick hinauf zur Brücke, die Sie auf Ihrem Kurs nach Skradin passieren werden.

Die recht belebte Stadtpier vor der Kathedrale.

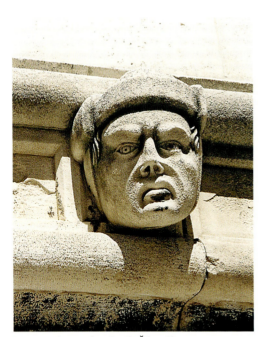

Honoratioren der Stadt Šibenik.

Ich empfehle Ihnen, gehen Sie von da aus hinauf zur alten Festung, schon auf dem Weg dorthin haben Sie immer wieder neue Ausblicke auf die Stadt und den Kanal. In 10 Minuten haben Sie die jetzt wieder zugängliche Anlage erreicht.
Von da aus sehen Sie, wie die Schiffe durch den

Die Sveti Jakov-Kathedrale.

Sie schauen über die Stadt hinweg und unter Ihnen die Krka, deren Wasser Sie bald zu den berühmten Fällen tragen könnte. Verpassen Sie beim Abstieg nicht den kleinen Klostergarten, der jetzt bewirtschaftet ist. Dort können Sie sich zwischen Blumenrabatten ein wenig erholen und bei leiser Musik eventuell eine Erfrischung genießen.

Marina Mandalina/Šibenik
200 Plätze/6 m, CRO 100-21, MK 15, Tel.: 022-312 977, Fax: 022-312 975, Marina@ncp.hr, www.ncp.hr
UKW-Kanal 17
(T) Tankstelle am Kai in Šibenik
■ Schwimmstege mit Moorings, Strom, Wasser
≡ **Ambiente:** 50-Tonnen-Travellift, Nähe zur Werft.
Anfahrt: Über Sv. Ante-Kanal
⊕ **43°43,0'N-015°50,9'E.**
Hafenhandbücher: »808 Häfen«, S. 63
Versorgung: Am Liegeplatz: Marina-Standard, Internetpunkt, Wäscherei, Autovermietung sowie Einkaufsmöglichkeiten für den täglichen Bedarf, im Ort: Geschäfte aller Art, Motorservice (Tel.: 022-312 971). Gostionica Marenda, eine nette Gaststätte mit viel Lokalkolorit (Tel.: 022-336 077), Flugplatz Split 50 km, Zadar 70 km.

Die recht neue Marina Mandalina in Šibenik.

Das nächste Ziel ist die Marina Skradin und der Nationalpark Krka Wasserfälle. Zuerst geht es zwischen hohen Felsenufern entlang, die ein wenig an den Grand Canyon erinnern.
Die Fahrt geht zuerst unter der neuen Autobahnbrücke hindurch, dann entlang steiler Ufer. Später öffnet sich die Landschaft wieder und Sie passieren weite Flussauen mit Muschelzuchtanlagen. Wenn Sie viel Zeit haben und noch einen ruhigen Stopp einlegen wollen, gibt es im Prokljansko Jezero, der seeähnlichen Ausweitung des Flusslaufs, zwei Möglichkeiten dafür.

Die Marina Mandalina ist gut gerüstet.

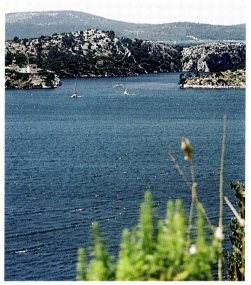

Blick zur östlichen Öffnung des Kanals.

Sehr schön kann man von hier oben das Tonnengewölbe der Kathedrale betrachten.

Unser nächstes Ziel ist die Marina Skradin. Auf dieser Strecke können Sie vor Zaton ankern oder direkt vor dem Gasthaus festmachen, wenn Ihr Schiff maximal 1 m Tiefgang hat. Es soll jetzt auch einige wenige Mooringplätze geben.

Vor dem Ort Rasline im Prokljansko Jezero, der seeähnlichen Erweiterung des Flusslaufs der Krka, kann man ebenfalls auf 2–3 m ankern oder versuchen, am kleinen Steg einen Platz zu bekommen.

Skradin

Zu antiken Zeiten war diese Siedlung Hauptstadt des von Illyrern bewohnten Liburien. Ich empfehle Ihnen, nach dem Anlegen in den Ort zu spazieren, der sich unmittelbar an die Marina anschließt. Auf diesem Wege können Sie gleich in der Konoba Bonaca, die sich dicht über der Marina befindet, einen Tisch für das Abendessen bestellen. Vielleicht lassen Sie sich schon mal beraten, welche fangfrischen Fische auf Sie warten. Sie werden von der Auswahl und der Zubereitung aller Speisen begeistert sein (und der offene Hauswein ist preiswert und gar nicht zu verachten!).

Der Törn geht weiter.

Wir verlassen Šibenik, es geht nach Skradin.

Der Nationalpark ist voller Romantik.

Marina Skradin an der Krka.

Der historisch bemerkenswerte Ort Skradin ist eine der ältesten Stadtgründungen in Kroatien. Schon 360 v. Chr. wurde diese Gegend besiedelt. Die Burg über dem Ort ist ein geschütztes Kulturdenkmal, Reste der antiken Wasserleitung der römischen Stadt Sedona sind Zeugen dieser bedeutenden Vergangenheit. Die Marina befindet sich an der gleichen Stelle, wo sich damals schon ein römischer Hafen befunden hat.

ACI-Marina Skradin
155 Plätze/7 m, CRO 100-21, Tel.: 022-771 365, Fax: 022-771 163, m.skradin@aci-club.hr, www.aci-club.hr
UKW-Kanal 17
■ Schwimmstege mit Moorings, Strom und Wasser
≡ **Ambiente:** Grüne Marina im Nationalpark.
Anfahrt: ⊕ **43°43,0'N-015°50,9'E** über den Sv. Ante-Kanal/Fluss Krka. Hafenhandbücher: »808 Häfen«, S. 63, IIIB-D-2a/28
Versorgung: Am Liegeplatz: Marina-Standard, WLAN-Zugang, Café, im Ort: Alle Geschäfte für den täglichen Bedarf, Gaststätten: Konoba Bonaca, gleich bei der Marina (Tel.: 022-771 444), Spezialitäten sind Garnelen, Tintenfisch aus dem Backofen oder Skradiner Torte.
Alternativer Liegeplatz: ⚓ In der großen **Skradin-Bucht** wird bei Überfüllung der Marina das Ankern geduldet. Wegen des schlickigen Grundes soll der Haken hier sehr gut halten.

abgelagerte Kalkstein bringt Bärte, Decken, Vorhänge und andere geomorphologische Formen hervor, die man alle sehen kann. Viele seltene Vogelarten und Amphibien tummeln sich zwischen den Wurzeln hoher Platanen und Zypressen. Das unendliche Brausen und Gurgeln des Wassers wird untermalt vom Quaken der Frösche und im Hintergrund das vielstimmige Gezwitscher der Vögel.

Einfahrt zur Marina Skradin.

Der Nationalpark Skradin
Fahren Sie von Skradin mit dem offiziellen Schiff, das jede Stunde am Ortskai ablegt, in ca. 15 Minuten zum Nationalpark. Kurz nach dem Betreten der Anlage sehen und hören Sie sehr bald die gewaltigen Wasserfälle, die in 17 Stufen 45 Höhenmeter überwinden und dabei tiefer und tiefer stürzen. Im unteren Sammelbecken ist sogar das Baden erlaubt. Von hier führen schöne Wege zu den Katarakten, die in Europa einmalig sind.
Der Karstfluss bildet Terrassen mit kleinen Seen, dann wieder zwängt er sich unter tosendem Gebrause durch enge Schluchten hinab. Letztlich fängt er sich in einem von Binsen und Schilf umsäumten Travertin-Becken. Der aus dem Wasser

Verpassen Sie auf Ihrem Rundgang nicht das sehenswerte kleine Museum mit einer »natürlichen Waschmaschine« in einem Steinbecken, die allein durch die Strömung des Wassers funktioniert.
Oberhalb der Wasserfälle kann man das 600 Jahre alte Franziskaner-Kloster besuchen, es liegt auf einer winzigen Insel (Abb. S. 153). Der gleiche Ausflug führt auch zum Roski-Wasserfall, der mit 25 m Fallhöhe zum Krka-Gebiet gehört (Informationen erhalten Sie in der Marina-Rezeption oder im Reisebüro in Skradin).
Unsere Rückfahrt wieder auf die Adria hinaus, neuen Zielen entgegen, ist erneut ein besonderes Erlebnis für Skipper und Crew.

Die Klosterinsel Visovac.

Kurz nach dem Verlassen des Kanals liegt in südöstlicher Richtung dicht vor der Festlandsküste nahe der Ausfahrt vom Sveti Ante-Kanal die Insel ZLARIN.

Insel ZLARIN

Obwohl das Gewerbe der Korallentaucher fast ausgestorben ist, kann man dort noch viel von der ehemals blühenden Tradition sehen. In dem kleinen Ort Zlarin findet man auch parallel zur kleinen Hafenstraße an der Innenseite des Dampferstegs Anlegemöglichkeiten mit Moorings, Strom und Wasseranschluss und dicht dabei warten mehrere kleine Gasthäuser auf Ihren Besuch.

ZLARIN wird die »Goldene Insel« genannt oder »Insel der Korallentaucher«, denn seit dem 15. Jh. wird hier nach den wertvollen Korallen getaucht. Zwischen 1918 und 1939 waren noch zwanzig dieser Spezialisten beschäftigt, heute findet man die letzten Korallenstöcke nur noch in extrem großen Tiefen. Selten stößt man auf brauchbare Korallen, die auch zu Schmuck verarbeitet werden können. Im Ort Zlarin gibt es ein kleines Museum mit interessanten Werkzeugen und Bildern aus den aktiven Zeiten dieser speziellen Taucher und künstlerischen Handwerker. Dort kann man auch Korallenschmuck erwerben.

Wenn Sie Glück haben, treffen Sie den letzten Korallenschleifer in seiner Werkstatt. Er spricht gut deutsch und erzählte mir vor einigen Jahren von den gefährlichen Tauchgängen der Einwohner von Zlarin. »Nein«, hat er mir damals erklärt, »ich bin nie getaucht, säße ich mit über 70 noch vor Ihnen?« Das sagt wohl alles über das lebensgefährliche Gewerbe, das es an der Adria wohl bald nicht mehr geben wird.

Insel PRVIC

Nördlich der Einfahrt zum Šibenik-Kanal liegt dicht vor dem Festland eine weitere kleine Insel, die wir besuchen wollen: PRVIC. Sie verfügt über zwei einfache Anlegemöglichkeiten, die Sepurine-Bucht und Privic Luka.

Sepurine-Bucht/Insel PRVIC
Anfahrt: ⊕ 043°43,2'N-15°48,5'E,
⚓ **Privic Luka**
Der kleine Ort Sepurine ist seit dem 15. Jh. besiedelt, er verfügt über eine Mole mit Festmachebojen, wo man gut liegen kann. Sehenswert ist hier das Franziskanerkloster mit einem sehenswerten Barockaltar, das Ende des 19. Jh. nach einem großen Brand wieder aufgebaut wurde.
Auch an der Südostseite der kleinen Insel gibt es Mooringplätzen mit Stromanschluss und Wasser. Dort findet man ebenfalls ein Gasthaus und einen Laden für das Nötigste.

Hafen Zlarin
CRO 100-21
⛔ Hier kann man an der Hafenmole oder am Fährkai anlegen, wo teilweise Moorings und Wasser vorhanden sind. Dieser Liegeplatz ist allerdings nur bei ruhiger Wetterlage zu empfehlen.
Anfahrt: ⊕ 43°42,4'N-015°49,5'E, ca. 0,5 sm vor der Buchteinfahrt. Hafenhandbücher: »808 Häfen«, S. 61, IIIB-D-2e/23
Versorgung: Wasser und Strom an allen Liegeplätzen, die Sanitäranlagen sind dicht dabei. Empfehlenswerte Gaststätte: Gostionica Ivana.
Alternativer Liegeplatz: Am SE-Ende der Insel findet man eine unbewohnte Bucht, die kleine ⚓ **Magarna-Ankerbucht**.
Anfahrt: ⊕ 43°40,2'N-015°52,6'E.

Solche Korallenstöcke haben heute Seltenheitswert.

Insel KAPRIJE

In westlicher Richtung erreicht man nun die ruhige Insel KAPRIJE mit einem urbanen Hafen und schönen Buchten.
Hier kann man in der M. Nozdra-Bucht im Süden an eine Boje gehen oder im Hafen des Hauptortes Kaprije einen Platz am Steg suchen. Wenn dort alles besetzt ist, bleibt ja noch, in einer der unbewohnten Buchten Remetic oder Vanjaka am Nordende der Insel den Anker zu werfen.

Hafen Zlarin. (1) Gasthaus, (2) Weg zum Museum.

Hafen KAPRIJE
CRO 100-21

🟦 Hier finden wir Plätze mit Moorings, Strom und Wasser an der jeweiligen Südseite der beiden Stege. Kleinere Boote können auch am kleinen Steg des Restaurants More festmachen (Wassertiefe 2 m).

≡ **Ambiente:** Einfach, urig.
Anfahrt: ⊕ **43°42,4'N-015°39,9'E,** Anfahrtskanal zwischen KAPRIJE und KAKAN. Hafenhandbücher: »808 Häfen«, S. 60, IIIB-D-2e/25
Versorgung: Im Ort: Lebensmittelladen, Postamt, Ambulanz (Tel.: 023-449 813), Gaststätten: Konoba Toni am Ufer. Man sitzt hier unter einem Strohdach mit Blick in den Sonnenuntergang, das ist doch Urlaub, oder?

Herrlich leuchtende Blüten überall.

Alternativer Liegeplatz:
⚓ **Ankern in der Mali-Nozdra-Bucht/KAPRIJE am SE-Ende der Insel**
Anfahrt: ⊕ **43°40,7'N-015°44,5'E.**
Hier findet man einen recht ruhigen Platz. Sie liegen hier in einer netten Bucht mit zwei guten Gaststätten. Jetzt gibt es dort auch einige Bojen, an denen man festmachen kann. An der NW-Küste der kleinen Insel findet man zwei weitere kleine Ankerbuchten.

Vor oder zum Abendessen sollten Sie einen Spaziergang ins schöne Dorf Kaprije unternehmen. Die Straße steigt vom Anlegeplatz aus leicht an und Sie kommen in den vom Hafen abgewandten Teil des Fischerdorfes. Hier erhalten Sie einen kleinen Einblick in das unverdorbene, aber auch extrem arme Leben der Dorfbewohner, die sich und ihre Familien immer weniger von ihrem Beruf ernähren können. Deshalb sind nach und nach viele Männer ausgewandert. Wenn Sie bis zur Kuppe der Erhebung weiter gehen, öffnet sich ein weiter Blick in Richtung Vodice und auf das Gebirge am Festland.

Der kleine Hafen Kaprije.

Insel KAKAN

Die kleine Insel zwischen KAPRIJE und ŽIRJE bietet zwei ruhige Buchten, ideal für einen Aufenthalt zum Schnorcheln und Schwimmen. Heute sind die Potkucina- und die Tratica-Bucht mit Bojen ausgestattet.

⚓ **Die Potkucina-Bucht** bietet viele Festmachebojen, ideal für eine ruhige Nacht nach einem turbulenten Segeltag. Dicht dabei auch die Tratica-Bucht.
Anfahrt: ⊕ 43°42,4'N-015°39,9'E.

Insel ŽIRJE

Die Insel ŽIRJE liegt nochmals einige Seemeilen weiter südöstlich, sie ist die größte in diesem Bereich. Wenn man näher kommt, mutet sie an wie ausgestorben, ideal für Ruhesuchende.
1572 wurde sie von den Türken fast völlig verwüstet und hat sich bis heute nicht wieder richtig erholt. Für uns Bootstouristen bietet sie aber schöne Liegeplätze an allen Ufern der Insel. Dicht bei dem kleinen Ort Muna existiert ein Wellenbrecher, an dessen Innenseite die Fähre anlegt.

Immer wieder schön auch der Blick vom Land aus auf die Buchten.

Anlegemöglichkeiten im Muna Hafen an der Außenseite des Wellenbrechers. Im Ort finden wir ein Gasthaus und einen kleinen Laden.

⚓ **Hafen Muna**
Anfahrt: ⊕ 43°40, 2'N 015°39,3'E.

Buchten auf ŽIRJE
⚓ **Stupica Vela- und Mala-Buchten im Südosten der Insel**
Anfahrt: ⊕ 43°37,7'N-015°41,9'E.
Auf der Fahrt zu den KORNATEN könnte dies ein Zwischenstopp sein. Es gibt hier einige Bojen und die Möglichkeit zu ankern. Außerdem finden Sie ein kleines Gasthaus, wo selbstgekelterter Wein und hausgebackenes Brot serviert wird.
⚓ **Tratinska-Bucht/ŽIRJE**
Anfahrt: ⊕ 43°39,2'N-015°38'E.
In dieser einfachen Ausweichbucht am NW-Ende der Insel findet man zahlreiche Festmachebojen und auch ein kleines Gasthaus.

Traditionelle Bauweise findet man auf den Inseln noch überall.

Wenn man von den eben besprochenen Inseln aus die KORNATEN ansteuert, erreicht man vor der südlichen Einfahrt in das Archipel viele kleine Inseln, die man allerdings sehr aufmerksam passieren sollte.

Auf diesem Kurs könnte man z. B. die Insel SMOKVICA ins Ziel nehmen, z. B. zur ⚓ **Lojena-Bucht.**
🎯 **43°42,8'N-015°30,0'E** (Seekarte CRO 100-20).

Beachten Sie bitte generell bei der Anfahrt der KORNATEN aus Süden, dass um die kleine Inselgruppe PURARA eine Schutzzone besteht, in die man auf keinen Fall einfahren darf.

Für eine Ansteuerung der KORNATEN in der zweiten Hälfte des Tages bieten sich neben der oben erwähnten Lojena-Bucht noch die Opat-Bucht am südlichen Ende der Insel KORNAT als Ziel an oder RAVNI ŽAKAN, wo Sie auch ein Restaurant und einen kleinen Laden vorfinden (Seite 135).

Ausführlich beschreibe ich die KORNATEN und ihre Anlegemöglichkeiten in einem eigenen Kapitel ab Seite 130.

Ansteuerung einer der schönen Buchten im KORNATEN-Archipel.

Anfahrt zu den KORNATEN von Süden aus.

Jede Stunde hat man eine schnelle Taxiverbindung zwischen Marina Kremik und Primošten.

Wir steuern nun erneut die Festlandsküste an, die von Šibenik bis Split fast einen Halbkreis bildet. Neben vielen schönen Buchten und Häfen sind Trogir und Split die ersehnten Ziele.

Auf der Strecke dorthin werden wir aber noch Plätze mit dörflichen Marinas oder kleinen Buchten aufsuchen, dann erst werde ich Sie zu den zwei historisch wichtigen Zentren von Dalmatien führen.

Als erstes Ziel auf unserem Törn weiter nach Süden erreichen wir nun den Hafen Primošten.

Hafen Primošten am Festland
Wenige Plätze/3,7 m, im Sommer Bojen, CRO 100-21, Tel.: 098-337 930
UKW-Kanal 17
🟦 Eine Steinpier mit Moorings, Strom und Wasser entlang der Promenade des Ortes.
Im Sommer ☉ Bojen entlang des Ufers.
Liegegebühren: B
≡ **Ambiente:** Kleiner Hafen in einem liebenswerten Ort.
Anfahrt: ⊕ **43°35,0N-015°54,9'E.** Den Wellenbrecher bitte weitläufig umrunden! Hafenhandbücher: »808 Häfen«, S. 38, IIIB-D-2a/38
Versorgung: Im Ort: Supermarkt, Metzger, Zahnarzt, Ambulanz, Gaststätten: Konoba Maestrale (hier gibt es auch Pizza!) oder Konoba Garbin, dort serviert man den guten Babic-Hauswein und exzellenten Fisch vom Grill (Tel.: 022-570 522). Für ein Glas Wein sitzt man aber auch gut vor dem Haus des Weinausschankes, wenige Meter vom Hafen entfernt.

Der Hafen Primošten.

Alternativ gibt es im Sommer entlang des Ufers ein großes Bojenfeld, von wo man den Ort leicht erreichen kann.

Pier und Bojen vor dem Ort Primošten.

Primošten

Der malerische Ort wurde einst auf einer Insel gegründet und später durch eine Brücke mit dem Festland verbunden, heute erreicht man den Ort über einen festen Damm.

Wenn man Primošten am Nachmittag ansteuert, imponiert schon von weitem der leuchtend helle Turm der Kirche Sv. Juraj, der über den roten Dächern der Altstadt thront, ein schönes Bild. Der kleine Hafen liegt direkt vor der Stadt. Außerdem sind in der Bucht entlang der neueren Ortsteile viele Festmachebojen ausgebracht, an denen man festmachen kann.

Bald erreichen wir Primošten.

⌂ Fußweg um die Halbinsel

Auf schmalen, aber jetzt guten Fußwegen kann man die kleine Stadt umrunden. Die zum Teil winzigen Häuser ziehen sich entlang schmaler Gassen steil den Berg hinauf. Auf dem Rundgang durch den Ort wird man immer wieder verführt, neue, interessante Ausblicke aufs Meer hinaus zu entdecken (Foto nicht vergessen!).

Auf diesem Weg finden Sie auch die von mir empfohlenen Restaurants oder gleich am Hafen die Bänke des urigen Weinausschanks, wo sich nach dem Abendessen viele Skipper treffen. Hier kann man auch den roten Babic probieren, der diese Region bekannt gemacht hat. In einem tiefen Einschnitt ins Land hinein liegt dieser moderne, sehr sichere Liegeplatz.

Schöne Badebuchten finden wir auf jeder Insel.

Hier in der Umgebung wachsen die Reben für den roten Babic, ein Spitzenwein von Dalmatien, den Sie an Ort und Stelle, vielleicht in einer der Weinstuben, probieren sollten. Die Weinberge der ganzen Region Primošten sind inzwischen UNESCO-Kulturerbe.

Wer an der kurzen Pier des Ortes oder an einer der Bojen keinen Liegeplatz erwischt hat, hält noch ein kleines Stück weiter zur komfortablen Marina Kremik, von der zu moderaten Preisen ein Taxiservice hierher besteht.

Dicht südlich von Primošten liegt in einer malerischen Bucht die moderne Marina Kremik, die wir morgen anlaufen wollen.

Marina Kremik

390 Plätze/5 m, CRO 100-21, MK 15,
Tel.: 022-570 068, Fax: -571 142,
www.marina-kremik.hr, info@marina-kremik.hr
UKW-Kanal 17

🟦 Neuartige Pontonstege, Strom und Wasser. Fender schon bei der Anfahrt wesentlich tiefer hängen und zwei lange Festmacherleinen heraussuchen, denn man legt an den Zwischenstegen längsseits an!

Liegegebühren: B

≡ **Ambiente:** Ruhiger, komfortabler Liegeplatz.

Anfahrt: ⊕ **43°33,8'N-015°55,4'E.** Hafenhandbücher: »808 Häfen«, S. 65, IIIB-D-2a/39

Versorgung: Am Liegeplatz: Marina-Standard, Gasflaschenfüllung, Supermarkt, Bootshop, Motorenservice (Tel.: 022-570 022). Bus zum Flughafen Split (30 km). Von der Rezeption aus fährt ein kleiner Bus auch die wenigen Kilometer nach Primošten. Ich bevorzuge diese Variante, denn Kremik ist als Marina natürlich wesentlich sicherer, ruhiger und komfortabler, sie verfügt auch über moderne Sanitärräume.

Marina Kremik.

Kulinarisches

Brudet ist ein typisches Fischgericht entlang der Küste und es schmeckt überall anders, denn auf die einzelnen Komponenten kommt es an. Grundlage sind in Olivenöl angebratene Zwiebeln, dann werden verschiedene Sorten Fisch, Krebse und eine Muschel dazu gegeben sowie Gemüse, Gewürze, Kräuter, Wein und ein wenig Essig.

Wenn Sie von Kremik weiter südlich laufen, öffnet sich bald eine markant gegliederte Bucht und wir erkennen an Steuerbord voraus die Kirche von Rogoznica, dann sehen wir an Backbord die großzügige Anlage der Marina Frapa. Die alte Stadt Rogoznica gegenüber der Marina ist auf einer Insel gelegen und durch eine Brücke mit dem Festland verbunden. Es lohnt sich, sie zu besuchen.

Schöne Harmonie zwischen Flieder und den alten Mauern.

Insel ROGOZNICA

Die Insel ROGOZNICA hat nach wie vor ihr mediterranes Flair bewahrt, sie ist mit ihren pittoresken Hinterhöfen ein echter Kontrast zur luxuriösen Marina Frapa. Der Ort wurde bereits im 16. Jahrhundert besiedelt, als sich die Bevölkerung vor Türkeneinfällen in Sicherheit bringen musste.

Marina Frapa

400 Plätze/10 m, (T), CRO 100-21, Tel.: 022-559 900, Fax: 022-559 932, Marina-frapa@si.t-com.hr, www.marinafrapa.com
UKW-Kanal 17
🟦 Schwimmstege mit Moorings
Liegegebühren: C
≡ **Ambiente:** Groß, modern, exklusiv, »super cool«.
Anfahrt: ⊕ **43°31,3'N-015°57,0'E.** Hafenhandbücher: »808 Häfen«, S. 64, IIIC-D-2a/41
Versorgung: Am Liegeplatz haben wir exklusiven Marina-Standard, dazu Tennisplätze, Swimmingpool. Es gibt hier mehrere Restaurants, eine Nachtbar, eine Vinotek und in der Saison Musik zum Tanzen. Im Ort: Alle Geschäfte für den täglichen Bedarf.
Alternativer Liegeplatz: 🟡 **Das Bojenfeld vor der Einfahrt zur Marina.** Es gehört zur Anlage, deshalb kann man auch die Sanitärräume mit benutzen, wenn man dort angelegt hat.

Marina Frapa. (1) Rezeption, Restaurant, Geschäfte, (2) Restaurant Antonijo, (3) Anlegekai.

Der alte Kai in Rogoznica mit dem Restaurant Antonijo ist nach wie vor ein Geheimtipp unter den Skippern.

In der luxuriösen Marina Frapa.

Insel ROGOZNICA

Obwohl es am Ufer der Insel ROGOZNICA einige Mooringplätze mit Strom und Wasser gibt, ist dieser Anleger fast noch ein Geheimtipp. Man liegt zu moderaten Preisen direkt vor einem guten Restaurant, umgeben von urbanem Ambiente. Man muss allerdings auf Duschen mit goldenen Wasserhähnen verzichten (die gibt es in der Frapa-Marina!).
Das große Ziel ist nach wie vor Trogir. Bevor wir aber dieses Highlight erreichen, verführe ich Sie noch in Buchten, wo sich jeweils kleine Marinas etabliert haben. (Wer lange nicht hier war: die Marina Agana ist mittlerweile wieder in Betrieb).

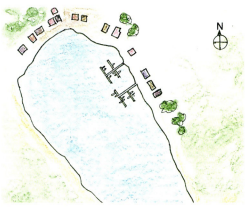

Marina Vinišce.

Marina Vinišce
CRO 100-21, UKW-Kanal 17
■ Stege mit Moorings, Strom und Wasser.
Liegegebühren: B
Anfahrt: 43°28,6'N-016°08,4'E.
Hafenhandbücher: »808 Häfen«, S. 66, IIIC-2a/47
Versorgung: Am Liegeplatz: Marina-Standard, im Ort gibt es ein Restaurant, Supermarkt und weitere Geschäfte.
Alternativer Liegeplatz: Sičenica-Bucht, westlich von M. Vinišce
Anfahrt: 43°28,6'N-016°0'E.

Marina Agana
130 Plätze/ 6 m, CRO 100-21, MK 16,
Tel.: 021-889 411, Fax: 021-889 010,
www.marina-agana.hr,
agana.marina@st.t-com.hr
UKW-Kanal 17
■ Stege mit Moorings, Strom und Wasser
Anfahrt: 43°50,0'N-015°33,7'E. Hafenhandbücher: »808 Häfen«, S. 53, IIIB-D-2a/14
Versorgung: Am Liegeplatz: Marina-Standard, Wäscherei.

Marina Agana.

VELI und MALI DRVENIK

Die beiden Inseln bieten sich als Stopp vor dem Anlaufen von Trogir an. Machen wir noch einen letzten Abstecher zu den kleinen Inseln kurz vor der Anfahrt dieser bedeutenden Stadt. Sie liegen an unserer Steuerbordseite. Auf der größeren gibt es eine Marina und einige weitere Anlegeplätze in Buchten.
Auf DRVENIK VELI findet man den Sportboothafen Marina Zirona sowie die Krknjasi-Bucht mit Sandstrand, wo auch ein empfehlenswertes Restaurant, das Krknjasi, auf uns Skipper wartet.

Marina Zirona/DRVENIK VELI

Hier im Nordteil der Insel ist ein neuer Anleger mit wenigen Liegeplätzen für Transitgäste entstanden
20 Plätze/max. 10 m Länge, Tel.: 021-893 093
UKW Kanal 17
■ Stege, teilweise mit Moorings
Anfahrt: ⊕ **43°27,4'N-016°07,7'E.** Hafenhandbücher: »808 Häfen« S. 66, IIIc-D-2-f/5
Versorgung: Nahe dem Liegeplatz finden wie einen Supermarkt, das Postamt und mehrere kleine Gasthäuser. Alternative Liegeplätze finden wir in der Mala Luka-Bucht an der Westküste und den Ankerplatz Solinska im Süden der Insel.

Krknjasi-Bucht/DRVENIK VELI
CRO 100-21
⊕ **Anker- und Badebucht,** ein alternativer Liegeplatz an der Ostseite der Insel. Diese Bucht hat einen Sandstrand. Hier findet man auch ein kleines Gasthaus, wofür man allerdings das Beiboot klar machen muss.
Anfahrt: ⊕ **43°25,8'N-016°10,7'E.** Hafenhandbücher: III C-D-2-f/6 sowie »808 Häfen«, S. 66

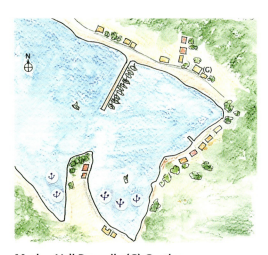

Marina Veli Drvenik, (G) Gasthaus.

Kulinarisches

Im mittleren Adriabereich gibt es eine besondere Spezialität, nämlich den »fahrenden Koch« Kamanjo. Er bringt lange Jahre Erfahrung in großen Restaurants mit, wollte nun aber seine Liebe zum Meer mit seinem Beruf verbinden. Mit seiner schnellen Yacht ist er im Handumdrehen bei Ihnen und zaubert auf seiner schwimmenden Küche für Sie und Ihre Gäste kreative Supermenüs. Er ist telefonisch zu erreichen: 091-501 94 11 und 098-407 632.

Abends, wenn die Bora schläft.

Teil 8: Mitteldalmatien

Film »Mitteldalmatien« zum Herunterladen unter **http://filme.pietsch-verlag.de/50647/**

Umfang des Reviers
Dieses Kapitel beschreibt Trogir, Split und die Festlandküste bis Makarska sowie die Inseln ŠOLTA, BRAČ, HVAR, und die PAKLENIs.

Seekarten
Kroatische Seekarten Nr. 100-21, 25, 26, 27 sowie Kroatische Sportbootkarten MK 16–20.

Seewetterberichte
Im Abstand von zehn Minuten sendet Split Radio (UKW-Kanal 67) und Dubrovnik Radio (Kanal 73) Seewetterberichte auch in deutscher Sprache. Diese Meldungen werden jeweils um 07:00, 13:00 und 19:00 Uhr aktualisiert. Ausführliche Voraussagen in Englisch empfangen Sie auf den UKW-Kanälen 07, 21, 23, 28 und 81 um 05:45, 12:45 und 19:45 Uhr Sommerzeit.

Hafenhandbücher
Hafenhandbuch Mittelmeer Teil III C Adria Süd (kurz III C) D-2-a,b, f, g, h sowie »808 Häfen und Buchten« (kurz »808 Häfen«) Seiten 68–80.
Mitteldalmatien, eigentlich nur ein schmaler Küstenstreifen, ist eine mediterrane Landschaft, die kontrastreicher und bunter nicht sein könnte. Gigantische Bergrücken begrenzen für uns den Blick in die Täler hinein, und an der Makarska-Riviera rücken die steilen Felsen noch näher an die Küste heran und erheben sich von 0 auf fast 1800 m über der Adria.
Während sich jenseits des Küstengebirges das weite dalmatinische Hinterland fortsetzt, interessiert hier der schmale Streifen Land am Meer, wo sich pittoreske Städte mit langer Geschichte drängen. Vor allem das damals mächtige Venedig hat auch hier viele Spuren hinterlassen. Die Natur zeigt überall ihr üppiges Gesicht, blühende Gärten und grüne Felder drängen sich auf dem schmalen Streifen fruchtbaren Landes zwischen dem Mosor- und dem Biokovo-Gebirge auf der einen und der Adria auf der anderen Seite. Draußen liegen Inseln mit klingenden Namen und Jahrhunderte alten Traditionen, wie BRAČ, HVAR, VIS, BIŠEVO und natürlich KORČULA. Für alle Kulturinteressierten ein weiterer Höhepunkt ihrer Reise und für uns Segel- und Motoryachties ein Traumrevier.
Die Küstenstraße, die Magistrale, durchläuft von Trogir südwärts eine spektakuläre Landschaft. Bis kurz vor Makarska hat man parallel zur Küste die Insel BRAČ, die einen grünen Kontrast zur blauen Adria ins Bild bringt. Seit Ende 2005 gibt es bis hierher eine moderne Autobahn, sie soll bis an die Grenze von Herzegovina weitergeführt werden. Das wird Mittel- und Süddalmatien noch näher an Zentraleuropa heran führen.
Als Tourist findet man hier eine Küstenregion, die einerseits zum Baden und Schnorcheln einlädt und für uns, die wir auf dem Wasser zuhause sind, viele sichere Häfen und Marinas bietet. Man kann die üppige subtropische Vegetation von März bis Oktober in all ihrer Pracht genießen und ab Ende Mai lädt auch schon das Wasser zum Baden ein.

Unser nächstes Ziel ist Trogir.

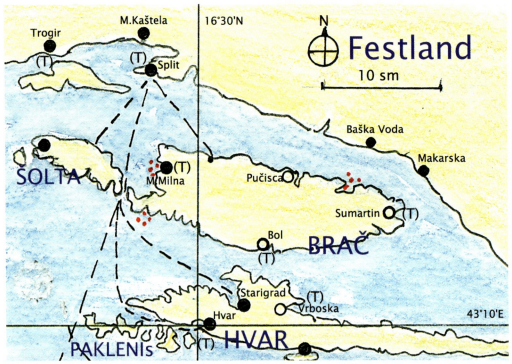

Mitteldalmatien (Nordteil). ● Borasichere Häfen, (T) Tankstelle, (#) Flughafen, (Z) Zoll/Einklarierung, -F- Fähre zum Festland.

Seekarten CRO 100-21,26/ MK 1, 18-20

Die Sandhalbinsel vor BRAČ.

Anreise

Nach Trogir oder Split reist man am bequemsten mit dem Flugzeug oder dem Linienschiff. Ein Kompromiss ist die neue Autobahn, wenn Sie mit dem Pkw kommen. Sollten Sie allerdings über die schöne Küstenstraße anreisen, dann bringen Sie bitte genügend Zeit mit. Die Magistrale, immer am Wasser entlang, ist natürlich die interessantere Strecke, aber hier ist Geduld gefragt, denn über einen Schnitt von 60 km/h kommt man wegen der vielen Kurven und Überholverbotszonen nicht hinaus, trotzdem ist dieser Weg ein unvergessliches Erlebnis.

Wenn Sie ein wenig mehr Zeit haben, bietet sich ein Stopp an dem sehr interessanten Nationalpark Plitvitzer Seen an (Seite 140).

Ich habe die kombinierte Auto-/Schiffsanreise für die erholsamste gefunden. Auf vier Rädern bis nach Rijeka und dort auf ein Jadrolinija-Schiff, das um 20 Uhr abfährt und Split am anderen Nachmittag erreicht. Aber frühzeitig reservieren! E-Mail und Telefonnummer finden Sie im Anhang.

Auf eigenem Kiel nach Trogir

Aus nordwestlicher Richtung durchfährt man in der Regel den Drvenicki-Kanal. Aber Achtung, es gibt unsaubere Stellen östlich der kleinen Insel KLUDA, kurz vor der Einfahrt in den Trgirsky Zaljev, deswegen halte man sich näher am Festland. Dann steuert man auf die Durchfahrt zwischen Rt. Okrug und dem Feuer auf dem Felsen Celica Vela zu. Bei einem Kurs aus Süd liegt die Einfahrt zur Marina Trogir zwischen den beiden Feuern BALKUN und ZAPORINOVAC mit den Koordinaten **43°28,6'N-016°12,55'E.** Wir sind nun in Mitteldalmatien.

Das historisch bedeutende Stadtensemble Trogir liegt geschützt hinter der Halbinsel OKRUG, die in früheren Zeiten aus Gründen der Verteidigung eine besondere Rolle gespielt hat. Aus dem gleichen Grund hat man damals durch Aushub eines Grabens die Stadt Trogir zu einer Insel gemacht. In der schönen alten Stadt angekommen, können wir als Besucher in wenigen Stunden eine Zeitreise ins Mittelalter unternehmen, die Geschichte ist hier bei jedem Schritt greifbar nah.

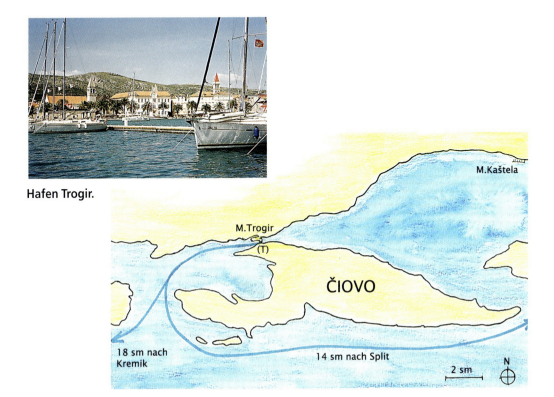

Hafen Trogir.

Marina Trogir und die Altstadt-Insel.
(1) Busbahnhof.

ACI-Marina Trogir
180 Plätze, CRO 100-21, MK 16,
Tel.: 021-881 544, Fax: 021-881 258,
m.trogir@aci-club.hr, www.aci-club.hr
UKW-Kanal 17
(T) Tankstelle
■ Schwimmstege mit Moorings, Strom und Wasser
Liegegebühren: C
≡ **Ambiente:** Logenplatz vor antiker Kulisse.
Anfahrt: ⊕ 43°30,8'N-016°14,1'E, Buchteinfahrt am Rt. Cubrijan, die Marina liegt an Stb., hinter der Werftanlage. Hafenhandbücher: »808 Häfen« IIIC-D-3
Versorgung: Am Liegeplatz: Marina-Standard, WLAN, Marinarestaurant, in der Stadt: alle Geschäfte, viele Restaurants.
Alternativer Liegeplatz: Altstadtkai (am Wochenende ist hier jedoch alles belegt).

Wenn Sie Ihr Schiff in der ACI-Marina festgemacht haben, liegt Ihnen das Stadtensemble einer der ältesten Siedlungen von Dalmatien zu Füßen. Freuen Sie sich auf erlebnisreiche Stunden im Mittelalter.

Trogir voraus.

Trogir
Trogir ist eine uralte Siedlung, sie wurde bereits im 3. vorchristlichen Jahrhundert von den Griechen gegründet. Damals trug sie den Namen Tragurion, was Ziegeninsel bedeutet. Fortan gehörte die Stadt einschließlich des Umlandes zu den griechischen Kolonien, die von VIS aus regiert wurden. Später haben die Venezier die Stadt weiter ausgebaut und erneuert. In dieser Zeit hat man sie aus Sicherheitsgründen durch einen Kanal vom Festland getrennt, wodurch die antike Stadt zu einer Insel wurde und besser verteidigt werden konnte.

Ihre heutige Gestalt erhielt Trogir in der Zeit der Romanik, im 13. Jh. Aus dieser Periode stammen viele herrschaftliche Häuser und Paläste sowie der monumentale Dom mit dem wunderschönen Portal. Die Stadt hat bis heute ihr mittelalterliches Bild bewahrt und besticht durch ihre herrlichen Fassaden, die z.T. noch sehr gut erhalten sind.

Lassen Sie die Sonne etwas tiefer sinken und schlendern Sie dann von der Marina über die Brücke hinüber zu dieser echten Perle der Architektur und Geschichte. Mehrere Jahrhunderte lang war Trogir die Metropole der römischen Provinz Dalmatien, bis Split diese geschichtsträchtige Rolle übernommen hat.

In der Stadt Trogir können Sie noch heute das Mittelalter hautnah erleben, denn die Stadt ist deswegen so gut erhalten geblieben, weil sich ihr Bedeutungsverlust damals nur sehr langsam vollzogen hatte, als Split Schritt für Schritt ihre Rolle übernahm.

Besuchen Sie die Altstadt und betreten Sie geschichtlich bedeutenden Boden, der jetzt zum UNESCO-Weltkulturerbe gehört. In den schmalen Gassen spüren Sie nach wie vor bei jedem Schritt die Ehrfurcht erzeugende Atmosphäre der historischen Gebäude. Wenn Sie mehr Zeit haben, empfehle ich Ihnen, schlendern Sie am nächsten Morgen ein zweites Mal durch die alten Gassen und besuchen auch die Höfe hinter der Stadtmauer. Sie fühlen sich um Jahrhunderte zurück versetzt, wenn Sie durch die beschaulichen Winkel mit verwitterten Hausfronten oder an eleganten Palästen und ehrwürdigen spätgotischen Bauten wie dem Rathaus vorbei spazieren. Das sind Mauern, die sehr viel erzählen könnten. Unweit davon stoßen Sie auf den stimmungsvollen Brunnenhof vor der schönen Kathedrale Sv. Lovrinac aus dem 13. bis 16. Jh. Sie ist einer der schönsten Kirchenbauten an der Adria und das bedeutendste romanische Denkmal Dalmatiens, sie ist dem Heiligen Laurentius geweiht, dem Patron der Armen und Leidenden. Gehen Sie hinein! In drei Schiffen können Sie hier u.a. seltenen romanischen Skulpturenschmuck bewundern.

Nicht weit davon entfernt finden Sie die offene Stadtloggia, die im Mittelalter als Gerichtsgebäude diente.

Die Altstadt Trogir von der ACI-Marina aus gesehen.

Vormittags werden Ihnen in den kühlen Gassen mehr Einheimische begegnen, die mit ihren Einkäufen vom Markt nach Hause eilen. In diesem Zusammenhang ist der Fischmarkt zu erwähnen in einer steinernen Loggia im Westen der Altstadtinsel gelegen, es lohnt sich, dafür früh aufzustehen. Wenn Sie unter alten Bäumen, die wunderbaren Schatten spenden, noch ein Stück weiter am Hafenkai entlang schlendern, stehen Sie bald vor dem Kastell Kamerlengo mit beeindruckend wuchtigen Mauern, die Sie schon von der Marina aus sehen können. Dieses venezianische Kastell am Ende der kleinen Insel hat früher die Hafeneinfahrt vor unliebsamen Besuchern geschützt.

Singlehandsegeln kann mit Autopilot sehr entspannend sein.

Restaurants in Trogir: Das Nostromo beim Fischmarkt ist ein bekanntes Lokal mit viel Kolorit, weiter Konoba Hvranin, ein kleines gutes Gasthaus mit wenigen, aber immer frischen Gerichten. Eine der Spezialitäten ist in Scheiben geschnittener Fisch in Olivenöl gebraten (Tel.: 091-767 58 91).

Von Trogir nach
Marina Kaštela	4,5 sm
Omiš	13 sm
Starigrad	23 sm
Hvar Stadtkai	24 sm

Der große Nachbarhafen von Trogir ist Split. Die Entfernung auf dem Wasserwege beträgt allerdings 14 sm, da die von einer Brücke überspannte Meerenge nicht passierbar ist. Nehmen Sie am besten den Bus, der einmal pro Stunde zwischen beiden Städten pendelt.

Bevor ich Sie jedoch nach Split entführe, möchte ich eine neue Marina nahe bei Trogir erwähnen, die Marina Kaštela, sie liegt an der »Riviera der sieben Kastelle« aus dem 15. und 16. Jh., die damals zum Schutze der Stadt errichtet wurden.

Marina Kaštela

700 Plätze/5 m, CRO 100-21, MK 16, Tel.: 021-204 010, Fax: 021-204 070, info@marina-kastela.hr, www.marina-kastela.com
UKW-Kanal 17
(T) Tankstelle
■ Stege mit Moorings, Wasser, Strom
Liegegebühren: C
≡ **Ambiente:** Großzügig angelegte, neue Marina.
Anfahrt: ⊕ **43°32,8'N-016°24,4'E.** Hafenhandbücher: »808 Häfen« S. 69, IIIC-D-2-a/52
Versorgung: Am Liegeplatz: Marina-Standard, Wäscherei, Restaurant, Café, Lebensmittelgeschäft, im Ort: Viele Geschäfte und medizinische Versorgung, Motorservice (Tel.: 021-225 712).

Marina Kaštela. (1) Bushaltestelle.

Trogir

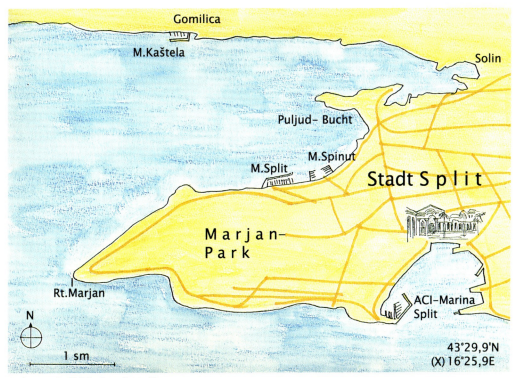

Anlegemöglichkeiten in Split.

Auf dem Wasserwege von Trogir kommend passieren wir am Ende des Trogirski Zaljev zuerst das Feuer ZAPORINOVAC, das wir an Backbord lassen und halten danach direkt nach Osten. Bald erreichen wir Split und halten auf die Marina zu.

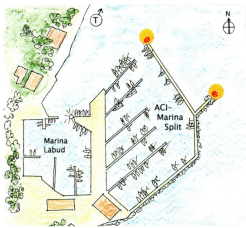

ACI-Marina Split vor den Toren der berühmten Stadt.

ACI-Marina Split

360 Plätze/3,5 m, CRO 100-21,26, MK 16,18,
Tel.: 021-398 599, Fax: 021-398 556,
m.split@aci-club.hr, www.aci-club.hr
UKW-Kanal 17 (Nutzen Sie diesen Kanal für eine Liegeplatz-Anfrage, denn von Donnerstag bis Sonntag ist wenig Platz für Transityachten).
(T) Tankstelle
■ Schwimmstege mit Moorings, Strom und Wasser
Liegegebühren: C
≡ **Ambiente:** Marina zwischen Weltstadt und Meer.
Anfahrt: ⊕ **43°29,9'N-016°25,9'E.** Hafenhandbücher: »808 Häfen« S. 69, IIIC-D-2-a/57
Versorgung: Am Liegeplatz haben wir Marina-Standard, WLAN-Anschluss, Wäscherei, ein gutes Restaurant und eine Tankstelle vor dem Hotel Marjan.

Blick vom Turm der Kathedrale, weit draußen die ACI-Marina Split.

Ab jetzt haben Sie von Ihrem Liegeplatz aus die schöne Stadt im Blickfeld. Sie registrieren sehr schnell ihre einstige Bedeutung, aber auch ihre Wichtigkeit als Geschäfts- und Handelsmetropole der heutigen Zeit, die antiken Perlen entdecken wir später bei einem gemeinsamen Spaziergang.

Von der Stadt aus haben Sie dann einen grandiosen Rückblick, Sie sehen draußen am Meer die ACI-Marina, in der Sie festgemacht haben, und um Sie herum entdecken Sie unendlich viele Relikte einer grandiosen Vergangenheit, die mehr oder minder gut mit den Errungenschaften der Jetztzeit harmonisieren.

Alternative Anlegemöglichkeiten gibt es im Kastelanski Zaljev, hinter der Stadt, der wie ein Binnensee beeindruckt. Entlang des Marjan-Parks liegen dort die Marinas Spinut und Split (nicht mit der ACI-Marina verwechseln). Beide Sportboothäfen sind lokale Clubs, die ein familiäres Ambiente bieten und auch preislich interessant sind, allerdings nur mit geringer Kapazität für durchreisende Yachten, deshalb bitte vor dem Anlaufen auf UKW-Kanal 17 oder Tel.: 021-386 820 anfragen.

Die Mittagspause legen wir in der Konoba Fife ein, es ist ein kleines Gasthaus mit traditioneller Küche (Tel.: 020-345 223). Gern gehe ich auch ins Fischlokal Konoba Hvranin (Tel.: 091-767 58 91).

Clubhafen JK Split.

Clubhafen JK Split Spinut
30 Gastplätze/4 m, CRO 100-21/27,
Tel.: 021-386 821, Fax: 021-386 743
UKW-Kanal 17
■ Stege mit Moorings, Strom und Wasser
Anfahrt: ● **43°29,6'N-016°24,3'E.**
Versorgung: Ein Restaurant befindet sich dicht beim Liegeplatz. Schnell hat man von hier auch den Marjan-Park erreicht und ebenso Einkaufsmöglichkeiten im nahen Wohngebiet.

Split, Seepromenade.

Die schöne alte Stadt Split

Mit einem Spazierweg immer an der Bucht entlang haben wir von der ACI-Marina aus die Altstadt in 20 Minuten erreicht und befinden uns nun an der mit Palmen bestandenen Promenade. Wir stehen vor der Südfassade des einst 180 x 215 Meter großen Diokletianspalastes. Allein der Säulenhof war für damalige Verhältnisse unvorstellbar groß!

Die Uferpromenade, wo sich heute die Geschäfte und Restaurants befinden, wurde erst später aufgeschüttet. Früher brandete das Meer direkt bis an die Mauern der kaiserlichen Wohnung.

Der Palast war eigentlich eine Stadt für sich, mit Mauern umgeben, die bis zum Himmel hinauf ragten. Das war in jedem Fall der Eindruck der Bauern und Fischer, die sonst in armseligen Hütten hausten, wenn sie einmal in die Stadt kamen).

Wer zum Kaiser gerufen wurde, sollte den Palast aus Ehrfurcht vor dem großen Herrscher durch das Seetor (1) betreten (Skizze S. 176). Das tun nun auch wir. Durch ein riesengroßes Kellergeschoss, über dem sich damals die kaiserlichen Gemächer befunden haben, gelangen wir ins Peristyl, dem zentralen Platz der Anlage. Hier zeigte sich auch der Kaiser dem Volke. Heute noch bewundern wir die bis zu 2 m dicken und 26 m hohen Mauern mit prächtigen korinthischen Säulen, hinter denen sich die kaiserlichen Bauten versteckt hatten.

Blick über die Sphinx zur Kathedrale und zum offenen Säulengang aus dem 4. Jh.

Hier ist Kroatiens römische Vergangenheit noch deutlich zu spüren. Mit dem Palast, den man heute durchwandern kann, hinterließ der römische Kaiser Diokletian eine der grandiosesten Stätten der Antike und wohl das bedeutendste Römerbauwerk in Dalmatien.

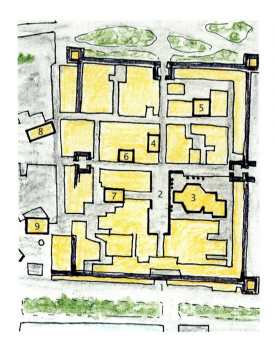

Der Kaiserpalast von Split
(1) Seetor
(2) Peristyl
(3) Kathedrale Sv. Duje
(4) Agubio-Palast
(5) Papalic-Palast
(6) Cindro-Palast
(7) Jupiter-Tempel
(8) Rathaus
(9) Milesi-Palast

Der Palast war der Altersruhesitz von Kaiser Diokletian, der selbst dalmatinischer Abstammung war und praktisch als »Pensionär« in seine Heimat zurückgekehrt ist. Im Jahre 303 war er mit seinem ganzen Gefolge in diesen Palast umgesiedelt. Erst 300 Jahre nach dieser Zeit haben die Bewohner der Umgebung aus den alten Steinen nach und nach ihre Häuser errichtet.

Im Jahre 1000 kam dann der eroberungswütige venezianische Doge Pietro Orseole, der im gleichen Jahr schon Osor und damit die Insel CRES und LOŠINJ unterjocht hatte, nach Dalmatien und unterwarf Split dem venezianischen Imperium. Von da an herrschte Venedig 800 Jahre lang auch über Dalmatien.

Noch heute spürt man die Einzigartigkeit dieser alten Kaiserstadt mit seinem Palast. Insbesondere, wenn man Split auf dem Wasserwege anläuft und vielleicht in der großen Hafenbucht eine Schleife dreht, kann man sich die damaligen Gegebenheiten ein wenig realistischer vorstellen.

Die Prokuratien mit ihren herrlichen Arkadengängen rahmen den Trg republike ein.

Die Stadtloggia mit ihrem original erhaltenen Eingang aus dem 15. Jh.

Nun sind wir wieder auf unserem Rundgang und stehen im Peristyl, dem damaligen Zentrum der Macht. An den historischen Platz schließt sich ein Gassengewirr an und man kann es sich kaum vorstellen, dass das alles zur Palastanlage gehörte.

Split ist einzigartig in der Welt für die harmonische Art und Weise, wie in mehreren Jahrhunderten der Palast umgebaut und in die Stadt einbezogen wurde. Ein spezielles Beispiel dafür ist das achteckige Kaisermausoleum, es wurde erst 1214 zur Kathedrale Sveti Duje umgestaltet und der Glockenturm im romanischen Stil wurde noch später angefügt. Ansehen sollten Sie sich dieses Bauwerk unbedingt und auch den Glockenturm besteigen, dafür wurde eine luftige Treppe eingebaut. Von jedem Absatz hat man neue interessante Ausblicke auf die Dächer der Altstadt, den großen Hafen und weit hinaus aufs Meer mit den vorgelagerten Inseln.

Dicht beim Palast, um den Volksplatz herum, sind Sie schon in dem mittelalterlichen Stadtteil mit der Stadtloggia aus dem 15. Jh. und dem antiken Rathaus mit dem original erhaltenen dreigeteilten gotischen Spitzbogen über dem Eingang.

Der Diokletianspalast ist die einzige erhalten gebliebene Anlage aus der Römerzeit und wurde wegen der großen Bedeutung von der UNESCO in die Liste des Weltkulturerbes aufgenommen, es lohnt sich immer, hier einen Stopp einzulegen.

Die Kathedrale Sveti Duje.

Das Peristyl im Diokletianspalast von Split.

Wer »alte Steine« über alles liebt, sollte von Split aus mit dem Bus in den Stadtteil Solin fahren, dort, wo Kaiser Diokletian geboren wurde. Er war der Sohn eines Schreibers, der sich vom Legionär bis zum General der Kaiserlichen Armee empor gedient und es dann durch eine Militärrevolte bis zum Kaiser gebracht hatte. Dort also findet man die einst so mächtigen Stadt Salona. Das Gebiet liegt heute ca. 5 km vor den Toren der Stadt in einem Industriegebiet. Salona war unter den Römern einst die Hauptstadt der Provinz Dalmatiens und hatte im 6. Jh. mehr als 50.000 Einwohner, damals eine Großstadt. Die antike Metropole entwickelte sich im 9. bis 11. Jh. noch einmal zum größten Ort des kroatischen Königsreiches, aber dann sanken die Bedeutung und der Ruhm der Stadt relativ schnell.

Weitere Informationen erhalten Sie unter www.visitsplit.com. Die archäologische Zone ist zugänglich, aber touristisch kaum erschlossen, etwas für Entdecker.

Südlich der einst so wichtigen Städte Trogir und Split liegen die Inseln ŠOLTA und BRAČ. Ganz im Gegensatz zu den Städten sind sie ruhig und geschichtlich weitgehend unbedeutend.
Für uns Wassersportler ist es dagegen wichtig zu wissen, dass es auf beiden genannten Inseln gute Marinas und Buchten gibt, von denen aus wir die Besonderheiten dieser Inseln entdecken können.
Wir besuchen zuerst die kleine Insel ŠOLTA. Seitdem es schnelle Fährlinien gibt, zieht sich die arbeitende Bevölkerung von Trogir und Split gern für ein paar Stunden dorthin zurück.

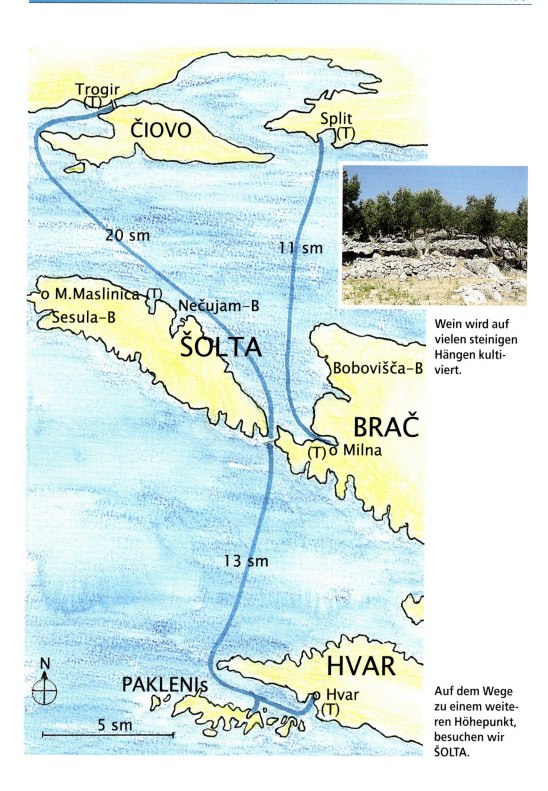

Wein wird auf vielen steinigen Hängen kultiviert.

Auf dem Wege zu einem weiteren Höhepunkt, besuchen wir ŠOLTA.

Insel ŠOLTA

Die Insel ŠOLTA ist eine ländliche Insel mit malerischen Buchten. Dank der Anbindung durch eine Tragflügel-Fährlinie ist sie für die Einwohner von Split und Trogir eine Ausflugsinsel für das Wochenende geworden. Wir legen am Westende der Insel, in Maslinica an, praktisch zu Füßen des großen ehemaliges Barockschlosses aus dem 17. Jh, heute die private Herberge eines deutschen Industriellen. Nach dem Anlegen fallen uns sofort die vielen Olivenbäume auf, der Duft von Rosmarin liegt in der warmen Luft. Bei diesem harmonischen Ambiente möchte man nicht glauben, dass ŠOLTA einst eine Verbannungsinsel war.

Hafen Maslinica.

Hafen Maslinica/Insel ŠOLTA
CRO 100-21, UKW-Kanal 17
■ Pier mit Moorings, Strom und Wasser
Anfahrt: 43°23,8'N-016°11,3'E, Buchteinfahrt zwischen der kleinen Insel BALKUN und ŠOLTA. Bei der Anfahrt bitte von den vorgelagerten Inseln gut frei halten. Hafenhandbücher: »808 Häfen« S. 66, IIIC-D-f/27
Versorgung: Nahe des Liegeplatzes gibt es einige Einkaufsmöglichkeiten und nette Gasthäuser.

Alternative Liegeplätze
⚓ **Ankern in der Šešula-Bucht**
Anfahrt: 43°23,2'N-016°12,4'E. Guter Schutz bei Bora und Schirokko.

⚓ **Die Nečujam-Bucht** an der Nordküste bietet ebenfalls Ankermöglichkeiten.
Anfahrt: 43°23,8'N-016°19,6'E. Da die Bucht nach Norden hin ohne Schutz ist, sollte man bei einer Wetterlage mit Boragefahr hier nicht über Nacht bleiben. Am Ufer reihen sich die Wochenendhäuser wohlhabender Spliter auf, die hin und wieder aus der großen Stadt fliehen. Am Ufer gibt es eine Gaststätte und einen kleinen Supermarkt.

■ Anleger im kleinen Ort Stomorska/ŠOLTA, z.T. mit Moorings, Strom und Wasser.
Anfahrt: 43°22,8'N-016°21,7'E
In dem kleinen Ort gibt es außerdem Anlegeplätze vor mehreren Gasthäusern, es existiert hier ein Postamt und ein kleiner Lebensmittelladen.

Weiterhin bestehen ⚓ **Ankermöglichkeiten in der Tatinja-Bucht,** im Süden von ŠOLTA, wo man noch relativ dicht am Ufer ausreichend Tiefe findet.
Anfahrt: 43°22,8'N-016°21,6'E

Maslinica und Šešula-Ankerbucht.

Die Makarska-Riviera.

Ehe wir nun die Insel BRAČ anlaufen, »springen« wir noch einmal zu ein paar interessanten Punkten an der »Blumen-Riviera« südöstlich von Split.
Der schönste Abschnitt liegt zwischen Omiš und dem kleinen Ort Drvenik, dem Fährhafen für die Insel HVAR im Süden. Landschaftlich ist diese Region geprägt durch eine reich gegliederte Küste, hinter der das Biokovo-Gebirge steil und unvermittelt ansteigt, eine Kulisse, die teilweise atemberaubend ist. Hier gibt es unzählige Buchten und Strände mit feinem Kies, die Jahr für Jahr viele Badetouristen anziehen.
Etwas nördlich davon, an der Flussmündung der Cetina, liegt zwischen steilen Felswänden des Mosor-Gebirges die Stadt Omiš. Hier reicht das Gebirge bis dicht an die Adria heran. Die Gipfel schauen aus einer Höhe von fast 1800 m auf die einst so wichtige Stadt herab. Hier wollen wir kurz Halt machen.

Die Stadt Omiš

Im Mittelalter war hier Jahrhunderte lang ein wichtiger Stützpunkt mächtiger Piraten, die damals ganz Dalmatien in Atem hielten, sie haben zeitweise selbst Venedig tributpflichtig gemacht, bis König Ladislaus das Gebiet an Venedig verkaufte. Von 1797 bis 1813 gehörte das Gebiet zu Österreich. An der Küste weiter südlicher liegen in dichtem Kiefernwald ein paar kleine Anlegemöglichkeiten. In den Orten Brela, Baška Voda und auch in Makarska gibt es moderne Segelhäfen (Näheres auf Seite 184).

Auf der Cetina bei Omiš.

🏠 Ein Canyon durchbricht das Gebirge

Omiš liegt an einem gewaltigen Canyon. Hier hat sich der Fluss Cetina durch den Kalkstein des Mosorgebirges eine Mündung in die Adria geschaffen. Teile der mittelalterlichen Mauern des Stadttores sowie die Ruinen eines Kastells sind ebenfalls noch zu sehen. Bei einem Spaziergang durch das Städtchen werden Sie zu dem vergessenen Marktplatz mit der mächtigen Platane kommen und auch auf die sehr sehenswerte vorromanisch-altkroatische St. Peterskirche aus dem 10. Jh. stoßen, die noch byzantinische Einflüsse zeigt. Sie ist eine der besterhaltenen Kirchen dieser Art. Alles ist eingerahmt von der Kulisse steiler Felsen, die das Ufer der Cetina bilden.

Von der Ruine der alten Festung hoch über dem Meer hat man einen grandiosen Blick auf die Stadt und die Felsschluchten, die sie umgeben. Die landschaftliche Schönheit dieser Schluchten wird Sie begeistern. Dicht hinter der Brücke ist der Platz, von dem flache Kähne ablegen für eine interessante Fahrt in den Canyon hinein. So eine Flussfahrt ist für uns Skipper eine schöne Abwechslung.

Hafen Omiš
CRO 100-26

⛔ **Liegeplätze an der Hafenmole**

Die Bora und die Tramontana können hier sehr stark wehen und auch Südwinde werfen hohen Seegang auf. Dieser Liegeplatz ist also nicht recht zu empfehlen. Leider bestehen im Ort keine besser geschützten Liegeplätze. (Alternative: Mit dem Bus kommen, z. B. von Split)

Anfahrt: ⊕ **43°26,3'N-016°41,7'E.** Achtung auf Ablagerungen von Schlamm! Hafenhandbücher: »808 Häfen«, S. 71, IIIC-D-b/5

Versorgung: Im Ort alle Einkaufsmöglichkeiten, Ambulanz (Tel.: 021-863 450).

Die Makarska-Riviera

Dieser Küstenabschnitt ist eine besondere Landschaft zwischen dem bis an die Küste heran reichenden Biokovo-Gebirge mit dichtem Pinienwald und dem Meer. Gewaltige Felsbrocken, die unvermittelt steil aus dem Meer aufsteigen, kontrastieren mit blühenden Wiesen, dazwischen lange Kiesstrände und kleine Badebuchten.

Erfrischend ist eine Bootstour auf der Cetina.

Entlang dieser vom Tourismus voll erschlossenen Küste gibt es noch Segelhäfen wie Brela, Baška Voda und Makarska, die man für einen Kurzbesuch anlaufen kann, auch um die eigenwillige Landschaft etwas näher kennenzulernen. Vom 7. Jh. an waren viele Orte entlang der Küste für lange Zeit unter der Kontrolle von Piraten.

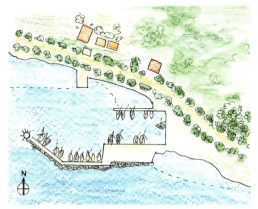

Marina Brela Soline.

Marina Baška Voda.

Marina Brela Soline
CRO 100-26, Tel.: 021-603 222, Fax: 620 501
Die Marina Brela Soline ist eine kleine feine Marina, ca. 10 sm östlich von Martinšcica in einem Badeort gelegen. Sie verfügt über 50 Gastplätze. Bitte rufen Sie vorher an, um sicher zu gehen, ob ein Liegeplatz frei ist.
■ Äußere Mole, mit Moorings, Strom und Wasser
≡ **Ambiente:** Kleine moderne Marina.
Anfahrt: ● **43°21,8'N-016°55,8'E.** Hafenhandbücher: IIIC-D-2-b/8 sowie »808 Häfen«, S. 73
Versorgung: Supermarkt und weitere Geschäfte im nahen Ort, Gasthaus Punta Rata (Tel.: 021-618 646)
Es sollen die schönsten Badestrände dieser Region sein. Südlich von Brela liegt ein von Pinienwäldern umgebenes kleines Städtchen, Baška Voda, ebenfalls mit einem langen Kiesstrand.

Marina Baška Voda
250 Plätze, 5 m, CRO 100-26, Tel: 021-620 909
Fax: 021-620 907
Die Marina ist dicht südlich von Brela gelegen.
■ Lange Betonpier mit Moorings, Strom und Wasser (Tiefe hier 2–4 m).
≡ **Ambiente:** Moderne Marina, eingerahmt vom Badestrand und einer gepflegten Uferpromenade.
Anfahrt: ● **43°21,3'N-016°56,7'E.** Achtung auf Spannetz für Badegäste! Hafenhandbücher: IIIC-D-2-b/9 sowie »808 Häfen«, S. 73

🟢 Klapa-Tradition
Klapa bezeichnet mehrstimmige A-capella-Gesänge, die in ihrer Art einmalig sind. Im Juli treffen sich in Martinšcica Gruppen aus ganz Dalmatien zu einem viel beachteten Wettbewerb. Meist findet man reine Männerchöre, die zu besonderen Anlässen ihre Lieder darbieten. Die Themen sind Liebe, Weinlese, Heimat und das weite Meer. Informationen erhalten Sie über Tel.: 021-861350.

Die Hafenstadt Makarska

Makarska ist das Zentrum des heute touristisch voll erschlossenen Gebietes der Makarska-Riviera. Gleichsam als Bollwerk gegen alles Böse, das von außen kommt, schiebt sich die Halbinsel mit der Stadt ins Meer hinaus. Der schon in römischer Zeit besiedelte Ort war bis Anfang des 19. Jahrhunderts Bischofssitz, in der Kirche des hl. Markus sind noch die Portraits der letzten Bischöfe von Makarska zu sehen. Wichtig für die Stadt ist auch der Heilige Antonius, ihm zu Ehren wird am 13. Juni ein großes Volksfest gefeiert.

Marina Tučepi
Tel.: 021-601 111, Fax: 021-601 113
■ Pier mit Strom und Wasser.
Anfahrt: ⊕ **43°16,1'N-017°03,1'E.** Hafenhandbücher: »808 Häfen«, S. 73 sowie IIIC-D-2-b/13
Versorgung: Läden, Postamt im Ort Ploče, Ambulanz (Tel.: 020-679 702).

Marina Tučepi.

Der Hafen Makarska im Zentrum der Stadt.

Hafen Makarska
CRO 100-26, (T) Tankstelle
■ Betonpier entlang der Promenade.
Anfahrt: ⊕ **43°17,4N-017°00,8'E.**
Hafenhandbücher: IIIC-D-2-b/12 sowie »808 Häfen«, S. 73
Versorgung: Nahe des Liegeplatzes findet man Gostionicas und einen guten Supermarkt.

⌂ Eine Abwechslung fürs Auge
Hunderte schöner Muschelarten kann man im Franziskanerkloster ansehen, es ist die größte Sammlung Europas, geöffnet von 11–12 und 18–19 Uhr, Tel.: 021-612 002.
Dicht bei Makarska liegt in einem Kiefernwäldchen der Badeort Tučepi mit einem Sportboothafen, der aber nur über wenige Gastplätze verfügt.

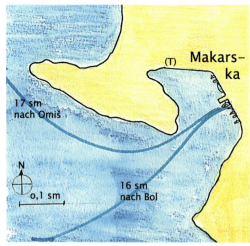

Hafen Makarska.

Insel BRAČ mit ihren vielen Anlegemöglichkeiten.

Direkt parallel zu der eben besprochenen Küste liegt die große Insel BRAČ mit dem höchsten Berg weit und breit, dem Vidova Gora, er erhebt sich majestätisch 780 m über die Adria.

Insel BRAČ

BRAČ ist durch ihren Marmor berühmt geworden, der seit der Antike dort abgebaut wird. Eigentlich ist es nur marmorähnlicher Kalkstein, mit dem jedoch berühmte Gebäude überall in der Welt dekoriert sind, wie der Diokletianspalast in Split, aber auch das Reichtagsgebäude in Berlin, das Weiße Haus in Washington oder das Wiener Rathaus.
Die Südküste der Insel BRAČ mit ihren schroffen und zerrissenen Felswänden war lange Zeit weitgehend menschenleer geblieben. Einziger Grund der Zuwanderung war der BRAČer Marmor, für dessen Abbau man auch römische Sklaven hier her gebracht hatte. Die Insel verfügt über viele Waldflächen aus Kiefern, Macchia, Eichen und Buchen und in geschützten Gegenden ermöglicht der karstige Grund Oliven- und Weinanbau. BRAČ ist eine heitere Insel ohne spektakuläre Geschichte.

Insel BRAČ, die steile Südküste.

An der Nordküste von BRAČ bieten die Anlegeplätze Pučišca und im Süden der Hafen Bol Schutz bei Winden aus den vorherrschenden Starkwindzonen. Festmachebojen findet man in den Buchten Bobovišce, Luka und Lucice, für Details siehe die Zeichnung auf Seite 185. Wer mit dem Auto anreist, kann mit dem Fährschiff von Split nach Supetar auf BRAČ und von Makarska nach Sumartin übersetzen, alle größeren Orte auf der Insel sind außerdem mit Bussen erreichbar.

Milna/BRAČ

Die sichere Marina Milna an einer fjordartigen Bucht ist ein guter Platz, um den Ort, aber per Bus auch die ganze Insel zu besuchen, einschließlich der Sandhalbinsel »Goldenes Horn«. Eine Tankstelle für Yachten befindet sich in Supetar. Die Anlegeplätze in diesem Hafen sind jedoch langfristig belegt oder für die einheimischen Boote reserviert, deshalb wird er hier nicht näher besprochen. Die Devise heißt also: Erst nach Milna, dann die Insel erkunden.

Unübersehbar fällt im Ort Milna sofort die schöne Kirche Mariae Verkündigung auf, in ihr stehen zwei Skulpturen des bekannten Künstlers Ivan Rendic.

Ich kann nur raten, sie anzusehen, wenn die Kirche offen ist. Das Fischerdorf rahmt die Marina völlig ein, sie ist ein Teil des harmonischen mediterranen Ambientes.

ACI-Marina Milna/BRAČ

145/5 m, CRO 100-22, 26, MK 16,18, Tel.: 021-636 306, Fax: 021-636 272, aci.m.milna@aci-club.hr, www.aci-club.hr (Skizze S. 187).
UKW-Kanal 17
(T) Tankstelle
■ Schwimmstege mit Moorings, Strom und Wasser
Liegegebühren: B
≡ **Ambiente:** Marina als Teil eines mediterranen Ortes.
Anfahrt: ⊕ **43°19,7′N-016°25,7′E.** Hafenhandbücher: »808 Häfen« S. 70, IIIC-D-2-g/34
Versorgung: Am Liegeplatz finden wir Marina-Standard mit WLAN und ca. 500 m vor der Einfahrt eine Tankstelle. Im kleinen Ort gibt es Geschäfte aller Art und auch Ärzte. Umfassende technische Versorgung ist in der nahen Werft möglich. Eine empfehlenswerte Gaststätte ist Milan oder Kamanjo.

Die Marina Milna im Ort Milna.

Marina Vlaska in Milna
info@marinavlaska.com,
www.marinavlaska.com
Der kleine Liegeplatz befindet sich ebenfalls im Ort Milna. Bei der Anfahrt zum Ort passiert man diesen Anleger bereits. (Bitte aber vorher anrufen, Tel.: 021-635 122 oder 021-636 247).
◼ Schwimmstege mit Moorings, Strom und Wasser.

Alternative Liegeplätze
Weitere Liegeplätze finden wir südlich von Milna.

● **Lucice-Bucht**
Anfahrt: ⊕ **43°17,9′N-016°27′E.** Wenn man hier festgemacht hat, ist die Konoba Smreva der Familie Lemesic eine gute Empfehlung, Tel.: 091-422 2110.

● **Bobovišce-Bucht**
Anfahrt: ⊕ **43°21,6′N-016°26,4′E.** Hier hat man einen Anleger mit Moorings, Elektroanschluss und Wasser vor der Konoba Vala (»808 Häfen«, S.70).

● **Stipanska-Bucht**
Anfahrt: ⊕ **43°22,2′N-016°26,2′E.** Diese Bucht liegt nördlich von Bobovišce. Hier befindet sich eine kleine Nautikfirma unter deutscher Leitung, die auch eine kleine Pension betreibt (»808 Häfen«, S. 70).

Der Ort Bol ist die älteste Siedlung an der Küste von BRAČ, sie besteht seit der Antike. Die vorromanische Kirche St. Johannes ist einen kurzen Besuch wert, ebenso das Dominikanerkloster auf einer Halbinsel am östlichen Ende des Ortes, es beherbergt viele bekannte Gemälde. Das Prunkstück ist ein Bild aus der Werkstatt von Tintoretto aus dem Jahre 1563, »Madonna mit dem Kind«. Daneben beherbergt das Museum noch vorgeschichtliche Exponate und archäologische Funde aus der Antike, schöne alte Keramiken und eine große Münzsammlung.
Weiter sehen Sie direkt am Ufer der Adria gut erhaltene Palais im Renaissance- und Barockstil. Viele dieser historischen Gebäude sind heute kommerzialisiert, wie die Taverna Riva, wo ich gerne schwarzen Risotto esse, eine Spezialität des Hauses.

Durch das »Goldene Horn« ist Bol so richtig bekannt geworden, es ist eine Sand-Halbinsel, die sich aus einem Pinienhain ins Meer hinausschiebt und deren Lage sich abhängig von der Strömung und den Gezeiten ändert. Manchmal imponiert sie als gerade Spitze, die sich ins Meer vorstreckt, dann wiederum ist sie ein langer Bogen, der sich weit ins Wasser hinausschiebt.
Wenn Sie in Bol ein wenig Zeit haben, bummeln Sie doch am Abend langsam durch die schmalen Gassen des Ortes, Sie werden vieles entdecken und es gibt auch viele gute Konobas.

Sportliche Skipper können sich bei »Bol Tours« im Ort ein Fahrrad mieten und auf guten Straßen zum Gipfel des Vidova Gora radeln (aber nur Geübte!).

ACI-Marina Milna/BRAČ.

Die üppig wuchernde Vegetation in vielen Buchten reicht bis dicht ans Wasser heran.

Von Milna nach Bol

Das Schiff liegt gut und sicher in der Marina Milna, nun können wir mit dem Bus auch das »Goldene Horn« in Bol besuchen. Wenn man auf dem Wasserwege kommt, muss man wissen, es gibt im Hafen nur wenige Plätze für Sportboote.

Hafen Bol/BRAČ

nur 12–15 Plätze, CRO 100-26,
Tel.: 021-635903
UKW-Kanal 17
■ Pier mit Moorings, Strom und Wasser
Anfahrt: ⊕ **43°15,5'N-016°39,5'E.** Achtung bei der Anfahrt auf Untiefen. Hafenhandbücher: »808 Häfen« S. 71, IIIC-D-2-g/27
Versorgung: (T) 3,5 m am Fährkai, Gasthaus im Ort, zum Beispiel die Taverna Riva direkt an der Uferstraße (Tel.: 021-635 236) oder Konoba Gust (hinter dem Hotel Kastil). Es gibt weiter Supermarkt, Postamt, Ambulanz (Tel.: 021-635 112), Apotheke, Zahnarzt (Tel.: 021-635 698 und 93), Autoverleih, Fahrradverleih.

⌂ Bootstour mit Wanderung

Mehrmals pro Woche fährt ein Schiff von Bol aus entlang der interessanten Südküste der Insel zur Blaca-Bucht. Von hier aus kann man zu einer interessanten Einsiedelei wandern und sich in das Leben der Mönche zurück versetzen lassen (mehr siehe Seite 190). Der Ausflug kombiniert eine Tour mit einem Fischerkahn mit einer kleinen Bergwanderung und Besichtigung der Einsiedelei. Die Insel BRAČ weist noch einige weitere Buchten und Anlegestellen in winzigen Ortschaften auf, die ich später erwähne.

Bol Hafen.

Ein Segelrevier fast wie ein großer Bergsee.

⌂ Eine Bergtour unternehmen

Von Bol aus kann man in zwei Stunden auf den Vidova Gora, steigen (778 m). Am Gipfel findet sich eine urige Konoba und man hat von hier oben aus Ausblicke auf die gigantische Inselwelt ringsum.

In der Nebensaison hat man eine Ankerbucht oft ganz für sich allein.

An der Nordküste von BRAČ liegt eine weitere Anlegemöglichkeit, von der aus man die Marmorbrüche besuchen kann.

Hafen Pučišca

■ Mole mit Moorings sowie Strom und Wasser. Man liegt hier recht sicher mit Ausnahme bei einer stärkeren Bora. Aus Sicherheitsgründen macht man hier schräg zum Bug fest.
Anfahrt: ⊕ **43°21,7'N-016°44,3'E,** Einfahrt in die Hafenbucht. Hafenhandbücher: »808 Häfen«, S. 71 sowie IIIC-D-2-g/14.

Hafen Pučišca.

Pučišca

An einer tief einschneidenden, aber recht flachen Bucht liegt der kommerziell wichtigste, fast städtisch anmutende Ort der Insel, die »Marmorstadt« Pučišca. Ganz in der Nähe wird seit Römerzeiten in einem gigantischen Steinbruch das wertvolle Baumaterial abgebaut, gehandelt und verladen, Bračer Marmor wird der Stein genannt. In früheren Zeiten wurden die Marmorblöcke mit Hanfseilen aus den Wänden gesägt, heute benutzt man zwar Maschinen, die aber immer noch vorsintflutlich anmuten. Eigentlich ist der Stein kein echter Marmor, sondern ein Kalkstein aus der Kreidezeit. Verschifft wird er von Splitska aus, da der Hafen Pučišca für größere Frachtschiffe zu flach ist. Schauen Sie sich die Häuser im Ort an, viele sind mit dem wertvollen Material verkleidet, wie das Hotel Porat am Hafen, aber auch viele Privathäuser der Reichen, daneben auch Kunstwerke, wie zwei Löwen vor einem Renaissance-Haus im Ort. Und selbst das Weiße Haus in Washington oder das Wiener Parlament sind mit diesem Stein dekoriert. Die Tourismus-Agentur des Ortes Pučišca veranstaltet Ausflüge in die Marmorbrüche.

Im Zusammenhang mit dem edlen Material hat sich auch eine Steinmetzkunst entwickelt, die große Baumeister nach Pučišca führte, um an Ort und Stelle die Verarbeitung zu studieren. Heute existiert hier die einzige Steinmetz-Schule Kroatiens.

Wenn Sie am Stadtkai liegen, ist der Weg nicht weit zur Pfarrkirche des Hl. Antonius, wo man einen einmalig schönen Renaissance-Altar bewundern kann.

Blick auf Ort und Hafen von Pučišca.

Alternative Liegeplätze

⊕ **Die Luka-Bucht** ist ein tiefer Einschnitt an der Nordküste und bildet so einen Liegebereich mit mehreren Nebenarmen, die z.T. mit Bojen ausgestattet sind. Natürlich kann man in dieser Bucht auch ankern. Außerdem gibt es einige Mooringplätzen vor dem Restaurant Pipo (Tel.: 021-633 096).

Dicht dabei findet sich noch das Gasthaus Rade (Tel.: 098-867292).
Anfahrt: ⊕ **43°20,8'N-016°50'E.**
Mitreisende Kinder wird es interessieren, dass man vor dem Gasthaus »Rade« auch einen echten kleinen Badestrand findet.

Weitere Liegeplätze auf der Insel BRAČ

Die Povlja-Bucht
Anfahrt: ⊕ **43°20,8'N-016°50'E.** Dicht bei der Luka-Bucht liegt an der Nordseite der Insel der kleine sympathische Ort Povlja mit mehreren Restaurants, davor Liegeplätze mit Strom, Wasser und Moorings.

⚓ Die **Blača-Bucht (Popola vala)** ist der Anleger für einen Besuch der Einsiedelei.
Anfahrt: ⊕ **43°16,4'N-016°31,0'E**
Der Anker hält hier nicht sehr sicher, ggf. sollte man eine Ankerwache an Bord lassen.

⚓ Die kleine **Studena-Bucht** findet man südlich von Sumartin (»808 Häfen«, S. 72).
Anfahrt: ⊕ **43°16'N-016°51'E.** Hier liegt eine reizvolle Bucht für einen Badestopp, aber auch über Nacht (Achtung auf Fähre).
Am östlichen Ende der Insel liegt Sumartin, ein kleiner Anlegeplatz mit einer Tankstelle (T).

Die Blača-Bucht.

Blühende Ufer wohin man auch schaut.

Die Blača-Bucht mit der Einsiedelei ist 6,5 sm in westlicher Richtung von Bol entfernt. Man kann sie auf eigenem Kiel oder mit dem Motorschiff anlaufen, fragen Sie im Reisebüro an der Promenade danach.
Von der Bucht aus gibt es einen guten Weg durch den Wald hinauf zu der besonderen Siedlung aus dem 13. Jh., in der noch bis 1963 Mönche und Einsiedler in einer speziellen Gemeinschaft zusammen gelebt haben.
Die Ausstellung ist authentisch und deshalb sehr interessant. Man kann noch unmittelbar Eindrücke vom Dasein dieser Menschen gewinnen, denn viel hat sich hier seitdem nicht verändert.
Schon der Weg hinauf zur Einsiedelei ist interessant und bereits auf halbem Wege erkennt man die Häuser der Siedlung, sie wirken wie an den Fels geklebt, einige werden sogar vom überhängenden Berg weit überragt. Spätestens jetzt kann man den Gewaltakt begreifen, der hier einst geschah, als Männer auf ihren Rücken ein Klavier hinauf ins Kloster transportiert haben. Das Instrument kann man noch heute sehen.
Geöffnet ist die Einsiedelei mit der historischen Sternwarte des Mönchs Don Milicevic täglich von 10–17 Uhr, außer montags.

Wir ankern vor dem »Goldenen Horn« bei Bol.

Unser Törn geht weiter zur Insel HVAR.

In diesem Kapitel führe ich Sie zur Insel HVAR, nach Starigrad, Vrboska, Jelsa, Hvar Stadt sowie auf die Nachbarinseln, die PAKLENIS, zur Marina Palmizana. Vorher sehen wir uns die vorgelagerte Insel ŠCEDRO an. Dann führe ich Sie zuerst zu einigen Liegeplätzen in Buchten an der Südküste der langen Insel HVAR, später beschreibe ich die Marinas und städtischen Anleger, die sich vorwiegend an der Nordküste befinden.

Anlegepiers für eine kurze Besichtigung findet man häufig.

Buchten an der Südküste von HVAR.

Liegeplätze
Ein kleiner Privathafen liegt hier vor einem netten Weinlokal.
- Sv. Nedelja-Bucht
- 43°07'N-016°35,6'E
- Zarace-Bucht
Hier hat man **Bojen mit Namen des Gasthauses.**
Anfahrt: 43°11,2'N-016°31,4'E.

Kulinarisches
Ein sehr beliebtes Essen ist die **»Suppe aus der Bukaleta«**. In einem Tonkrug wird Rotwein sehr langsam erwärmt, dann gibt man eine Scheibe frisches Brot dazu und einige Tropfen Olivenöl. Eine Prise Pfeffer und ein Teelöffel Zucker würzen den Trank. Das ergibt eine äußerst nahrhafte Speise, die auch »Irische Suppe« genannt wird.

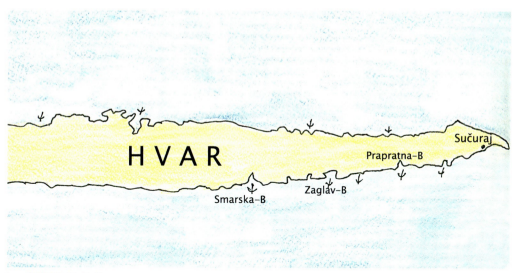

Insel HVAR Ostteil.

Insel HVAR

HVAR wird auch »Insel der Sonne« genannt oder »Lavendelinsel«. Beide Prädikate sind wahr, denn die Sonne scheint das ganze Jahr und im Juni und Juli ist die Insel mit einem duftenden blauen Teppich von Lavendel überzogen. Daneben werden noch andere mediterrane Gewürzkräuter professionell angebaut, insbesondere Rosmarin, Salbei und Thymian, woraus vorwiegend Parfümöle hergestellt werden. Die Insel ist recht fruchtbar und bringt auch einen guten Rotwein hervor, den trokkenen Faros. Hier findet man mehrere gute Anlegemöglichkeiten.

Liegeplätze am östlichen Teil der
⚓ **Smarska-Bucht** (»808 Häfen«, S. 79)
Anfahrt: ⊕ **43°06,6'N-016°59,2'E.**
Das ist eine Bucht an der Südküste von HVAR, vor dem kleinen Ort Smarska, die allerdings nach Süden hin offen ist (Jugo!). Für flach gehende Yachten gibt es hier zusätzlich einen kurzen Steg. Einige Seemeilen östlich davon finden Sie die Bucht.
⚓ **Zaglav-Bucht/Uv. Kozja** (»808 Häfen«, S. 79)
Anfahrt: ⊕ **43°06,6'N-017°03'E.**

⚓ **Sučuraj-Bucht**
Anfahrt: ⊕ **43°12,8'N-017°14'E.**
Am äußersten östlichen Ende der langen Insel gibt es einen Fährhafen zum Festland (HVAR–Drvenik). Dort findet man einen kleinen Anleger mit Strom, Wasser und teilweise auch Moorings. Alternativ kann man natürlich auch ankern. Der kleine Anleger ist sehr beliebt und deshalb besonders an Wochenenden stark besucht. Dicht beim kleinen Hafen gibt es einen Supermarkt und mehrere einfache Gasthäuser. Auf dem Wege nach oder von HVAR bieten sich südlich der großen Insel gute Liegeplätze für eine Nacht an.

Insel ŠCEDRO

Quasi als Intermezzo führe ich Sie zur Insel ŠCEDRO, die auf den Schlägen von und nach Hvar Stadt insbesondere für kleinere Segelyachten eine wichtige Zwischenstation ist. Die beiden Buchten dieser Insel (CRO 100-26, MK 19) sind insbesondere ein idealer Zwischenstopp auf der Fahrt zwischen KORČULA und den PAKLENIS. Selbst bei einer Bora liegt man dort zwar nicht ruhig, aber sehr sicher (wie wir selbst erlebt haben).

Lovišče-Bucht
Anfahrt: 🔴 **43°06,1'N-016°42,4'E.**
In dieser Bucht liegen einige Festmachebojen, die zur Konoba Rato gehören, das ist das kleine Haus mit der einsamen Palme am Ufer. Die Bucht ist ein uriger, sehr einfacher Zwischenstopp vor dem Besuch der Stadt Hvar oder der Marina Palmižana.

🔵 **Die Manastir-Ankerbucht** liegt direkt östlich der Lovišče-Bucht, dort findet man ebenfalls einige Festmachebojen für die Gäste des Restaurants beim Kloster. Eine weitere Empfehlung ist das Restaurant Barsa mit stets großer Auswahl an frischen Fischen und Krustentieren.

Von der Lovišče-Bucht nach
Hvar Stadt	12 sm
Marina Palmižana	14 sm
Smarska-Bucht	12 sm
Rt. Sućuraj	22 sm

Die recht einsamen Šcedro-Buchten.

In meiner Betrachtung spare ich mir die Stadt Hvar zum Schluss auf (Seite 199) und bitte Sie, mich erst einmal an die Nordflanke der Insel HVAR zu begleiten. Dort besuchen wir Jelsa und Vrboska mit einer einmaligen Wehrkirche und das von Skippern oft vergessene Starigrad.

Die Lovišče-Bucht

Wir beginnen bei der Betrachtung der Marinas der Insel HVAR bei den Segelhäfen an der Nordküste:

Liegeplatz Jelsa
Im Zentrum des charmanten Ortes finden wir einen ■ **Kai mit Moorings, Strom und Wasser**
≡ **Ambiente:** Ein Anleger vor dem Gasthaus, was will man mehr? Nehmen Sie sich doch nach dem Anlegen einfach etwas Zeit und wandern Sie durch die Gassen, Sie werden vieles entdecken, was ich weiter unten kurz skizziere.
Anfahrt: ⊕ **43°10,1'N-016°42,4'E.**

Jelsa, Anleger vor zwei netten Gasthäusern.

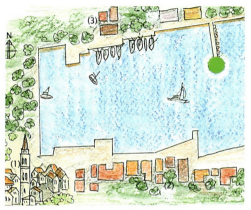

Jelsa. (1) Burgkirche, (2) Konoba Bussola (Tel.: 021-765 527), (3) Restaurants Napoleon (Tel.: 099-9 690 045) und Arsenal (Tel.: 021-761 701).

Die Burgkirche Hl. Marija von 1331 und den schönen Sveti Ivan-Platz aus der Zeit der Renaissance sollten Sie sich ansehen sowie die Reste der alten Wehrmauer.
Wenn Sie die Insel im Juni besuchen, werden Sie Zeuge der Lavendelernte, die nach uralten Regeln erfolgt. Überall duftet es und wenn Sie wollen, können Sie auch bei der Ernte helfen, so richtig dabei sein. In den Touristenbüros erhalten Sie entsprechende Informationen.
Jedes Jahr am letzten Wochenende des August feiern die Einwohner und die Besucher mit einem großen Folkeloreprogramm das bekannte Weinfest von Jelsa.

Schöner Brunnen in einem historischen Innenhof.

Wir segeln an der Nordküste von HVAR weiter westwärts. Nach 2 sm erreichen wir Vrboska mit einer gut eingerichteten ACI-Marina. Bei der Anfahrt auf einem recht schmalen Meeresarm erhält man den Eindruck, sich auf einem Fluss zu bewegen, wo man schon die ersten Möglichkeiten zum Anlegen findet, viel später erst erreichen wir die komfortable Marina Vrobska.

ACI-Marina Vrboska/HVAR

80 Plätze, 5 m, CRO 100-25,26, MK 19,
Tel: 021-774 018, Fax: 021-774 144,
m.vrboska@aci-club.hr, www.aci-club.hr
UKW-Kanal 17
(T) Tankstelle

■ Kai mit Moorings, Strom und Wasser. Die Wassertiefe beträgt hier nur 2–3 m.
Liegegebühren: B
≡ **Ambiente:** Eine ruhige Marina im Schatten eines großen Pinienwaldes.
Anfahrt: ● **43°10,6'N-016°41,1'E.** Hafenhandbücher: IIIC-D-2-h/22 sowie »808 Häfen«, S. 78
Versorgung: Am Liegeplatz finden wir Marina-Standard, eine Wäscherei, WLAN, Tankstelle mit 2 m Wassertiefe. Im Ort gibt es die besondere Weinstube Lavcevic, wo man häufig Livegesang dalmatinischer Lieder erleben kann. Einen Busbahnhof für Ausflüge über die ganze Insel findet man direkt vor der Rezeption.
Alternativer Liegeplatz: ■ **Marina Jelsa**

Marina Vrboska.

Vrboska

Sehr selten und sehenswert ist die fensterlose Kirchenfestung Sv. Marija aus dem 16. Jh., sie ist wahrhaftig wie eine Festung gebaut mit vielen Zinnen und Schießscharten. Wenn man sich diesem eigenwilligen Gebäude auf der Straße nähert, könnte man auf den ersten Blick denken, ein steinernes Schiff zu sehen. Diese kleine Trutzburg ist einmalig in ihrer Art und in deren Entstehung. Es geschah in Zeiten der ständigen Bedrohung durch die Türken, da haben die Einwohner selbst ihre Kirche zu einer Festung umgebaut, um sich bei Überfällen durch eine Flucht dort hinein retten zu können.

Die alte Wehrkirche von Vrboska.

Kakteen bilden ein undurchdringliches Dickicht.

Nun umfahren wir den nördlichen »Lappen« der Insel HVAR und halten in der tiefen Bucht wieder nach Osten auf die Stadt Starigrad zu.

Starigrad mit Hektorovic-Schloss. (1) Restaurant Kod Barba Luke (Tel.: 021-765 206).

Hafen Starigrad/HVAR
Tiefe 4,5 m, CRO 100-26
■ Hafenpier mit Moorings, teilweise Strom und Wasser (wenige freie Plätze, viele Dauerlieger).
Anfahrt: 43°11,1'N-016°34,9'E. Hafenhandbücher: »808 Häfen« S. 77 sowie IIIC-D-2-h/12
Versorgung: Nahe dem Liegeplatz findet man Supermarkt, Ambulanz (Tel.: 021-765 122) und Restaurants. Pizza gibt es bei San Mario am Platz vor dem Hektorovic-Palast und im alten Steinhaus am Hafen findet sich das Restaurant Eremitaz. Das gute Restaurant Jurin Podrum hat jetzt größere Räumen, gleich am Hafen (Tel.: 021-765 804).

Starigrad
Ich empfehle Ihnen, einen Abstecher nach Starigrad zu unternehmen, wo immer Sie auf HVAR festgemacht haben. Wenn Sie den Bus nehmen, erwartet Sie für wenige Kuna eine abwechslungsreiche Fahrt mit wunderschönen Ausblicken. Und erst die Stadt selbst, Mittelalter pur. Hier sollten Sie einfach nicht vorbeifahren. Starigrad heißt ja »alte Stadt«, diese Siedlung wurde 385 vor Christi gegründet und trug den Namen Pharos. Was Sie heute sehen, ist eine Ansiedlung mit mittelalterlichen Straßenzügen.

Schlendern Sie mit mir durch die Gassen hinter der Hafenpromenade und schon sind wir im 16. Jahrhundert. Hier hat der Dichterfürst Hektorovic gelebt, der in Kroatien sehr verehrt wird. Sein kleines Schloss zwischen den Bürgerhäusern ist gut erhalten und wir werden es am anderen Vormittag besuchen. Im Hof hat der Adelsherr einen Teich mit direktem Zufluss vom Meer bauen lassen, um immer frische Meerestiere für seine Gäste zu haben. Wenn Sie durch die alten Viertel wandern, legen Sie bitte auf dem Platz Skor eine kleine Pause ein, hier ist der Charme des Mittelalters noch voll erhalten.

Der interessante Platz Skor in Starigrad.

Ich habe mich schon mehrmals in den engen Gassen verlaufen und bin dann in noch verwunscheneren Winkeln wieder heraus gekommen. Das Besondere an dieser uralten Stadt ist, dass sie nach wie vor (oder wieder) bewohnt ist. Und am Abend öffnen sich dann Türen, durch die man in kleine Höfe blicken kann, vielleicht mit einer kleinen Palme zur Dekoration.

Wenn die Sonne verschwunden ist, kommen die Bewohner aus ihren Häusern und erholen sich bei Gesprächen mit den Nachbarn in der kühlen Luft der schmalen Gassen. Plötzlich steht man vor einem kleinen Gasthaus, auf engstem Raum sind einige wenige Tische aufgestellt. Eine schmale Treppe führt ins Obergeschoss mit einmaligen Ausblicken über die Dächer der alten Siedlung hinweg.

Altstadt Starigrad.

Im Schloss des Dichterfürsten Hektorovic.

Immer wieder hat man neue Ausblicke über uralte Dächer, Erker und Schornsteine. Wir sind im Mittelalter angekommen. Gleich werden wir in einer kleinen Gostionica willkommen geheißen, den lokalen Wein zu probieren und evtl. auch ein gutes Abendessen zu uns zu nehmen.

Es wird schnell schattig in den engen Gassen.

Die Stadt Hvar

Wir sind nun in einer anderen Welt. Die Riva in dieser berühmten Stadt vergleiche ich gern mit St. Tropez. Hier legen die modernen Riesenyachten an, obwohl es hier in Bezug auf Wind und ebenso wegen des starken Verkehrs auf dem Wasser sehr unruhig ist. Wir Freizeitskipper halten besser zur komfortablen Marina Palmižana auf den gegenüber liegenden PAKLENI-Inseln und fahren mit dem Taxiboot nach Hvar.

Hafen Hvar. (1) Kathedrale, (2) Theater, (3) Galeerensaal.

Riva Hvar
CRO 100-26
■ Steinpier mit Moorings, Strom und Wasser.
Anfahrt: ⊕ **43°19,1'-016°26,3'E.**
≡ **Ambiente:** Anlegen wie die Galeeren früherer Zeiten.
Versorgung: Cafés, Restaurants, Ambulanz (Tel.: 021-741 300), (T) Tankstelle.
Alternativer Liegeplatz:
■ ACI-Marina Palmižana (gegenüber auf den PAKLENI-Inseln, siehe Seite 201).

⌂ Rundgang um die Piazza

Das Zentrum von Hvar ist der große Stadtplatz voller Charme und Anmut. Prächtige Palais an seinen Längsseiten und die herrliche Fassade der Kathedrale des Heiligen Stephan verleihen dem Platz seinen besonderen Charakter. Die dreischiffige Kirche hat neun Barockaltäre aufzuweisen, z. T. mit Gemälden von italienischen Meistern geschmückt. Der einzigartig schöne Platz ist Mittelpunkt und Prunkstück der Stadt. Von hier aus haben Sie einen freien Blick auf den gut erhaltenen Uhrturm und die Stadtloggia aus dem 16. Jh., heute Teil des Hotels Palace. Am Hafen finden Sie auch das älteste Gemeindetheater Europas von 1612, gebaut über dem Arsenal. In der venezianischen Herrscherzeit diente es als Trockendock für Kriegsgaleeren, in das man direkt einfahren konnte.

In der interessanten Altstadt von Hvar.

⌂ Der Hvarer Sommer
In der Hochsaison finden im Kreuzgang des Franziskanerklosters und in der Kathedrale sehenswerte Kunstausstellungen und Konzerte statt.

⌂ Gemäldesammlung im Kloster
Italienische Meister sowie handbemalte Bücher sind im Kloster zu besichtigen und im Garten steht eine Zypresse mit einem Alter von 500 Jahren.
Die Stadt Hvar ist wie ein Amphitheater angelegt und voller mediterraner Schönheit. Unten die mit Palmen bestandene Hafenbucht, der Hauptplatz mit der Kathedrale Sv. Stepana und das Galeerenarsenal, oben die Festung, Symbol unumschränkter Herrschaft.

Die antike Galeerenhalle wurde 2009 renoviert.

Hafenpromenade und Anlegepier von Hvar.

Die Vinogradišče-Bucht in den PAKLENIS.

Die PAKLENI-Inseln (Sv. KLEMENT)

Die PAKLENI-Inseln mit der Marina Palmižana stellen ein fast unberührtes ökologisches System dar. Deshalb ist es Naturliebhabern empfohlen, auch zwei Tage dort zu verweilen, um auf schattigen Wegen ein wenig zu wandern und zu relaxen. Neben der komfortablen Marina Palmižana findet man dort mehrere ruhige Bade- und weitere Ankerbuchten mitten im Pinienwald.

Für Taucher vielleicht interessant: Hier soll bei der kleinen Insel STAMBEDAR an einer Unterwasserwand ein Wald roter und violetter Gorgonien zu sehen. Sie sollen an der Adria sehr selten vorkommen. Empfehlenswerte Gaststätten erreicht man auf einem kurzen Spazierweg zur Ankerbucht. Von der Marina aus geht es dazu an der offenen Bar vorbei durch den Wald zu zwei guten Lokalen. Zuerst erreicht man das Restaurant Meneghello, ein sehr bekanntes Haus mit exzellenten Speisen (Tel.: 021-712 270). Und in Sichtweite direkt über den Masten der ankernden Yachten in der Vinigradisce-Bucht liegt wenige Meter weiter die Konoba Zori mit herrlichem Ausblick über die große Bucht auf der Südseite der Insel (Tel.: 021-718 231). Hier genießen Sie unter hohen Palmen bei exzellenter Küche und guten lokalen Weinen Karibik-Ambiente.

Wir nehmen Abschied von der Adria.

Vielleicht 1,5 sm östlich der Hauptinsel von Sv. Klement liegt die »Nebeninsel« Insel MARINCOVAC.

Insel MARINCOVAC
(Siehe Zeichnung S. 202). MARINCOVAC ist ganz anders als ihre berühmte große Schwesterinsel, aber ebenfalls wert, angelaufen zu werden. Auf diesem kleinen Fleckchen gibt es mehrere gute Ankerbuchten und an allen Restaurants Festmachebojen für die Gäste.
Anfahrt: ● **43°10'N-016°25,4'E.**

Marina Palmižana

Nur 2 sm südlich der alten Stadt Hvar liegt von dichtem Wald umgeben in einer tiefen Bucht der PAKLENI-Inseln eine der schönsten Marinas. Von hier kann man mit dem Taxiboot jeder Zeit nach HVAR übersetzen.

HVAR/Marina Palmižana.

ACI-Marina Palmižana auf den PAKLENI-Inseln

165 Plätze, 5 m CRO 100-22,25,26, MK 19, geöffnet vom 1.3. bis 30.10. Tel: 021-774 995, Fax: 021-774 985, m.palmizana@aci-club.hr, www.aci-club.hr
UKW-Kanal 17

■ Schwimmstege mit Moorings, Strom und Wasser

≡ **Ambiente:** Grüne Oase in der blauen Adria.
Anfahrt: 43°09,9'N-016°23,9'E. Hafenhandbücher: IIIC-D-2-h/51 sowie »808 Häfen«, S. 76

Versorgung: Am Liegeplatz: Marina-Standard, Wäscherei. Mein Lieblingsplatz nach dem Anlegen ist die Bierbar mit bequemen Sesseln am inneren Ende der Bucht. Wo wir zum Essen hingehen, habe ich Ihnen bereits auf Seite 201 verraten.

Marina Palmižana. (1) Bierbar mit bequemen Sesseln, (2) Restaurant Meneghello, (3) Konoba Zori, (4) Vinigradisce-Bucht.

Ein ruhiger Ankerplatz an den PAKLENI-Inseln.

An den Küsten der Inselgruppe gibt es viele schöne Buchten.

Liegeplätze in Buchten
⊕ **Vinogradišče-Bucht**
An der Südküste des Inselarchipels liegt eine beliebte Bade- und Ankerbucht. Von hier aus kann man mit dem Beiboot leicht auch die Konoba Zori unter Palmen erreichen.
Anfahrt: ⊕ **43°09,8'N-016°23,5'E.**

Weitere Buchten an der Südflanke des Inselarchipels der PAKLENIS (CRO 100-26, MK 19).
⊕ **Die Soline-Ankerbucht**
Anfahrt: ⊕ **43°09,4'N-016°21,5'E.**
Östlich der Vinogradišče-Bucht an der Südküste der Inselgruppe der PAKLENIS findet man Bojen des Restaurants und viel Platz zum Ankern. Mit dem Beiboot gelangt man zu einem ebenfalls guten Gasthaus.
An der Südküste der Insel liegen weitere Ankerbuchten, viele bieten auch bei Bora guten Schutz.

Minuten der Einkehr vor dem Start zum nächsten Ziel.

Teil 9:
Süddalmatien

Film »Süddalmatien« zum Herunterladen unter
http://filme.pietsch-verlag.de/50647/

Süddalmatien Teil A

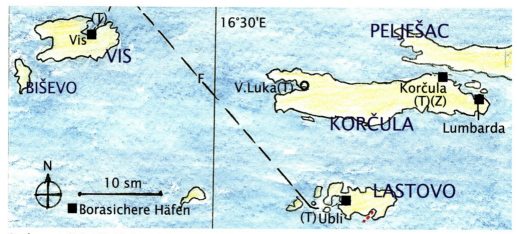

Seekarten CRO 100-22, 25-27, MK 17, 21-26.

Süddalmatien Teil B

(T) Tankstellen, (#) Flughafen, (Z) Zoll/Einklarierung, -F- Fähre zum Festland.

Umfang des Reviers

Teil 9 beschreibt das Gebiet der Inseln VIS, BIŠEVO, KORČULA und LASTOVO und weiter die Festlandküste von Ston bis Dubrovnik sowie die Halbinsel PELJEŠAC und die Inseln MLJET, ŠIPAN, LOPUD und KOLOCEP.

Seewetterberichte

Alle zehn Minuten sendet Dubrovnik Radio (UKW-Kanal 73) Seewetterberichte, auch in deutscher Sprache.
Ausführliche Vorhersagen in Englisch empfangen Sie auf den UKW-Kanälen 04 und 07 um 10:35, 14:35 und 22:35 Uhr Sommerzeit.

Hafenhandbücher

Hafenhandbuch Mittelmeer Teil III C Adria Süd (Kurz III C) D-3-a, b, c sowie »808 Häfen und Buchten« (kurz »808 Häfen«) Seite 82-94.

Insel VIS

Die Insel VIS wird auch als »Insel der Kirchen und Weine« bezeichnet. Sie liegt weit draußen im Meer und hat so etwas wie den Geruch des Verbotenen an sich, denn sie war wegen ihrer militärischen Bedeutung von 1976 bis 1989 für Ausländer Sperrgebiet. Schon unter griechischer und dann unter römischer Herrschaft hat die Insel eine große Blütezeit erlebt. Wichtig dabei war immer der gute Wein, der zu den Besonderheiten im ganzen dalmatinischen Raum gehört, er hat auch das Auf und Ab der Geschichte mitgemacht und hat überlebt. Probieren Sie den Vugava oder den Plavac von dunkelrubinroter Farbe mit einem Alkoholgehalt von 12 bis 13,5 %.
Die Stiniva-Bucht an der Südseite der Insel ist noch ein Geheimtipp. Sie kann auf dem Landweg nicht erreicht werden und hat wohl so ihre ursprüngliche Schönheit bewahrt. Wenn Sie dort den Anker werfen, liegen Sie zwischen hohen Felsufern, fast wie in einer unwirklichen Welt.
Wir halten weiter westlich nach Komiža, zu einer dalmatinischen Fischersiedlung mit einem weithin bekannten Fischereimuseum. Die beiden Liegemöglichkeiten an der Südseite von VIS bieten einen passablen Ankergrund und in der Mala Travna ein kleines Sommerrestaurant.

Einfahrt in die Stiniva-Bucht/VIS.

Die Buchten Mala und Vela Travna
Anfahrt: 43°05'N-016°11,2'E.

Uvala Ruda
Anfahrt: 42°50'N-016°12,2'E.
Hier findet man einige Festmachebojen und ein nettes Gasthaus.

Kulinarisches

Pasticada ist Kalbfleisch, das in eine spezielle Marinade eingelegt und in einer Soße aus Wein, Zwiebel, Möhren und getrockneten Pflaumen gereicht wird.

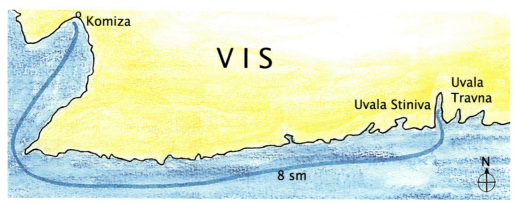

Südküste der Insel VIS.

Komiža auf VIS
30 Plätze, 6 m, CRO 100-22

■ Liegeplätze an der Innenseite des Wellenbrechers mit Moorings. Man liegt hier recht sicher, lediglich bei starken Winden aus S bis SW muss mit Schwell gerechnet werden. Beachten Sie bitte, bei Niedrigwasser kann die Kaimauer für flachere Yachten sehr hoch sein, deswegen legen sich kleinere Schiffe mit dem Bug zum Kai.
≡ **Ambiente:** Harmonischer Einklang zwischen Hafen und mediterranem Dorf.
Anfahrt: ⊕ **43°00,0'N-016°03,6'E** (Rt. Stupisce), bei Ansteuerung aus südlichen und östlichen Richtungen. ⊕ **43°03,3'N-016°02,4'E** bei Anfahrt aus N (Insel BARJAK). Wegen vorgelagerter Untiefen sollte man den Molenkopf mit ca. 20 m Abstand umfahren. Hafenhandbücher: »808 Häfen«, S. 74 sowie IIIC-D-2-h/55
Versorgung: Nahe dem Liegeplatz viele Wasser- und Stromanschlüsse. Ein sehr gutes Restaurant ist die Konoba Bako. Von dort haben Sie auch immer einen Blick zu Ihrem Schiff. Es erwarten Sie exzellente Speisen und Getränke. Bitte Tisch auf der Terrasse reservieren! (Tel.: 021-713 008.) Außerdem finden Sie im Ort: Postamt, Apotheke, Supermärkte, Bäcker, Ambulanz (Tel.: 021-713 122 und 089-371 210).

VIS ist die Insel der Kapern. Das Besondere daran ist, sie wachsen auf Felsen dicht am Meer und haben deshalb ein von Feinschmeckern besonders geschätztes Aroma.
Ich empfehle nach dem Festmachen einen Gang durch den Ort, wenn Sie früh genug angekommen sind. Sie finden hier in meiner Beschreibung des Platzes viele Anregungen für kleine Ausflüge und auch für eine Fahrt zur Insel BIŠEVO mit einem Kutter (Seite 207).
Einen guten Rundblick haben Sie vom Turm des Kastells. Gehen Sie auch hinauf zum alten Kloster mit der Pfarrkirche des heiligen Nikolaus. Es steht eingebettet zwischen Zypressen auf einem der Weinberge, woher der gute Plavac kommt, den Sie hier probieren sollten. Sie sehen das Bauwerk schon von weitem etwas außerhalb des Ortes.

Altes Kastell aus dem 16. Jh, heute Fischereimuseum von Komiža.

Am Fischerhafen Komiža auf VIS.

🏠 **Das Kastell in Komiža** kann man besteigen.
An der mit Palmen eingesäumten autofreien Hafenpromenade fällt gleich der Uhrturm aus dem 16. Jh. auf. Heute beherbergt das Kastell ein sehenswertes Museum, das die glorreiche Fischereigeschichte der Insel wiederspiegelt. Hier kann man eine Gaeta Falkusa sehen, das letzte Exemplar der in den Zeiten der Segelschifffahrt hochseetüchtigen 9 m langen Fischerbarken in der Adria. Diese Schiffe wurden mit fünf Mann gerudert, dazu hat man wenn möglich noch ein Segel gesetzt.

Insel BIŠEVO

Wenn Sie in Komiža festgemacht haben, haben Sie Gelegenheit, diese Insel zu besuchen, die wegen ihrer Meereshöhle Modra Spilja bekannt ist. Ich habe die »Blaue Grotte« bisher immer mit dem offiziellen Boot besucht, weil es in der Nähe der Grotte kaum Anlegemöglichkeiten gibt. Die Tikkets erhalten Sie im Touristbüro in Komiža an der Promenade.
In der Höhle erleben Sie ein Lichtspektakel, das durch einen unter der Wasseroberfläche liegenden Felsspalt hervorgerufen wird, durch den zu bestimmten Zeiten Sonnenlicht in die Höhle fällt. Die Leuchtkraft wird mit der von Capri verglichen. Wenn das Wasser ruhig ist, brechen sich die Sonnenstrahlen in der Grotte und alles wird in ein leuchtend blaues Licht getaucht. Im Kontrast dazu schillert das Wasser mit silbernem Effekt (meiner Erfahrung nach am schönsten zwischen 11 und 12 Uhr).

Im Norden der Insel VIS liegt der Ort Vis, ein Fährhafen mit vielen Anlegemöglichkeiten entlang des gesamten Stadtkais.

Riva Vis
60 Plätze/6 m, CRO 100-22, Einklarierung 1.4. bis 31.10., Tel.: 021-718 746, Fax: 021-718 747, Issa.adria.nautika@st.t-com.hr
(T) Tankstelle
🔴 Anlegemöglichkeiten am gesamten Stadtkai südlich des Fähranlegers und zwischen Vis selbst und dem Ortsteil Kut. Sie haben hier alle Einkaufsmöglichkeiten und Restaurants in nächster Nähe, allerdings auch den lokalen Verkehr auf der Straße gleich neben dem Steg.

Riva Vis. (T) Tankstelle, (E) Einklarierung, (F) Fähranleger.

Blick zum Kloster Vis.

Ich bevorzuge, wie schon ausgeführt, den Anlegeplatz in Komiža an der Westküste der Insel, aber auch in diesem Bereich gibt es einige Ankerbuchten.

Liegeplätze im Ortsteil Kut
🔴 Anleger mit Strom und Wasser
Anfahrt: 43°04,5′-016°12,4′E. Bei Bora kann der Hafen nicht empfohlen werden! Hafenhandbücher: IIIC-D-2-h/56 sowie »808 Häfen«, S. 74
Versorgung: Nahe dem Liegeplatz finden Sie Wasser- und Stromanschlüsse, einen Supermarkt und mehrere Restaurants, z. B. das Pojoda in Kut (Tel.: 021-11 575), hier wird Kennern zufolge der beste Grillfisch an der ganzen Adria serviert.

Liegeplätze in Buchten
An der Nordküste der Insel VIS finden Sie dicht beim Leuchtturm ebenfalls ruhige Ankerplätze in der ⚓ **Stonica-Bucht**
Anfahrt: 43°04,7′N-016°15,2′E.
In dieser Bucht wartet das bekannte Lokal Stonica auf Sie, wo Fisch und Fleischgerichte »aus dem Eisentopf« serviert werden (Tel.: 021-711 669).

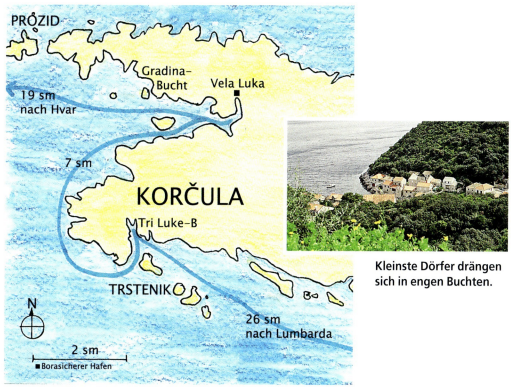

KORČULA Westteil.

Insel KORČULA

Der Westteil der Insel ist urbaner, wesentlich einfacher als der Ostteil mit der berühmten Stadt Korčula. Wir Fahrtenskipper finden hier eine Reihe guter Buchten und kleiner urbaner Anleger.

Hafen Vela Luka/KORČULA

25 Plätze/4 m, CRO 100-25

🟦 Kai mit Moorings nahe der Tankstelle. Man liegt recht sicher, außer bei starken Westwinden.

Anfahrt: 🔴 **42°57,9'N-016°40,6'E** (nördlich OSJAK). Wegen vieler flacher Stellen empfiehlt es sich, die Insel PROZID zu umfahren. Hafenhandbücher: IIIC-D-3-b/31 sowie »808 Häfen« S. 84

Versorgung: Wasser und Strom an der Pier, Ambulanz Tel.: 020-812 040, Apotheke, Busse nach Korčula Stadt sowie Fährverbindungen nach Split, Hvar und Ubli.

Kleinste Dörfer drängen sich in engen Buchten.

Vela Luka am westlichen Ende von KORČULA ist ein willkommener erster Anlaufpunkt auf der Insel, wenn man aus westlichen Richtungen anfährt.

Vela Luka ist bekannt geworden durch seinen Heilschlamm, der hier gewonnen wird, und auch durch spezielle Gesänge, die besonders hier gepflegt werden.

Wenn Sie von NE her nach Vela Luka einfahren wollen, beachten Sie bitte an der Insel PROZID den Hinweis, dass nur Schiffe mit geringem Tiefgang die Fahrt abkürzen und mit steter Beobachtung des Echolotes die maximal 3 m tiefe Passage zwischen den Inseln PROZID und KORČULA nehmen können. Achten Sie hier bitte auch auf einen Felsen und eine Untiefe nördlich der Durchfahrt.

(Mein Rat: Umfahren Sie die Insel PROZID, dann sind Sie auf der sicheren Seite.)

Es gibt in der Hafenbucht nördlich von Vela Luka und an der Südküste von KORČULA eine Anzahl schöner Buchten zum Baden, aber auch als Liegeplatz für eine Nacht.

Hier hat man diese Ankermöglichkeiten:
⚓ **Grscica-Bucht**
Anfahrt: ⊕ **42°54,2'N-016°46,7°E.**
Ein recht geschützter Liegeplatz für eine Nacht.
⛔ **Prizba-Bucht**
An der Südküste von KORČULA
Anfahrt: ⊕ **42°54,2'N-016°48,2'E.**
⚓ **Ankermöglichkeiten**
⚓ **Triluke-Bucht**
Dieser Ankerplatz, ebenfalls an der Südküste der Insel, hat überwiegend felsigen Grund. Der mehrarmige Liegeplatz versteckt sich hinter der kleinen Insel TRSTENIK.
Anfahrt: ⊕ **42°55,2'N-016°40,4'E.**

Auf dem Weg nach Korčula Stadt sehen sie ein äußerst interessantes Ufer und viele kleine Inseln an Bb.

Fischer sind Frühaufsteher.

Die Insel KORČULA, dicht am Festland gelegen, ist die größte und wichtigste Insel in diesem Revier. Wie überall in Dalmatien gab es hier in den letzten 2000 Jahren einen häufigen Herrschaftswechsel. Lange Zeit waren die Griechen die Herren im Lande, dann kamen die Römer, darauf die Venezianer und später die kroatischen Könige. Alle haben die Stadt Korčula und das Hinterland zerstört und wieder aufgebaut, alle haben Kunst- und Bauwerke hinterlassen, von denen einige noch sehr gut erhalten sind.

Die Stadt Korčula

Korčula ist auf einer Fläche von 200 x 300 m eine der schönsten mittelalterlichen Ansiedlungen Dalmatiens mit gut erhaltenen Festungen, Stadtmauern, Palästen und Kirchen. Der Legende nach – denn Unterlagen darüber existieren nicht – soll sie von einem trojanischen Prinzen gegründet worden sein, dessen Name neben dem von Marco Polo fest mit der Stadt verbunden ist.

Im Süden zeigt die Insel eine recht steile Küste, im Norden ist sie wesentlich flacher. Das Innere dagegen imponiert durch Höhenzüge, die mehr als 500 Meter erreichen. Bei der Anfahrt und auch bei Landgängen fallen immer wieder die grünen Wälder und duftenden Mittelmeerpflanzen auf. Und Sie werden häufig die immergrünen Steineichen antreffen, sie waren Jahrhunderte lang Grundlage des erfolgreichen Schiffsbaues auf dieser Insel.

Ganzjährig genießt man hier ein sehr mildes Klima, das zeigt sich auch an der üppigen Vegetation. An den Wegen rings um die Dörfer und in den Gärten wachsen Mandel- und Feigenbäume und die sonnigen Hänge sind ideale Standorte für große Olivenhaine. Auch im Weinanbau hat KORČULA eine lange Tradition und kredenzt seinen Gästen Tropfen mit für Kenner sehr wohlklingenden Namen, wie Grk, Rukatac und Posip.

Die Insel ist durch zwei Fährlinien mit dem Festland verbunden, die Hauptstadt selbst mit Orebic auf der Halbinsel PELJEŠAC und Vela Luka mit Split. Für uns Wassersportler ist es wichtig zu wissen, dass es im Ostteil der Insel zwei sehr sichere Anlegeplätze gibt, die Marinas Korčula und Lumbarda.

Anreise

Die bequemste Form der Anreise ist die mit der Küstenfähre Jadrolinija. Um 18 Uhr steigt man in Rijeka ein und erreicht Korčula Stadt am anderen Tag gegen Mittag (Informationen über Details: www.jadrolinija.hr).

Auf eigenem Kiel – z.B von den KORNATEN oder HVAR kommend – steuert man die Meerenge zwischen PELJEŠAC und KORČULA am Rt. Kneze an:
⊕ **42°59,0'N-017°03,3'N**

Von hier aus liegt die Stadt Korčula mit der komfortablen ACI-Marina nur noch wenige Seemeilen in östlicher Richtung voraus. Aus südlichen Anfahrtsrichtungen ist das östliche Ende der Insel, das Rt. Racnjic ein passender Bezugspunkt.

Anfahrt: ⊕ **42°55,0'N-017°12,6'N**.

Die komfortable Marina Korčula bietet Liegeplätze direkt vor der Silhouette der alten Stadt.

ACI-Marina Korčula

150 Plätze/4,5, CRO 100-25,27, MK 22,
Tel.: 020-711 661, Fax: 711 748,
m.korčula@aci-club.hr, www.aci-club.hr
UKW-Kanal 17
(T) Tankstelle
■ Stege mit Moorings, Strom und Wasser
Liegegebühren: C
≡ **Ambiente:** Einmalige Lage inmitten der antiken Stadt.
Anfahrt: ⊕ **42°57,8'N-017°08,4'E** (Bezugspunkt ist die Altstadt-Stadtmauer). Hafenhandbücher: »808 Häfen« S. 86, IIIC-D-3-b/11
Versorgung: Am Liegeplatz: Marina-Standard, Apartments, Wäscherei, WLAN. Die nächste Tankstelle (T) befindet sich 0,5 sm östlich neben der neuen Fährpier. In der Stadt Supermarkt und alle Geschäfte für Artikel des täglichen Bedarfs, eine Ambulanz (Tel.: 020-715 094), Motorservice (Tel.: 020-711 168). Der Busbahnhof befindet sich direkt vor der Rezeption, Fährlinien gibt es nach Orebic, Rijeka, Dubrovnik, Split.
Alternative Liegeplätze: ■ **Marina Lumbarda** (Seite 216).

ACI-Marina Korčula vor den Toren der historischen Altstadt.

Korčula, Marco Polos Stadt

Von der Marina sind es nur wenige Schritte bis zum Eingang in die Stadt, befestigt mit dicken Mauern und vielen Wehrtürmen.

Korčula ist eine der besterhaltenen mittelalterlichen Städte des Mittelmeerraumes mit harmonischer Architektur. Über eine neobarocke Steintreppe gelangen wir zu dem gut erhaltenen Landtor, dem Eingang in die Altstadt, die auf einer von Mauern umgebenen Halbinsel liegt. Sofort sind wir gefangen genommen von den gut erhaltenen Fassaden der herrschaftlichen Häuser dieser Zeit. Zu beiden Seiten beeindrucken Paläste und Kirchen, wie die vierschiffige Kathedrale des Heiligen Markus aus dem 15. Jh. sowie das Dominikanerkloster mit der Kirche St. Nikolaus. Dicht dabei finden wir den prächtigen Bischofssitz. Betreten wir dagegen eine der schmalen Querstraßen, finden wir nach wie vor das ursprüngliche Leben dieser eher bäuerlichen Inselstadt. Dabei fällt auf, dass die Gassen nicht exakt geradeaus angelegt sind, sondern einen leicht gekrümmten Verlauf nehmen. So hat man im Sommer mehr Schatten, und im Winter wird der kalte Wind in seinem Lauf gebremst.

Die Phase der höchsten Blüte hat die Stadt zwischen 1420 und 1797 unter venezianischer Herrschaft erlebt, denn durch den schmalen Isthmus zwischen KORČULA und dem PELJEŠAC lief in dieser Zeit fast der gesamte Schiffsverkehr. Diese Wasserstraße war für Venedig aus Sicherheitsgründen und natürlich wegen der dort kassierten »Wegezölle« enorm wichtig. Deshalb wurde die Stadt mit massiven Mauern umgeben, die man heute noch sieht. Damit war Korčula praktisch nicht einnehmbar. Die alles überragende Kathedrale vereint viele Baustile, sie hat spätromanische Elemente, wie das Hauptportal. Ein Seitenportal, das in die Sakristei führt, ist der Renaissance zuzuordnen.

In Korčula soll 1254 ein Mann geboren worden sein, der bekannter war als die meisten Herrscher dieser Zeit: Marco Polo. Das mutmaßliche Geburtshaus kann man besichtigen.

Die Stadt ist unendlich reich an weiteren historischen Bauwerken und Befestigungsanlagen. Machen Sie doch einen Spaziergang zum Domplatz. Hier ist das Zentrum von Korčula mit den Patrizierhäusern, dem Bischofspalast und der Markus-Kathedrale. Sie bilden in vollendeter Harmonie eine mittelalterliche Einheit, wie man sie nur noch selten antrifft.

Auf unserem Rundgang sehen wir weiterhin das Renaissance-Rathaus mit offener Loggia von 1515 sowie das Dominikanerkloster mit der Kirche St. Nikolaus.

Anfahrt auf die Marina Korčula.

Für eine kurze Ruhepause mit Cappuccino sitzt man inmitten dieser antiken Welt immer gut auf der Terrasse des Hotels Korčula direkt am Stadthafen. Hier befinden Sie sich inmitten der antiken, einst so wichtigen Welt, und wenn Sie stilvoll dinieren möchten, gehen Sie in den Gewölbekeller in der Altstadt. Dort findet sich das traditionsreiche Restaurant Adio Mare, wo viele Spezialitäten der Insel serviert werden, (Tel.: 020-711 253).

🟢 **Die Moreska-Ritterfestspiele** sind seit 400 Jahren bekannt, aber nur noch in Korčula ist dieses Brauchtum erhalten geblieben. Anlass war die Abwehr der algerischen Angriffe von 1571. Man feierte so den Sieg der Christen über die Mauren. Die Geschichte: Moro, der Sohn eines arabischen Fürsten, entführt die Verlobte eines weißen Königs. Der Schwertkampf soll entscheiden, wem die Schöne schlussendlich gehören soll.

Eingang zur Kathedrale von Korčula.

Kampf zwischen Schwarz und Weiß.

Das Landtor, Eingang zu Stadt Korčula.

Der wahre Hintergrund des Spiels ist der erbitterte Kampf um die Stadt Korčula, der hier symbolisch, tänzerisch verspielt, gezeigt wird.

Wir lernen aus dem Stück, dass mit der »Schönen« die Stadt selbst gemeint ist, und da kann ich ohne zu zögern zustimmen. Schauen Sie diesem Spektakel einmal zu und erfahren Sie selbst, ob das Gute tatsächlich siegt.

Auf der Fahrt nach Süden passieren wir nun die ehemalige Klosterinsel BADIJA mit einem Ankerplatz vor dem weithin bekannten Restaurant. BADIJA liegt wie ein Bollwerk vor der Einfahrt zur Stadt Korčula und das war es auch in frühen Zeiten. Auf der Insel existiert ein Franziskanerkloster und eine Marienkirche aus dem 14. Jahrhundert. Die Insel BADIJA gibt auch uns Skippern guten Schutz bei Bora. In diesem Falle legt man sich an die dicht mit Kiefernwald bestandene Südküste. Am östlichen Ende der Insel KORČULA, nur 2 sm von der Hauptstadt entfernt, befindet sich im Ort Lumbarda eine weitere Marina, die ich als Liegeplatz bevorzuge.

Der kleine Ort Lumbarda

Lumbarda hat keine großartige Vergangenheit zu bieten, die Gegend ist lediglich für ihre Weinberge bekannt, wo die sehr fruchtige Rebsorte Grk gedeiht. Für uns wichtig: Von hier ist man mit dem Bus oder einem kleinen Motorboot schnell in der Stadt Korčula, aber ebenso schnell wieder aus dem Touristenrummel heraus. Wegen dieser Umstände schätze ich den Liegeplatz Lumbarda sehr.

Marina Lumbarda

115 Plätze, CRO 100-25, Tel.: 020-712 489,
Fax: 020-712 479, lucica-lumbarda@htnet.hr
UKW-Kanal 17
■ Stege mit Moorings, Strom und Wasser und jetzt mit neuen Sanitäranlagen bei den Stegen.
≡ **Ambiente:** Ruhig, beschaulich mit dem Pluspunkt der Nähe zu Korčula Ort.
Anfahrt: ⊕ **42°55,8'N-017°10,6'E.** Hafenhandbücher: »808 Häfen«, S. 86, IIIC-D-3-b/13
Versorgung: Am Liegeplatz hat man Marina-Standard. Dicht bei der Marina ist ein großer Supermarkt und im Sommer Boot und Bus nach Korčula Stadt und zurück (bitte in der Rezeption fragen).Gaststätten in Lumbarda: Mein Favorit ist die Konoba More (3) an der Hauptstraße mit absolut ruhigen Plätzen unten auf der Terrasse am Meer. Hier lassen wir es uns bei vorzüglichen Fischgerichten und lokalen Weinen bei jedem Besuch gut gehen. Unser Schiff haben wir von der Terrasse aus immer in Sichtweite, man kann ja nicht wissen, wann die Bora kommt (Tel.: 020-712 068).

Marina Lumbarda.

Von der Konoba More hat man einen direkten Blick auf die Marina Lumbarda.
(1) Badestrand, (2) Bus nach Korčula Stadt, (3) Konoba More.

Buchten nahe Korčula

⚓ **Die Kneza-Ankerbucht** an der Nordküste der Insel, ca. 4 sm westlich der ACI-Marina, ist ein Ausweichplatz.
Anfahrt: ⊕ **42°58,6'N-017°03,4'E.** Hier liegt man auch bei Bora recht gut geschützt.
An der Südküste der Insel KORČULA finden sich weitere Liegeplätze in Ankerbuchten:
⚓ **Pupnatska Luka**
Anfahrt: ⊕ **42°55,4'N-017°04'E.** Die Bucht schneidet fast 500 m in die Insel ein. Dort hat man sandigen Ankergrund auf 10 Meter Wassertiefe. Zwischen dieser Bucht und Lumbarda findet man mehrere kleine, mir allerdings unbekannte Buchten.

🔴 **Brna-Bucht** (»808 Häfen«, S. 85)
An der Südseite der Insel liegt ca. 8 sm westlich von Lumbarda der winzige Ort Brna, wo man an einem Kai mit Strom und Wasser anlegen kann. Es gibt hier ein Gasthaus und einen kleinen Laden.
Anfahrt: ⊕ **42°53,8'N-016°50,7'E.**

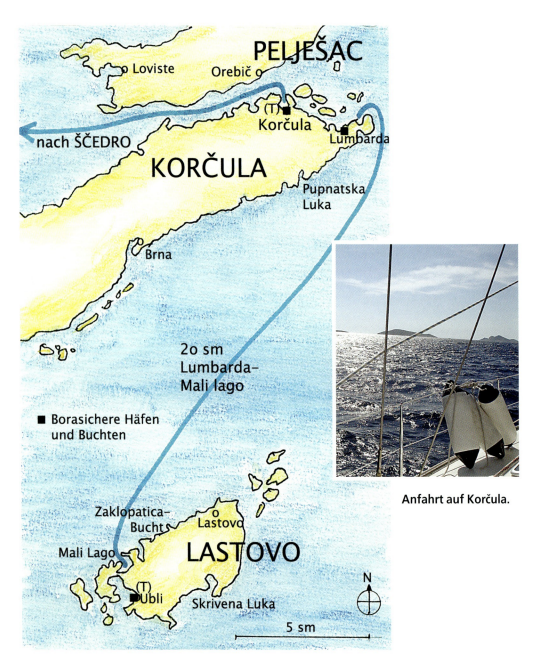

Anfahrt auf Korčula.

Insel LASTOVO

LASTOVO ist eine Insel weit draußen im Meer, für viele Yachten eine Tagesreise. Man findet dort aber noch vieles, was sich lohnt, entdeckt zu werden. Anregungen für einen Besuch der einsamen Insel im Meer habe ich ab Seite 217 zusammengestellt.

Wir bleiben an der Küste von KORČULA und laufen mit nördlichem Kurs auf die berühmte Stadt zu. Wenn Sie in der Hochsaison kommen, oder generell einen ruhigen Liegeplatz bevorzugen, legen Sie Ihr Schiff in die Marina Lumbarda, mehr auf Seite 216.

Insel LASTOVO

Die Insel LASTOVO liegt am Außenrand des gesamten Archipels und wird »Insel der Ruhe« genannt. Vielleicht auch deshalb, weil sie aus strategischen Gründen 50 Jahre lang für Ausländer gesperrt war. Noch heute kann man Reste der Schiffsbunker sehen, die in den Fels der Ufer hinein gebaut worden sind. LASTOVO ist seit 2006 ein Naturpark, deswegen wird von jedem Besucher eine moderate Besuchergebühr erhoben.

Die Pfarrkirche, die man besuchen kann, ist aus dem Jahre 1474, sie beherbergt einige wertvolle Gemälde von einem unbekannten Meister des 16. Jahrhunderts. Die einzige Verbindung von LASTOVO zur übrigen Welt ist die Fähre nach Split, sie legt im Dorf Ubli an. Von hier gibt es bei Ankunft des Schiffes einen Bus zum Hauptort Lastovo. Man kann sagen, die Insel ist nach wie vor etwas für Entdecker.

Marina Solitudo/LASTOVO
20 Plätze, 2 m, CRO 100-25, Tel.: 021-802 100, Fax: 021-802 444, lastovo-paradise.com
(T) Tankstelle in Ubli
🟦 Kai mit Moorings, Strom und Wasser, Sanitärräume befinden sich im Hotel
Anfahrt: ⊕ **42°45'N-016°49'E.**

Anleger Ubli/LASTOVO.

Über 600 Jahre lang gehörte LASTOVO zur Seerepublik Ragusa (Dubrovnik), dann waren Frankreich, England, Österreich und Italien die Besitzer, bis die Insel nach dem 2. Weltkrieg dem neu entstandenen Jugoslawien angegliedert wurde.

Die kleinen Dörfer auf dieser verlassen wirkenden Insel haben vielfach noch ihre graue Farbe von damals, sie sind sehr ruhig und bisher ohne größere Einrichtungen für Touristen. Die Stadt Lastovo auf einem Hang über dem Meer gelegen ist dagegen ein beeindruckendes Beispiel einer mediterranen Terrassensiedlung weit ab von jedem Rummel. Von dort oben hat man einen grandiosen Blick auf die umliegenden Inseln.

Jurjeva-Bucht (1) mit Marina Solitudo, (H) Hotel.

Liegeplätze
⚓ **Fähr-Pier im Ort Ubli**
Anfahrt: 🔴 **42°44,6'N-016°48,5'E**
Hafenhandbücher: »808 Häfen«, S. 82 sowie IIIC-D-3-c/21
Hier gibt es einige Einkaufsmöglichkeiten für den täglichen Bedarf und auch Gasthäuser.

Weitere Liegemöglichkeiten:
Die Zaklopatica-Bucht liegt an der Nordküste von LASTOVO, CRO 100-25
🔴 **Pier mit Moorings und Strom** entlang der Häuser am Westufer der Bucht sowie Anlegeplätze mit Moorings für die Gäste der Restaurants.
Mein Favorit ist das Triton, ein familiär geführtes Gasthaus mit hausgekelterten Weinen und eigenem Olivenöl (Tel.: 020- 801 161).
Anfahrt: 🔴 **42°46,6'N-016°52,6'E** (Die Passage östlich der kleinen Insel (Y) ist 20 m breit und 5 m tief).
Versorgung: im Ort: Lebensmittelladen, Postamt, Rollerverleih.

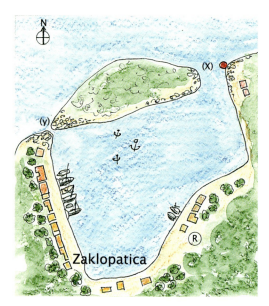

Zaklopatica-Bucht mit Restaurants (R), die für ihre Gäste Liegeplätze mit Moorings und Strom eingerichtet haben. (Y) Buchteinfahrt.

Das Kloster Orebic
Das Kloster Orebic ist ein sehenswertes Franziskanerkloster aus dem 15. Jh. oberhalb der Stadt. Man kann es zu Fuß in 30 bis 40 Minuten erreichen. Gehen Sie vom Hafen Orebic immer am Wasser entlang in nordwestlicher Richtung. Wenn die Hafenstraße nach rechts abbiegt, bleiben Sie weiter geradeaus und folgen dem öffentlichen schmalen Fußweg, der am Ufer entlang zu den drei Hotels führt. Hinter dem Hotel Rathaneum biegen Sie nach rechts ab und auf der Straße, die Sie überqueren werden, sehen Sie schon das Hinweisschild »Franziskanerkloster«.
Ein schattiger Waldweg mit Wegweisern führt Sie nun nach oben an den Hang des fast 1000 m hohen Berges Sv. Ilija. Am Kloster angekommen, empfängt uns die schöne Kirche Gospa, umstanden von Zypressen mit in Jahrhunderten gegerbten Stämmen. Von der Renaissance-Loggia vor dem Kloster haben wir dann grandiose Ausblicke auf unser Meer und den Ort. Vielleicht haben Sie Glück und der Pater bietet Ihnen ein Glas von seinem Rotwein an, aus Trauben gekeltert, die rund um das Kloster wachsen, ein besonderer Genuss!

Die Zaklopatica-Bucht.

Halbinsel PELJEŠAC
Dicht nördlich von KORČULA liegt die Halbinsel PELJEŠAC. Sie ist geschichtlich und wirtschaftlich teils dem Festland, teils KORČULA zugehörig.
Hier wachsen seit Jahrhunderten die Trauben für den berühmten Dingac, der vielen Einwohnern ein passables Einkommen bringt. Den besonderen Wein sollten Sie an Ort und Stelle probieren.

(T) Tankstelle
(Z) Zoll
(#) Flughafen

Der Stonski-Kanal

Eigentlich lag dieser Kanal bisher nie auf meinen Segelrouten, ich habe deshalb die alte Stadt Ston auf dem Landwege besucht. Wenn es sich ergibt, sollten Sie so oder so einen Halt einlegen, die Austernstadt wird Ihnen gefallen. Sie liegt dort, wo sich die Halbinsel PELJEŠAC mit dem Festland vereint, tief in einem langen und flachen Kanal.

Wenn Sie den Stonski-Kanal doch auf dem Wasserwege anfahren, muss gesagt werden, dass die Ansteuerung bei jedem Wetter schwierig ist und bei südlichen Winden starke Strömungen und Veränderungen des Wasserstands bis zu einem Meter auftreten können (und das bei 2,5 m normaler Tiefe!). Fahren Sie gegebenenfalls nur bis zur Bucht Kobas und legen Ihr Schiff an einen der Stege der zwei Restaurants. Es gibt Moorings, Strom und Wasser und im Ort einige Geschäfte.

Hafen Orebic und Fähranleger (F).

Orebic/PELJEŠAC

■ Anleger an der Innenseite des Wellenbrechers mit Wasser und Strom an der Mole.
Tel.: 020-713 241, Fax: 020-713 153
Anfahrt: ⊕ **42°58,3'N-017°10,3'E.** Hafenhandbücher: CRO 100-27, »808 Häfen«, S. 86 sowie III C – D-3-a/7
Versorgung: Im Ort Orebic finden Sie alle Geschäfte für den täglichen Bedarf, eine Ambulanz (Tel.: 020-713 694) und ein Seefahrtsmuseum. Vielleicht von Interesse: Oberhalb des Ortes liegt auf 961 m das berühmte Franziskanerkloster (s. Text Seite 218).

Wir betrachten hier den Hafen Kobas auf der Insel PELJEŠAC im Stonski-Kanal speziell für Feinschmecker. Viele der Gasthäuser haben Anlegemöglichkeiten mit Moorings für die Skipper, die nur wegen der Austern hier festmachen, die ein ganz besonderes Aroma haben sollen. Aber auch wegen seiner geschichtlichen Vergangenheit ist der kleine Ort besuchenswert. Eine mehr als 4 km lange Mauer ist noch Zeuge der einstigen Wichtigkeit der kleinen Stadt ab dem 14. Jh. als Puffer für die bedeutende Metropole Dubrovnik. Daneben gibt es hier noch die ältesten Salzwerke des gesamten Mittelmeerraumes.

Veliki und Mali Ston/Insel PELJEŠAC

Im 14. Jh. hatte man zwei Städte als Bollwerk und Vorposten von Dubrovnik planmäßig befestigt, das waren Veliki und Mali Ston und beide Orte wurden durch eine 5 bis 10 m hohe Mauer mit zahllosen Türmen und Bastionen miteinander verbunden. Sehr wichtig war Mali Ston, außerdem, weil hier das damals sehr wertvolle Speisesalz gewonnen und verschifft wurde. Heute wird in den Gewässern um Ston herum fast ausschließlich Austernzucht betrieben. Im Res-taurant Koruna oder in der Konoba Kapetanova kann man diese Schalentiere ganz frisch genießen (Tel.: 754 264).

Austernfischer bei der Arbeit.

Die massive Festungsmauer von Ston.

Kulinarisches

Austern von Ston sollen zu den besten gehören. Roh oder auch vom Grill haben sie auf Grund von Mineralspuren einen besonderen Geschmack, der bei Gourmets so beliebt ist.

Gasse in Ston.

Insel MLJET

In unserer Betrachtung geht es nun zur langen Insel MLJET, die sich südlich der Halbinsel PELJEŠAC erstreckt. Sie ist dicht mit Seekiefern und Grüneichen bewaldet, ihr westlicher Teil ist Nationalpark (Informationen über Tel.: 020-744 041 oder E-Mail: np-mljet@np-mljet.hr).

Hier leben noch viele Mungos, kleine katzenartige Raubtiere, die einst Seeleute aus Indien mitgebracht haben, um die Schlangen zu vernichten. Heute gibt es nun keine Schlangen mehr, dafür sind diese einst importierten Tiere zur Plage geworden.

Als Besonderheit der Insel fallen zwei Salzseen auf, die mit dem Meer verbunden sind, in einem steht seit dem 12. Jh. ein kleines Benediktinerkloster. Wegen erwarteter Türkenüberfälle wurde es einst mit starken Mauern und trutzigen Wehrtürmen erbaut.

Man erzählt sich, dass sich Odysseus nach einem Schiffbruch hier sieben Jahre lang in Gesellschaft der Nymphe Kalypso aufgehalten haben soll. Ein kleines Auto oder auch ein Fahrrad können Sie in Sobra und Pomena mieten. Auf diese Weise lässt sich die Insel sehr bequem erkunden.

⛰ Nationalpark-Tour

Wenn Sie sich für den Hafen Polače bzw. den Stella-Maris-Anleger entschieden haben, liegt der Eingang zum Nationalpark nur etwa 30 m entfernt. Die Eintrittsgebühr schließt die Anfahrt mit dem Kleinbus sowie das Übersetzen zur Klosterinsel ein, wo es auch ein Restaurant gibt.

Der große Park hat ein gut markiertes Wegenetz zum Wandern oder auch zum Radeln. Auf diese Weise können Sie die Seenlandschaft ganz individuell entdecken. Oder mieten Sie ein Paddelboot an der Brücke bei Stari Most, wenn Sie dem Element Wasser treu bleiben möchten. So ein Tag in diesem Nationalpark ist insbesondere für Crews mit Kindern sehr gut geeignet. Die Bewegung an Land tut sicher allen gut.

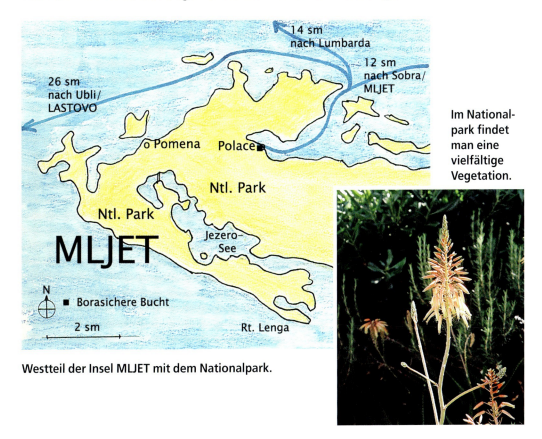

Westteil der Insel MLJET mit dem Nationalpark.

Im Nationalpark findet man eine vielfältige Vegetation.

Polače auf MLJET hat eine gute Anlegemöglichkeit, den Hafen Polače.

Hafen Polače
CRO 100-27, (T)
🟦 Hier gibt es in der Nähe der Ruine einer ehemaligen römischen Palastanlage eine Mole mit Moorings und einige Bojen.
Alternative Liegeplätze:
🔴 **Die Stege der Gasthäuser (1–3)** haben Moorings, ich lege mich gern an den Steg, der zu dem sehr empfehlenswerten Gasthaus Stella Maris (1) am Ende der Bucht gehört (Tel.: 020-744 059).
🟡 **Bojenfeld.** Im Sommer gibt es hier auch noch Bojen, wo man anlegen kann.
Anfahrt: ⊕ **42°47,8′N-017°24,7′E**
Vor dem Nordufer der Bucht kann man ebenfalls ankern. Das ist insbesondere bei starken Ostwinden zu empfehlen. Dieser Bereich ist einer der sichers-ten Ankerbuchten im südlichen Dalmatien.

Hafen Polače/ MLJET. (B) Bus zum Nationalpark, (1, 2, 3) Gasthäuser.

Wenn man in dieser Bucht vor Polače liegt, hat man die Möglichkeit, den Nationalpark zu besuchen oder kann auf guten Wegen zu den Seen Veliko und Malo Jezero wandern. Sie sind von dichtem Wald umgeben und haben ein selten intensiv blaues Wasser. Vielleicht reizt Sie auch ein Besuch des Benediktinerklosters auf dem Inselchen. Im Sommer kann man sich mit einem kleinen Boot übersetzen lassen.

Pomena/MLJET
🟦 **Mole direkt an der Hotelpier**
CRO 100-27
Hier hat man Moorings, Strom und Wasser. Sie sollten aber wissen, dass die Bora hier recht kräftig weht!
Anfahrt: ⊕ **42°47,8′N-017°19,7′E.** Beachten Sie die flachen Bereiche zwischen POMESTAK und der Hauptinsel MLJET sowie die dem POMESTAK vorgelagerten Inselchen selbst und viele weitere Felsen und Riffe im Anfahrtsbereich.
Versorgung: Nahe Liegeplatz finden Sie Wasser an der Pier, (T) in Sobra/MLJET. Die Uferpromenade mit verschiedenen guten Restaurants ist schön gestaltet, optimal für einen friedlichen Abend an Land. Verlassen Sie mal für zwei Stunden Ihren schwimmenden Untersatz und genießen den verdienten Urlaubstag.
Alternativer Liegeplatz:
🔴 **Am Restaurant Nine** finden Sie ebenfalls eine Pier mit Moorings.

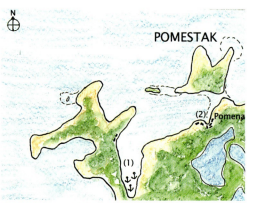

Pomena/Insel MLJET. (1) Ankerbucht, (2) Anleger Pomena.

Für uns hat die Insel MLJET im praktischen Sinne zwei Teile, den Westteil mit dem Nationalpark und die eben beschriebenen Anleger Polače und Pomena. Der Ostteil der Insel gehört nicht zum Nationalpark. Hier gibt es mehrere kleine Orte mit einfachen Anlegemöglichkeiten und romantische Buchten, die ich nun kurz beschreibe.

Liegeplätze in Buchten der Nordküste
Sobra-Bucht
Anfahrt: 42°45'N-017°37'E.
Im östlichen Teil legt die Fähre an und hier findet sich auch eine Tankstelle (T). Im westlichen Teil gibt es einen Anleger mit Moorings für das Restaurant Mungo.
Prozura-Bucht
Anfahrt: 42°44,5'N-017°39,8'E.
Hier gibt es zwei Konobas mit kleinem Anleger und Moorings. In der Marjina-Konoba sind Wildschwein-Gerichte eine besondere Spezialität.
Rt. Blača-Ankerbucht mit Sandstrand
Hier finden Sie guten Schutz bei Bora und Jugo.

Okuklje-Bucht/MLJET Nordküste
Anlegeplatz mit Moorings an der Konoba Maran (Tel.: 020-746 186).
Ambiente: Fast wie am eigenen Privatsteg festmachen.
Anfahrt: 42°43,8'N-017°41'E.
Versorgung: Es gibt ein Restaurant, wo Sie von dem schweizerisch-kroatischen Wirtsehepaar Marlis und Rajko Bozanja mit vorzüglichen Speisen und guten Weinen bedient werden. Achten Sie bei der Anfahrt auf den richtigen Anleger, denn mehrere kleine Gasthäuser liegen hier dicht beieinander und werben südländisch-aggressiv um Gäste.
Podskolj-Bucht
Am Ostende von MLJET finden Sie diese kleine Oase für die nächste Nacht.
Anfahrt: 42°42,7'N-017°45,3'E.
Diese schöne Bucht mit zwei Gasthäusern liegt am östlichen Ende der langen Insel. Hier hat man Bojen oder kann ankern.
Saplunara-Bucht an der Südküste der Insel
(»808 Häfen«, S. 91)
Anfahrt: 42°41,5'N-017°44,3'E.

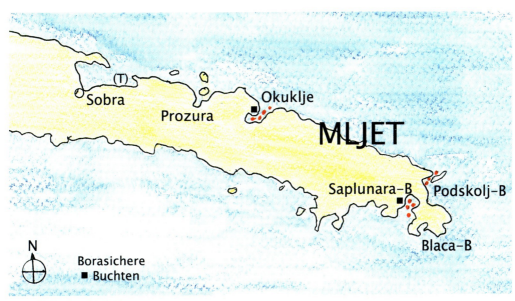

Ostteil der Insel MLJET.

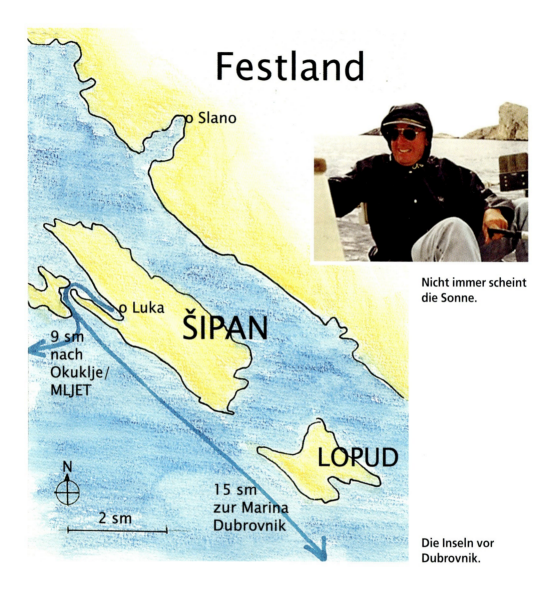

Nicht immer scheint die Sonne.

Die Inseln vor Dubrovnik.

ELAFITI-Inseln

Von der Ostspitze MLJET sind es nur gut 4 sm bis zur Einfahrt nach ŠIPAN. In früheren Zeiten fungierten diese vorgelagerten Inseln bei Angriffen aus dem Norden als Schild von Dubrovnik. Hier hat auch der Adel die heißen Sommer verbracht, denn der abendliche Adriawind hat meist die ersehnte Abkühlung gebracht. Heute werden diese Inseln aus den gleichen Gründen aufgesucht, wenn der Wüstenwind Jugo die Gegend aufheizt.

Insel ŠIPAN

Die Insel ŠIPAN ist eine Fischerinsel mit langer Geschichte Hier soll schon 47 vor Christi die entscheidende Seeschlacht zwischen Cäsar und Pompejus stattgefunden haben.
Die sehr charmante Insel ist trotz der Nähe zum Festland und zu Dubrovnik sehr ursprünglich geblieben. Wir steuern auf dieser Insel nun Luka an, einen kleinen Ort in der Šipanska-Bucht, der bisher nur einfache Anlegemöglichkeiten bietet.

Insel ŠIPAN

Die weitläufige Luka-Bucht öffnet sich gleich nachdem man das »Nadelöhr« zwischen dem kleinen Finger der Insel und der Nachbarinsel JAKLJAN passiert hat.

Die Šipanska Luka

CRO 100-27, bietet mehrere Anlegemöglichkeiten.
Anfahrt: 42°43,8'N-017°50,3'E. Hafenhandbücher: III C-D-3-c sowie »808 Häfen«, S. 92
Versorgung: Einige wenige Mooringplätze am Kai des kleinen Ortes mit Buganker. Läden für die Dinge des täglichen Bedarfs gibt es natürlich ebenfalls.
Alternative Liegeplätze:
Wenige Bojen findet man vor dem Restaurant Kod Marka am Nordufer der Bucht, außerdem kann man auch vor dem NE-Ufer der Bucht ankern. Aber Achtung, hier weht nachts oft ein spezieller thermischer Wind, das sollte man einkalkulieren. Deshalb ist es ratsam, ein Ankerreitgewicht auszubringen. Recht ungemütlich ist allerdings in diesem Bereich der sehr seltene Nevera, ein starker Wind aus NW. Viele Skipper verlassen in diesen Fällen dann die eigentlich recht sichere Bucht.
Im Ort dicht beim Anleger finden wir gute Gaststätten, wie die Konoba Tauris oder das More. Ein ganz besonderes Restaurant mit wenigen Tischen finden sie direkt am Ufer gegenüber. Dort verwöhnt der weit über die Grenzen von Dalmatien bekannte Patron Marko Prizmic seine Gäste. Lassen Sie sich in Bezug auf Ihr Abendessen beraten oder überraschen. (Eine Reservierung ist hier unerlässlich, Tel.: 020-758 007).

Šipanska-Bucht. (1) Restaurant Kod Marka, (2) Dampferkai und weitere Gasthäuser.

Hier, oberhalb des Ortes Luka, zwischen Mandelbäumen und Weinfeldern gelegen, finden Sie auch den alten Rektorenpalast, der nach wie vor eine gewisse Würde ausstrahlt. Wie ein großer Garten mit Spazierwegen erscheint die Insel oben am Höhenrücken. Weiter führt Sie der Weg zum Nachbarort Sudurad. In der Hochsaison ist das ein beliebter Ausflugsort für die Dubrovniker, die mit den öffentlichen Schiffslinien dorthin kommen.
Für den Heimweg können Sie alternativ auch den Bus benutzen. Der Fahrplan hängt an der Bushaltestelle aus.

Einen Ausweichhafen gibt es gegenüber am Festland, den **Hafen Slano.** Er liegt tief in einer großen Bucht und bietet Liegeplätze mit Strom und Wasser. Auch am Steg des Restaurants Nono hat man einige Mooringplätze für Gäste eingerichtet.
Anfahrt: 42°46,3'N-17°52'E.

Die Insel ŠIPAN ist etwas Besonderes. Man wird hier um Jahrhunderte zurück versetzt, denn es hat sich damals dort viel zugetragen. Bei einem Spaziergang durch den Ort und auf die Anhöhe könnte man zu dem Schluss kommen, seit Pompeji hat sich hier nicht viel verändert und die Ruinen, die man oben im Gelände sieht, stammen von der letzten Schlacht. Wir sehen Reste der verfallenen Sommersitze der Reichen aus der Blütezeit von Dubrovnik, also von vor mehreren hundert Jahren.

Bei einem Gang durch den Ort Slano werden Sie das Franziskanerkloster sehen und an der Kirche des heiligen Hieronymus vorbei kommen. Zum Abendessen sind Sie ja dann wieder in der von Ihnen gewählten Konoba.

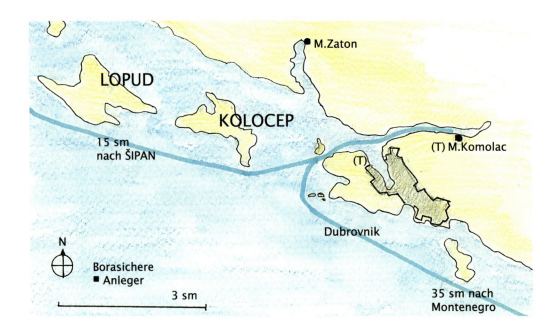

Insel LOPUD

LOPUD ist eine weitere ELAFITI-Insel südöstlich von ŠIPAN. Sie gehört seit dem 11. Jh. zur Republik Dubrovnik und war ebenfalls ein wichtiger Vorposten zum Schutze von Ragusa, wie Dubrovnik damals hieß. Sehenswert ist die malerisch überwucherte Ruine des wehrhaften Franziskanerklosters mit Glockenturm und wuchtigen Arkadengängen. Der Platz ist gut geschützt, nur der Jugo weht direkt hinein, denn die Bucht ist nach Süden hin offen.

Der kleine Ort Lopud ist heute ein viel besuchtes Ausflugsziel der Dubrovniker mit einer großen Auswahl an Restaurants, meine Empfehlung ist hier das Obala. Wenn man an den Molen des Ortshafen keinen Platz mehr findet, eignet sich alternativ die große Bucht mit Kiesgrund recht gut als Ankerplatz. Mehrere Quellen sind der Grund für eine üppige Pflanzenwelt. Agaven, Palmen, Orangen, Zypressen bedecken alle freien Flächen der Insel.

🏠 **Interessanter Wanderweg auf Lopud.** Von der schön gelegenen Bucht, wo auch eine interessante Mutter-Gottes-Kirche mit einem holzgeschnitzten Hauptaltar aus dem 15. Jh. zu sehen ist, führen malerische Wanderwege über die Insel. Es gibt noch gut erhaltene Klöster zu sehen, ein Fürstenpalais aus der Feudalzeit und verschiedene kleine Votivkirchen. Auch hier scheint die Zeit still zu stehen.

Die Einfahrt in den Stadthafen ist für Sportboote gesperrt.

Einen alternativen Liegeplatz finden wir in der Sunj-Bucht auf der Südostseite der Insel LOPUD, dort erwartet uns eine ⚓ **Ankerbucht mit schönem Badestrand.**
Anfahrt: **42°40,6'N-017°57,5'E.** Tagsüber turbulent, aber nachts ruhig. Ab 1. Mai ist hier ein Restaurant mit bekannt guter Küche geöffnet, das Percina (Tel.: 020-759 028).

Dubrovnik

Wenn Sie auf eigenem Kiel Dubrovnik aus nördlichen Richtungen ansteuern, voller Erwartung, die berühmte Stadt zu erblicken, werden Sie etwas enttäuscht sein, denn von dieser Seite gibt sich die interessante Stadt nicht sofort zu erkennen. Wenn Sie dagegen aus Süden, z. B. aus Caftat kommen, haben Sie die stolze Festungsstadt in ihrer grandiosen Schönheit schon lange voraus im Blick. Eine Anfahrt aus dieser Richtung erfordert andererseits erhöhte Vorsicht bei den Grebeni-Riffs, die sich auch noch unter der Wasseroberfläche fortsetzen! Also, lieber großzügig umfahren.

Ganz gleich, wie Sie sich der Stadt nähern, Sie müssen in der ACI-Marina Komolac anlegen, die in der Bucht Rijeka Dubrovacka liegt. Sie schneidet östlich von der Insel DAKSA ca. 4 sm ins Land ein.
Anfahrt: ⊕ **42°40,1'N-018°04,0'E.**

Wenn Sie mit dem Pkw anreisen, brauchen Sie viel Zeit und gute Nerven, um die 750 km auf der Küstenstraße (von Ljubljana aus gerechnet) zu bewältigen. Eine große Erleichterung ist dabei, dass es seit einigen Jahren die neue Autobahn bis Split gibt. Natürlich kann man auch recht preiswert mit dem Flugzeug anreisen oder in Rijeka ein Schiff der Jadrolinija besteigen, das um 18 Uhr in Rijeka ablegt und am nächsten Tag zwischen 14 und 18 Uhr Dubrovnik erreicht. Wenn das Auto mit soll, muss man sehr frühzeitig reservieren (siehe Seite 247).

Sollten Sie zum ersten Mal nach Süddalmatien reisen und zeitlich nicht eingeschränkt sein, empfehle ich trotz allem, die lange Reise an der Adria entlang ins Auge zu fassen, sie ist unvergleichlich. Die subtropische Landschaft zwischen dem hohen Küstengebirge links und die Adria mit ihren vorgelagerten Inseln rechts ist ein Erlebnis besonderer Art.

Und wenn Sie dann Dubrovnik erreicht haben, gönnen Sie sich einen gigantischen Blick aus der Vogelperspektive. Noch heute kann man von dieser Position aus die Einmaligkeit dieser lange Zeit uneinnehmbaren Stadt nachempfinden. Kulturell und geschichtlich steht Dubrovnik – früher Ragusa – im Mittelpunkt aller Betrachtungen. Eigentlich als Fluchtsiedlung der Einwohner von Caftat gegründet, wurde der Stadtstaat immer größer und mächtiger. Dank einer klugen Politik der Regierenden war es möglich, viele Jahrhunderte lang Frieden und Unabhängigkeit für die Einwohner zu sichern. Auf dieser Basis konnten sich die Künste, aber auch die Architektur und der Handel frei entfalten und haben im Laufe der Geschichte so eine hohe Blüte erreicht.

An der Einmündung des Meeresarmes Daksa in die Adria überspannt jetzt eine gewaltige Straßenbrücke die Bucht, da müssen wir bei der Anfahrt auf dem Wasserwege drunter durch. Aus südlichen Richtungen ist die Ansteuerung das Grebeni-Feuer.
Anfahrt: ⊕ **42°39,0'N-018°02,7'E.**

Kulinarisches

Der Gipfel des Kochens ist die **Peka**. Fleisch wird zusammen mit Gemüse, Kartoffeln in dünnen Metall- oder Tongefäßen in der Glut eines Grills langsam gegart. Dieses Gericht findet man in vielen Landesteilen, wo es als Sonntags- oder Feiertagsessen zubereitet wird.

Die Basilika mit herrlichen Glasfenstern.

Anfahrt von Dubrovnik.

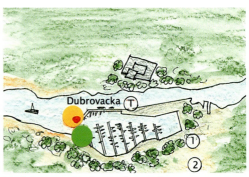

Einfahrt zur Marina Dubrovnik.

Etwa 2 sm nach der Einfahrt in die Bucht erreichen wir auf dem Wasserwege die große Marina von Dubrovnik, Marina Komolac. Alle Sportyachten müssen diesen Liegeplatz ansteuern, wenn sie nicht in den Yachtclub Orsan fahren oder an der extrem lauten Riva Gruž anlegen, was ich wegen der Lärmentwicklung (direkt an der Durchgangsstraße) wirklich nicht empfehlen kann.

ACI-Marina Miho Pracat in Komolac/Dubrovnik

425 Plätze/max. 5 m, CRO 100-27, 28, MK 26, Tel.: 020-455 020, Fax: 451922, m.dubrovnik@aci-club.hr, www.aci-club.hr
UKW-Kanal: 17
(T) Tankstelle
■ Schwimmstege mit Moorings, Strom und Wasser
≡ **Ambiente:** Liegeplatz mit allem Komfort.
Anfahrt: ⊕ **42°40,0'N-018°04,0'E.** Hafenhandbücher: »808 Häfen«, S. 93, IIIC-D-3-a/31
Versorgung: Am Liegeplatz: Marina-Standard, technischer Wartungsdienst, mehrere Restaurants, Swimmingpool, Tennisplätze, Wäscherei, Städtischer Bus zur Innenstadt.

Alternative Liegeplätze

Im Yachtclub Orsan gibt es einige wenige Gastplätze, weiterhin gibt es noch den Anleger an der Riva Gruž mit allen technischen und sanitären Einrichtungen, er liegt jedoch an einer sehr belebten Zubringerstraße zum Hafen!
Beachten Sie bitte: Der historische Hafen Dubrovnik im Süden der Altstadt darf von Sportbooten nicht angefahren werden, strengste Kontrolle (!). Bei Überfüllung der Marina kann man zwischen den Ortsteilen Obuljeno und Sajkovici am Nordufer einen Liegeplatz suchen.
Eine empfehlenswerte Gaststätte in Marinanähe ist das VIMBULA. Das exzellente Restaurant liegt in idyllischer Umgebung an der Ombla-Mündung, weiter innen in der Bucht. (Tel.: 020-452 244) oder Restaurant Skola, (Tel.: 020-321 096). Eine der Spezialitäten ist hier Brot aus dem Ofen.

⌂ **Dubrovnik aus der Sicht der Möwen.** Folgen Sie mir, wenn Sie nach dem Anlegen schon gespannt sind auf eine der schönsten Städte an der Adria. Der Bus zur Stadt hält vor der Marina, mit ihm gelangen wir direkt zum Pile-Tor, dem monumentalen Eingang in die historische Altstadt. Bevor wir sie betreten, werfen Sie hier einmal einen Blick auf die Dicke und Höhe der Mauern, die damals jedem Angriff standgehalten haben (nur später dem Erdbeben nicht).
Wenn Sie zum ersten Mal hier sind, empfehle ich Ihnen, die Stadt zuerst von der Mauer aus, also von oben aus zu betrachten. Dazu suchen Sie einen der Aufgänge (am besten gleich nach Durchschreiten des Pile-Tores links) auf die Mauer hinauf und wandern um den historischen Stadtkern herum, so bekommen Sie den besten Überblick.

Dubrovnik ist eine der schönsten Städte an der Adria. Für mich ist sie »die Stadt, die aus dem Meer kam«. Einmalig ist der harmonische Übergang der Adria zu den starken Mauern der Befestigungsanlage. Das war damals sehr wichtig, denn Dubrovnik, in damaliger Zeit Ragusa genannt, war der letzte geschützte Hafen auf dem Seewege nach Konstantinopel, in die Städte des Orients und nach Jerusalem, denn von hier aus südwärts hatte man nichts anderes vor sich als die offene See.

Ansteuerung von Dubrovnik auf eigenem Kiel
Wenn Sie voller Erwartungen mit dem typischen, oft kräftigen Maestrale (aus NW) auf die viel gepriesene Stadt zulaufen, werden Sie vielleicht ein wenig enttäuscht sein, denn von dieser Seite aus gibt sich die schönste Stadt an der Adria nicht sofort zu erkennen. Sie müssen anlegen und die Stadt besuchen, dann erst werden Sie sie verstehen.

Dubrovnik hat eine lange Geschichte und war äußerst wichtig für ganz Mitteleuropa. Die Griechen waren die ersten, die bereits im 4. oder 5. Jh. vor unserer Zeitrechnung Kolonien an der Küste und auf den Inseln von Süddalmatien gegründet hatten. Im 2. Jh. vor Christus kamen dann die Römer und später die Epidauer.

Die Macht und der Einfluss der Seerepublik Ragusa hatte seinen Höhepunkt erst viel später, im 15. und 16. Jh., es verfügte zu dieser Zeit über 200 Handelsschiffe und war damit eine echte Konkurrenz für Venedig. Die starke Handelsmacht war Drehscheibe für den Güterverkehr im östlichen Mittelmeer, dem damals wichtigsten Schifffahrtsweg von Europa in den Nahen Osten und weiter nach Asien.

Nach dem schweren Erdbeben von 1667 wurde die Stadt nach alten Plänen originalgetreu wieder aufgebaut. Das mächtige Vorhaben dauerte jedoch zu lange, sodass die Stadtrepublik danach nie wieder ihre Bedeutung erlangt hat.

Kulinarisches

Dubrovniker Käse ist ein Schafskäse, der während der Lagerung mehrfach mit Olivenöl bestrichen wird. So erhält er ein unverwechselbares Aroma.

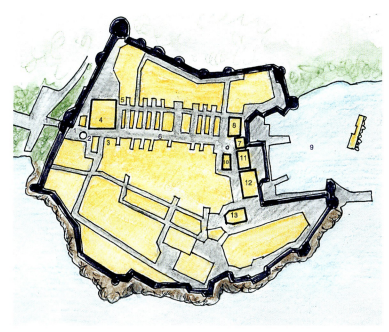

Stadtplan mit den wichtigsten Sehenswürdigkeiten:
(1) Pile-Tor
(2) Onofrio-Brunnen
(3) Informationsbüro
(4) Franziskaner-Kloster
(5) Konoba »Pax«
(6) Placa
(7) Uhrturm
(8) Sponza-Palast
(9) Stadthafen (nicht für Sportboote!)
(10) St. Blasius-Kirche
(11) Rathaus
(12) Rektorenpalast
(13) Basilika

Auch im letzten Krieg bis 1990 wurde die Stadt schwer getroffen, aber in der Zwischenzeit durch internationale Hilfe sehr gut wieder aufgebaut, wir Besucher merken es heute kaum, wenn wir durch die Straßen und Gassen wandern.

Legen wir unser Schiff erst einmal in die sichere ACI-Marina von Dubrovnik, in die Marina Komolac. Von dort nehmen wir den städtischen Bus und sind am Westtor von Dubrovnik angekommen, gewaltig sind diese wuchtigen Mauern. Nach dem Durchschreiten der beiden Tore öffnet sich der Blick und wir stehen auf der Placa und rechts der Onofrio-Brunnen. Hier finden wir auch den Treppenaufgang auf die Mauer. Fast 2 km lang ist der Rundgang mit unzähligen Türmen und Bastionen, die seit dem 16. Jh. kaum verändert wurden. Durch mächtige burgähnliche Eckwälle an strategisch wichtigen Punkten wurde das Abwehrsystem ergänzt. Die Mauer selbst erscheint wie eine Festung. Beachten Sie bitte, der beste Zeitpunkt für einen Rundgang ist der späte Nachmittag, also ein ganz perfektes Timing nach dem Anlegen in der Marina. Die Öffnungszeit ist von 09:00 bis 19:30 Uhr. Einige wichtige Punkte der Stadt entnehmen Sie bitte dem Stadtplan auf Seite 229. Nach der Besichtigung aus der Vogelperspektive kommen Sie automatisch wieder zum gleichen Platz zurück auf die Placa, die zum Rektorenpalast, zur Kathedrale sowie zum Stadthafen zuführt. Diese zentrale Straße ist von Geschäften und Cafés gesäumt, vielleicht der rechte Moment für eine Erfrischung? Alles Weitere sollten Sie auf eigene Faust entdecken, z. B. den Innenhof des Franziskanerklosters, umgeben von einem romanischen Kreuzgang aus dem 14. Jh., dicht dabei die älteste Apotheke Europas von 1317, denn in Dubrovnik gab es bereits zu dieser Zeit ein umfassendes öffentliches Gesundheitssystem. Noch ein Restaurant-Tipp: das Sesame (Tel.: 020-412 910).

Gewaltige Verteidigungsanlagen haben Dubrovnik lange uneinnehmbar gemacht.

Dubrovnik von der Mauer aus.

Nach dem Rundgang stehen wir wieder vor dem Brunnen. Er hat 16 Wasserspeier, wo sich die Stadtbevölkerung seit 1437 ihr Wasser geholt hat. Das lebensnotwendige Nass wird in einer gemauerten Leitung 12 km weit aus den Bergen herbeigeführt. Setzen Sie nun Ihren Weg fort über die große breite Straße (Stradun) zum Uhrturm und zum Sponza-Palast, damals ein enorm wichtiges Gebäude. Es beherbergte das Zollamt, die Münzstätte und die Finanzkanzlei. Davor sehen Sie die Rolandsäule, Symbol für Freiheit und Unabhängigkeit. Durch das Luka-Tor gelangen Sie zum Stadthafen (9).

staltungen jeder Art finden hier statt, denn die Akustik auf den Plätzen und in den Kirchen ist etwas ganz Besonderes.

Eine andere Seite von Dubrovnik ist der letzte Krieg. Allein an einem Tag des Jahres 1991 schlugen 600 Granaten ein, 200 Soldaten und 114 Zivilisten wurden dabei getötet.

Der alte Hafen, wo heute die Passagiere von Kreuzfahrtschiffen ausgebootet werden.

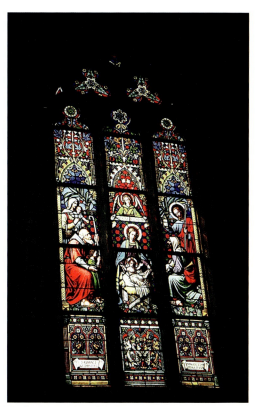

Kehren Sie nun noch einmal zurück durch das gleiche Tor auf die Placa. Links haben Sie die St. Blasius-Kirche (10) mit einer schönen barocken Treppenanlage und aus dieser Perspektive sieht man auch die eindrucksvollen Fassaden des Rathauses und natürlich die des Rektorenpalastes, einst Zentrum der städtischen Selbstverwaltung. Es ist das vornehmste Haus am Platz. Der von den Adligen der Stadt gewählte »Rektor« lebte hier während seiner nur jeweils einmonatigen Amtszeit. Dicht dabei sehen Sie die eindrucksvolle dreischiffige Basilika (13), die kurz nach dem Erdbeben von 1672 gebaut wurde. Im Sommer wird hier z.T. mit Weltstars Theater gespielt, auch Musikveran-

In der St. Blasius-Kirche.

Für eine professionelle Stadtführung wenden Sie sich an eines der Atlas-Tour-Reisebüros (3). Meiner Erfahrung nach kann man diese antike Stadt sehr gut auch allein erobern, so können Sie auch spontanen Eingebungen folgen und vielleicht in einem schattigen Hinterhof ein Glas Wein trinken, dort, wo die Einheimischen sitzen. Vergessen Sie aber bitte nicht das »dobre dana«, und Sie werden bald mehr von der schönen Stadt erfahren. Sollte das Wetter einmal Ihr Auslaufen von Dubrovnik unmöglich machen, ist vielleicht ein Ausflug zu einem wunderschönen Park angesagt.

Der Trsteno-Naturpark

Das bezaubernde Anwesen, das noch heute einen unglaublichen Glanz ausstrahlt, liegt an einem schmalen Küstenstreifen nördlich von Dubrovnik, eingerahmt von Weinbergen und Kiefernwald. Der Botanische Garten ist ein ehemaliger Renaissance-Park aus dem 16. Jh. der damals bedeutenden Familie Gucetic.

Sie werden dort seltene Eukalyptusarten und beeindruckend hohe Palmen sehen können, die den wunderschönen Blumenrabatten etwas Schatten spenden. Die reiche Kaufmannsfamilie hat hier viele Persönlichkeiten der Geschichte empfangen, wie Lord Byron oder Kaiser Franz Joseph I.

Wenn wir von Dubrovnik nun an der recht steilen Küste weiter südlich halten, passieren wir die Insel LOKRUM und erreichen nach 12 sm Cavtat.

Cavtat

Cavtat die südlichste Stadt von Kroatien, die ebenfalls 3000 Jahre Geschichte geschrieben hat. Auf der Fahrt in den Süden ist dort der letzte sichere Hafen, denn wir wollen ja noch weiter nach Montenegro.

Die kleine Stadt Cavtat, in der wir angelegt haben, zieht sich malerisch den Hang hinauf. Sie ist teilweise auf einer Halbinsel gelegen, die ihren langen Finger weit ins Meer hinaus schiebt. Der Ort, den wir besuchen wollen, ist so richtig für den Urlaub gemacht. Viele gute Restaurants und Cafés laden uns ein, hier zu rasten. Der alte Ort ist Urlaubsziel insbesondere für Einheimische aus den nördlichen Regionen von Kroatien. Für uns Wassersportler könnte von Interesse sein, dass hier in der Tiha-Bucht ein moderner großer Liegeplatz für Sportboote im Bau ist.

Hafenpier in Cavtat
CRO 100-28

■ Anlegemöglichkeit besteht am Hafenkai mit Moorings, Strom und Wasser. Yachten können hier nur max. drei Tage fest machen. Die Einklarierung ist hier vom 1.4. bis 30.10. möglich.

■ Kai entlang des Städtchens (A) in der Tiha-Bucht (2008 Kaianlagen im Bau).

Anfahrt: ⊕ **42°35,1'N-018°12,2'E.** Hafenhandbücher: »808 Häfen«, S. 94, IIIC-D-3-a/36 Von hier hat man viele Möglichkeiten, mit einem Bus oder direkt aus dem Hafen mit Ausflugsbooten nach Dubrovnik zu kommen.

Terrasse des Botanischen Gartens Trsteno.

Eine empfehlenswerte Gaststätte in Cavtat ist die Konoba Galija Konavoka beim Fischerhafen, die in einer grünen Oase liegt, sie bietet Erholung für das Auge und viele Spezialitäten für den Gaumen (Tel.: 020-478 566). Ein Spaziergang um die bewaldete Landzunge, auf der die kleine Stadt liegt, ist eine erholsame Abwechslung und bietet viele interessante Motive zum Schauen und Fotografieren.

Cavtat ist schon 3000 Jahre alt, im 1. Jh. war es eine griechisch-römische Kolonie, bis die Einwohner auf der Flucht vor dem erwarteten Ansturm der Awaren nach und nach auf den Felsen von Raguseum flüchteten und dort eine Stadt gründeten. Erst viel später wurde diese Siedlung dann Dubrovnik genannt.

In Cavtat sind wir nun praktisch am südlichen Ende der kroatischen Adria angelangt. Morgen setzen wir unsere Reise nach Süden fort mit dem Ziel Montenegro. Man sollte als Segler für diese Strecke bis zu 10 Stunden Fahrzeit kalkulieren.

Anlegemöglichkeiten in Cavtat. (A) Jetziger Hafen, (B) Bojen und Marina im Bau.

Cavtat, das antike Epidaurus.

Teil 10: Montenegro

Film »Montenegro« zum Herunterladen unter
http://filme.pietsch-verlag.de/50647/

● Borasichere Häfen, (T) Tankstellen, (#) Flughafen, (Z) Einklarierung.

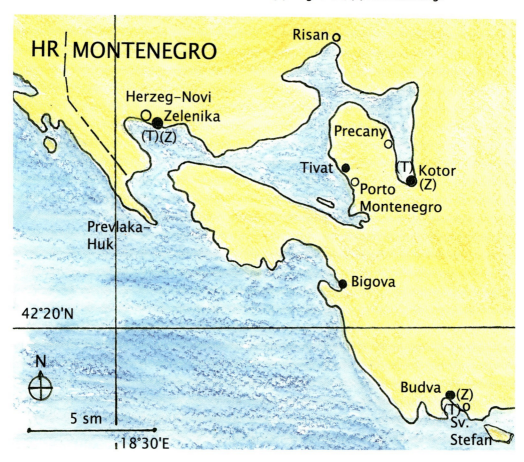

Seekarten CRO 100-28, 29/ MK 27-29.

Das Land mit 680.000 Einwohnern ganz im Süden der Adria ist bei uns Wassersportlern seit einigen Jahren im Gespräch, insbesondere bei den Skippern, die in Dalmatien ein Schiff gechartert haben. Viele von ihnen wollen noch weiter nach Süden vordringen, was ja heute kein Problem mehr ist. Montenegro ist seit Juni 2006 durch Volksentscheid unabhängig, eine Republik mit Zoll- und Ausweisvorschriften, wie sie in der EU üblich sind. In Montenegro gilt seit 2002 der Euro als Zahlungsmittel, also fast wie zuhause, die Zeit ist ebenfalls MEZ (für uns Segler UTC +2), die Landes-Telefonvorwahl ist 00382, Notruf 94, Informationen generell 9807, der Wetterbericht 9896. Wer mit Tieren ins Land einreisen will, muss eine amtliche Impfbestätigung vorlegen können, die maximal 15 Tage alt ist.

Die Einreise

Wenn Sie das kleine Land vielleicht eher mit dem Pkw oder einem Motorrad besuchen wollen, benötigen Sie lediglich Ihre Papiere wie in Kroatien und Sie dürfen nicht mehr als 500 € pro Person einführen. Auf dem Wasserwege haben wir von Caftat aus eine Strecke von ca. 30 sm ohne nennenswerte Anlegemöglichkeiten.

Die Hauptstadt Montenegros Podgorica liegt im Landesinneren und bleibt deshalb bei unseren Betrachtungen unerwähnt. Uns Wassersportler interessieren in erster Linie die in Küstennähe liegenden Landesteile, auf die ich mich in dieser kurzen Beschreibung auch beschränken werde, es sind Herzeg Novi, Kotor, Tivat, Budva und Bar. Sie erleben eine malerische Felsküste, romantische Buchten mit Klöstern oder Burgen und Moscheen aus drei Kulturkreisen.

Anfahrt zur Einklarierung.

Wir halten um die Prevlaka-Huk herum und dann direkt auf den Zollhafen Zelenika zu, einem Vorort von Herzeg Novi. Weitere Zollhäfen sind Kotor und Budva sowie vom 1.5. bis 1.11. Bar und Porto Montenegro.

Der Einklarierungssteg.

Anleger vor dem Ort Herzeg Novi, vielleicht für wichtige Einkäufe, der Ort selbst bietet aus meiner Sicht nicht viel Sehenswertes.

Ganzjähriger Einklarierungshafen Zelenika.

Das Einklarieren kann bei starken Winden aus S/SW unmöglich sein, dann nehmen Sie bitte Kontakt mit der Zollbehörde auf: Tel. 00382-30-3130 88 oder über UKW Kanal 16 und 24.
Normalerweise legen Sie am Einklarierungssteg von Zelenika an und begeben sich ins Büro auf dem Ponton. Man ist um uns Fremde sehr bemüht, denn eine der wichtigsten Einnahmequellen des Landes ist der Tourismus. Nach Erledigung der Formalitäten können Sie sich in den Hoheitsgewässern von Montenegro frei bewegen.

Auf der Anfahrt nach Kotor.

Was benötigen Bürger der EU?
1. Reisepässe (Gültigkeit mindestens 90 Tage)
2. Die Crewliste mit den Schiffspapieren, Bootsführerschein des Skippers sowie den Eigentumsnachweis oder den Chartervertrag.
3. Die »Blaue Karte« (D) oder eine vergleichbare Versicherungsbestätigung sollte an Bord sein.
4. Wie muss das Schiff ausgerüstet sein? Es sollte über alle Einrichtungen verfügen, wie es für seegängigen Yachten in Europa vorgeschrieben ist (Lenzpumpe, Rettungsgerät, Bordapotheke etc), darüber hinaus Behälter für feste Abfälle und Altöl.
5. Selbstverständlich ist, dass Sie nach dem Einlaufen in das montenegrinische Hoheitsgebiet die Gastlandflagge gehisst haben.
6. Sie erhalten bei der Einklarierung eine Vignette, die sichtbar am Schiff angebracht werden muss.
7. Geschwindigkeitsregeln bitte genau einhalten: 12 kn gelten generell als Maximum, in der Kumbor-Enge (Kumborski Tjesnak) nur 8 kn, ebenso im Prolaz Verige.
8. Sturmwarnungen erfahren Sie über Grenzwelle 1720,4 kHz um 10.50, 16:20 und 22:50 MESZ sowie auf den UKW-Kanälen 20 und 24.
9. Die Seenotrettung erreicht man über UKW-Kanal 16 und 70, die Seenotleitstelle über Tel.: 382-3031341.
10. Bei der Ausklarierung müssen Sie die Crewliste bestätigen lassen. Danach haben Sie maximal 24 h Zeit, das Hoheitsgebiet wieder zu verlassen.

Hohe Berge säumen die Anfahrtsstrecke.

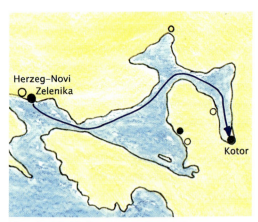
Von der Einklarierung nach Kotor.

Yachthafen Herzeg Novi

Tel.: 382-31 678 276 (T)
■ Stege mit Strom und Wasser
Das Liegen ist bei SW-Winden sehr unruhig.
Anfahrt: ⊕ **Rat Ostra 42°23,2'N-18°32,6'E, Herzeg Novi 42°23,2'N-26°40'E**
Versorgung: Einkaufsmöglichkeiten, Gasthäuser.

Es geht weiter ins Landesinnere.

Unter Motor passieren wir zuerst den relativ engen Kanal, den Kumborski Tijesnac (beachten Sie bitte die speziellen Fahr- und Geschwindigkeits-Einschränkungen) und gelangen danach in die breite Tivat-Bucht, das »Bergabenteuer« auf See kann beginnen. Nach Passieren der Engstelle des Kanals Verige öffnet sich die Meeresbucht Tivatski Zaljev und wird praktisch zu einem Binnensee. Bedenken Sie, die Kotor-Bucht ist der längste und eindrucksvollste Fjord am Mittelmeer, er ist 30 km lang. Seine natürlichen Gegebenheiten waren einst ein perfektes Versteck für Piraten und Schmuggler.

Bei der Anfahrt ändert sich fortlaufend die Kulisse. Bald sehen wir weit an Steuerbord die beiden Klosterinseln südlich vor Tivat, die wir evtl. auch besuchen wollen. Wir steuern mit 45° die engste Stelle in diesem Wasserbereich an (auf der Karte Prolaz Verige). Nach der Durchfahrt öffnet sich der innere Teil der großen Meeresbucht, man fühlt sich wie auf einem großen See zwischen Bergen. Bald müssen wir unseren Kurs nach Osten und dann immer weiter auf Süd korrigieren. Unser erstes Ziel ist Kotor, dort erwartet uns ein professioneller Anlegesteg in einem großen Sporthafen.

Nach einiger Zeit erscheint die gewaltige Bergwand des 1700 m steil ins Meer abfallenden Lovcen-Gebirges und unten zwischen Berg und Meer ahnen wir die Stadt Kotor. Schon von hier kann man sehr gut die gewaltige Mauer sehen, die sich weit am Berg hinauf zieht. Sie war der Wall, der die Einwohner mehrmals vor dem Überfall der Türken geschützt hat.

Diese Buchten waren einst ein absolut sicheres Revier vor Überfällen.

Endlich haben wir Kotor erreicht.

Die einmalige Stadt Kotor

Markant thront die Altstadt vor der großartigen Bergkulisse, wie angeklebt wächst die Siedlung den Berg hinan. Wir wollen aber erst einmal ankommen und peilen für die erste Nacht den Anlegesteg von Kotor an. Wir finden hier einen professionellen Sporthafen und legen an.

Tief in der Boka-Bucht vor der großartigen Kulisse hoher Berge liegt die alte Seefahrer- und Handelsstadt Kotor, die auf eine sehr wechselvolle Geschichte zurück blicken kann. Sehr ähnlich wie im ehemaligen Jugoslawien haben hier Jahrhunderte lang venezianische Herrscher, aber auch österreichische, ungarische und italienische Heerscharen das Land besetzt und ausgebeutet, bis es 1944 dem Vielvölkerstaat Jugoslawien einverleibt wurde.

Direkt vor dem berühmten Tor zur alten Stadt liegt parallel zur Straße der eindrucksvolle Naturhafen der Stadt.

Kotor Marina
Tel.: 0382-32 304313
■ Moorings an Feststegen mit Strom und Wasser.
Liegegebühren (2009): 42 € für ein 49-ft-Schiff
■ Weitere 30 Liegeplätze gibt es dicht dabei im Hafen der Montenegro Charter Company
≡ **Ambiente:** Anleger mitten im UNESCO-Kulturerbe.
Versorgung: Am Liegeplatz: Wasser und Strom, (T) Tankstelle mit weniger als 2 m Wassertiefe. Einkaufsmöglichkeiten, Restaurants, Pizzeria. Empfehlenswert: Bier vom Fass und Internet im Gasthaus Evergreen beim Marine-Museum.
Tourismusbüro Tel.: 00382-32-32 28 86 und www.travel-kotor.com.

Kotor Marina mit dem Tor zur alten Stadt. (1) Marine-Office, (T) Tankstelle.

Wir betreten die Stadt durch das gut erhaltene imposante Stadttor und sind mitten in einer uralten Siedlung, die schon lange bestand, bevor die Römer von ihr Besitz ergriffen hatten. Im Mittelalter war Kotor eine Stadtrepublik mit einem eigenen Fürsten, eine wehrhafte Siedlung in einem Dreieck gelegen, das vom Meer, dem Fluss Skurda und dem Gebirge gebildet wird.

Der Hafen vor der eindrucksvollen Bergkulisse.

Diese einmalige Lage zwischen Meer, Fluss und steilem Gebirge erklärt schon geographisch die lange Uneinnehmbarkeit der Stadt. Dazu war sie von einer hohen und breiten Mauer umgeben, die selbst mehrmaligen übermächtigen Türkeneinfällen standgehalten hat.

Viele Bauwerke der Stadt befinden sich auf der Liste des UNESCO-Kulturerbes. 1979 gab es leider ein katastrophales Erdbeben, die Stadt wurde dabei schwer beschädigt, konnte aber wieder völlig aufgebaut werden und wurde 1987 feierlich wiedereröffnet. Die Altstadt ist ein Beispiel mittelalterlicher Baukunst im Mittelmeerraum. Sehenswerte Punkte sind der Stadtturm aus dem 17. Jh., eines der Symbole der Ansiedlung.

Durch massive Mauern hindurch betritt man vom Anlegesteg kommend den Waffenplatz und damit die Innenstadt. Um ihn herum gruppieren sich gut erhaltene Paläste aus historischen Zeiten.

Lohnende Punkte sind die Kathedrale Sv. Tripun, die Marienkirche, der Stadtplatz mit dem Rathaus und das Seefahrtmuseum, das weit über seine Grenzen hinaus bekannt ist. All das spiegelt die Bedeutung und den Reichtum der alten Stadt wieder. Schlendern Sie doch einfach mal durch die alten Gassen oder genießen Sie auf einem der Plätze ein Glas Wein. Gehen Sie dann vielleicht weiter zur romanischen Kathedrale. Die Anlage im Ganzen spiegelt die historische Größe der alten Handelsstadt, sie hatte lange Zeit eine ähnliche Bedeutung wie Venedig. In unserer Zeit war sie viele Jahre lang Marinestützpunkt der sowjetischen Kriegsflotte im Mittelmeer, man sollte es kaum glauben.

Das gut erhaltene Altstadttor aus dem 9. Jahrhundert, ein exklusiver Eingang.

Heiliges Relief im Eingangstor zur Stadt.

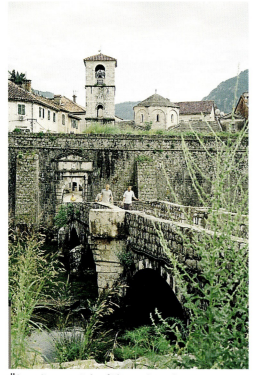

Über diese Brücke führte einst der Weg aus der Stadt hinaus ins unbefestigte Umland.

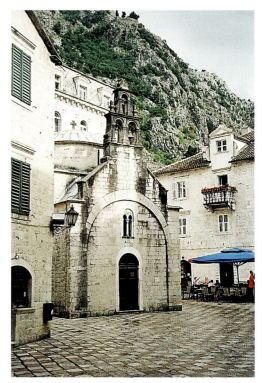

Die Kirche der Hl. Maria in Kotor, ein bedeutendes Denkmal, im romanischen Stil erbaut.

2 sm nördlich von Kotor am Westufer des Fjords liegt ein kleiner privater Anlegesteg, die Marina Prcanj.

Marina Prcanj

35 Plätze für Yachten bis 15 m
Tel.: 382-32 336 162, www.Marinaprcanj.com, cordicv@cg.yu
■ Betonsteg mit Strom und Wasser. Sanitäreinrichtungen befinden sich im Hafengebäude, 18-t-Travellift.
Anfahrt: ⊕ **42°26,7'N-018°45,2'E**
Versorgung: Zwei gute Restaurants in unmittelbarer Nähe des Liegeplatzes, Tourismusbüro (Tel.: 32 325 952).

Marina Porto Montenegro (im Bau)

■ Stege mit Strom und Wasser für 650 Yachten bis 150 m Länge, Tel.: 382-32674 660, info@portomontenegro.com, www.portomontenegro.com
Anfahrt: ⊕ **42°25,9'N-018°41,5'E**
Versorgung: Alle Versorgungsmöglichkeiten sind geplant, daneben ein Golfplatz mit 18 Löchern, dazu ist ein exklusiver Wohn- und Geschäftskomplex, Gasthäuser etc. im Gespräch.

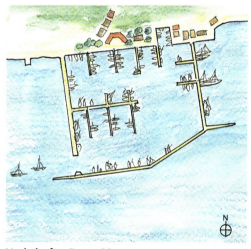

Yachthafen Porto Montenegro.

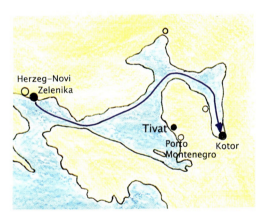

Unser nächstes Ziel sind die Häfen im Tivatski Zalev. Wir laufen zurück durch die schmale Passage des Prolaz Verige. In der sich nach Süden hin öffnenden Bucht liegt eine weitere kleine Anlegemöglichkeit, die Marina Tivat.

Marina Tivat

Bis jetzt existiert hier lediglich die Möglichkeit, am Stadtkai längsseits anzulegen, allerdings ohne Moorings.
Das soll nicht mehr lange so bleiben, denn ganz in der Nähe entsteht durch den Umbau einer ehemaligen Schiffswerft eine Supermarina mit allem westlichen Komfort, »Porto Montenegro«, ihre Fertigstellung mit vielen Liegeplätzen ist für Sommer 2010 geplant.

Ganz im Norden der verzweigten Bucht liegt der Ort Risan, auch hier gibt es gewisse Anlegemöglichkeiten, die wir ggf. bei der Rückfahrt erkunden wollen.
Nun verlassen wir die beiden inneren Seebereiche und halten um die Halbinsel LUSTRICA herum nach SE. Unser Ziel ist Budva.
Dazu müssen wir den gigantischen Golf zwischen den hohen Bergen verlassen, an Herzegnovi vorbei halten und wieder hinaus auf die Adria segeln. Die Küste hat nun wieder mehr Ähnlichkeit mit den Ufern, die wir von Kroatien her kennen. Nach ca. 30 sm in südlicher Richtung kommen wir zu einer Siedlung mit langer Geschichte, Budva.

Budva

Budva ist die älteste Siedlung an der Küste von Montenegro. Die Stadt wurde auf einer Insel erbaut, die heute mit dem Festland fest verbunden ist. Verwinkelte Gassen, eine Festungsanlage aus dem Mittelalter und eine gut erhaltene Stadtmauer sind die Charakteristika dieser alten Stadt. Sie verfügt aber auch über einen recht großen Schiffsanleger für Sportboote, der bald noch erweitert werden soll.

Marina Budva
Tel.: 382-033-451 999, Fax: -453 856,
mc.marinabudva@cg.yu,
info@marinabudva.com
Die im Ausbau befindliche Marina bietet nun ganzjährig auch Liegeplätze für Gäste. Die Marina ist videoüberwacht und dadurch als äußerst sicher ausgewiesen. Sie verfügt über Liegeplätze auch für große Yachten (bis 65 m). Liegegebühren pro Nacht (2008): 10–11 m 42 €, 11–12 m 54 €, 12–13 m 65 €.
■ Stege mit Moorings, Strom und Wasser
≡ **Ambiente:** Marina mit langer Vergangenheit.
Anfahrt: 42°17'N-018°57'E.
Versorgung: Gute Restaurants in der Stadt, (T) Tankstelle, Supermarkt, schöner Sandstrand unweit der Marina.

Die Stadt Budva ist das touristische Zentrum Montenegros mit einer langen Geschichte, die auch hier von Zeiten der römischen, venezianischen, türkischen und byzantinischen Besetzung geprägt ist. Die Altstadt ist seit dem 15. Jh. von einer Wehrmauer umgeben, die teilweise erhalten geblieben ist. Sehenswert ist auch die Kathedrale Sv. Ivan Krititeli mit wertvollen Ikonen und Gemälden. Im Sommer 2008 wurden entlang der Strandpromenade schöne Parkanlagen angelegt oder erweitert, die optisch wie akustisch einen sympathischen trennenden Grüngürtel zwischen dem Stadtverkehr und den Freizeitanlagen schaffen.

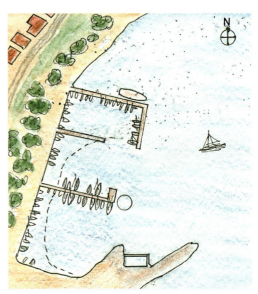

Marina Budva.

Ein wenig weiter im Süden liegt, mit dem Festland durch einen Erdwall verbunden, auf der winzigen Adriainsel eine Touristenstadt, Sv. Stefan.

Sv. Stefan
Der Ort war bis 1955 ein Fischerdorf mit Häusern aus dem 15. Jh., dann wurde es zu einer attraktiven Touristenstadt umgebaut. Seit 1960 verfügt die Halbinsel über 250 Betten in 118 sehr komfortablen Natursteinhäusern für betuchte Urlauber, dazu ein Spielkasino (Abb. S. 243).

Der nächste Schlag geht ziemlich weit nach Süden.

Sveti Stefan, eine sehr exklusive Touristenherberge.

Bar

Ganz weit im Süden, fast in Grenznähe zum Nachbarstaat Albanien liegt das wichtige und relativ große Bar mit einer wechselvollen Geschichte. Von dort wird der Schiffsverkehr nach Korfu und Griechenland abgewickelt und dicht beim Passagierhafen existiert eine kleine Marina, die aber weiter ausgebaut werden soll. Als besondere Attraktion kann die große Unterwasserhöhle Mikoljic in Volujica besucht werden.

Marina Sv. Nikola/Bar

410 Plätze. Die Sportbootmarina mit Ein- und Ausklarierungsmöglichkeit liegt direkt neben dem Handels- und Passagierhafen, ist aber von diesem klar abgetrennt.
www.montenegro-bar.co.yu,
wwww.marinabar.org, info@marinabar.org
Tourismusbüro Tel.: 00382-30-311 633
■ Stege mit Moorings, Strom und Wasser und Travellift.
Eine Full-Service-Marina mit Rezeption, Duschen und weitere Sanitärräumen im Fährterminal.
Anfahrt: 42°09'30"N-19°05'E
Versorgung: Einkaufsmöglichkeiten in der nahen Stadt, (T) Tankstelle am Kopf des nördlichen Wellenbrechers.

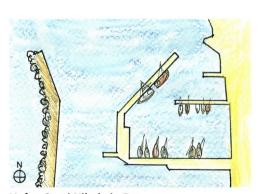
Hafen Sveti Nikola in Bar.

Ulcinj

Kurz vor der albanischen Grenze liegt eine kleine Stadt, die 1979 bei einem Erdbeben fast völlig zerstört und danach weitgehend originalgetreu wieder aufgebaut worden ist. Schon im 1. Jh. ist hier die römische Stadt Olchinum einem schweren Erdbeben zum Opfer gefallen, wie man der Chronik entnehmen kann. Noch heute soll man bei ruhiger See am Meeresgrund Ruinen erkennen können.
Dann haben hier die Türken lange Zeit geherrscht, wovon noch heute viele Minarette und Moscheen zeugen. Die meisten Besucher reizt aber besonders der lange Sandstrand von Ulcinj, er hat die Stadt bei den Urlaubern berühmt gemacht.
Hier verabschiede ich mich nun endgültig von Ihnen. Vieles, was ich mit trockenen Worten beschrieben habe, können Sie sich bildhaft auf den Filmen, die Sie herunterladen können, vor Augen führen, dann bekommen Sie einen ersten Eindruck von dem Revier, in das Sie im Sommer reisen werden. Ich wünsche Ihnen dabei schon jetzt viele unvergessliche Erlebnisse.

Wolfgang Albrecht

Es geht nun wieder zurück nach Kroatien.

Südteil von Montenegro.

ANHANG

Weitere Informationen zum Törn

ADAC-Stützpunkte an der Adria
sind Olive Island Marina und die Marina Umag.

Adria-Ausdehnung
820 km misst das Meer von NW bis nach SE bei einer Fläche von 132.000 km².

Agaven
Diese genügsame Pflanze trifft man überall an der Adria.

Große Agaven sind charakteristisch für viele Buchten, sie wachsen oft dicht am Wasser.

Ärztliche Versorgung
Sie benötigen in Kroatien für eine Behandlung einen Auslandskrankenschein Ihrer Versicherung, nehmen Sie das Papier vorsorglich mit. Informationen zu Ärzten und Apotheken am jeweiligen Zielpunkt finden Sie in den Hafenbeschreibungen.

Autobus-Terminale
Diese finden Sie in Rijeka, Split, Zadar, Zagreb und Dubrovnik. Informationen darüber ganz bequem über autotrans@ri.htnet.hr.

Borasichere Häfen und Buchten
Diese sicheren Liegeplätze finden Sie auf den Seiten 19, 23, 45, 92, 103, 119, 132, 134, 135, 139, 168, 204, 216, 221, 223, 224, 226, 234.

Bora
Siehe »Winde an der Adria«.

Busse nach und von Kroatien
Von vielen Städten (D, A und CH) existieren sehr preiswerte Busverbindungen nach HR, kontaktieren Sie www.europabus.net oder www.deutsche-touring.de.

Delphine
Der »Große Tümmler« ist im Seegebiet zwischen den Inseln CRES und LOŠINJ wieder zuhause und steht dort auch unter Artenschutz. Mit etwas Glück können Sie die schönen Tiere während Ihres Törns dort beobachten.

Einklarierungshäfen
Wenn wir mit unserem Schiff auf dem Wasserwege anreisen, müssen wir den ersten Hafen in kroatischen Hoheitsgewässern anlaufen: Umag, Poreč, Rovinj, Pula, Rijeka, M. Losinj, Šibenik, Senj, Zadar, Split, Ploče, Korčula und Dubrovnik. Von April bis Oktober zusätzlich Novigrad, Sali, Soline, Primošten, Bozava, Hvar, Vis Hafen, Vela Luka, Ugljan und Ubli.

Essen und Trinken
Die Bezeichnung der Gasthäuser variiert von Konoba (einfach) über Gostionica bis zu Restaurant. Das Preisniveau in Kroatien liegt ca. 10 bis 15% unter unserem, teuer ist allerdings Fisch. Der offene Wein ist in der Regel gut und bezahlbar.

Fahrräder leihen
An vielen Orten, die Sie anlaufen werden, können Sie Räder leihen, um eine Radtour zu unternehmen. Wo es mir bekannt ist, finden Sie die Information im Hafenprofil. Wenn nicht, fragen Sie in der Marina oder in einem Restaurant danach.

Feiertage in Kroatien
Während der Saison sind am 1. und 30. Mai, am 22. Juni, 5. und 15. August und 1. November viele Geschäfte und alle Behörden geschlossen.

Der Rote Drachenkopf ist ein sehr schmackhafter, aber eher seltener Fisch in der Adria.

Fische und Schalentiere
In der östlichen Adria gehen in erster Linie Zahnbrassen (Zubatac), Goldbrassen (Orada), Wolfsbarsch, Seeteufel, Thunfisch, Seebarsch (Brancin), Meeräsche, Petersfisch, Makrelen und Drachenkopf ins Netz, seltener Scampi. Immer häufiger werden Muscheln aus eigenen Zuchten angeboten.

Fischen und Angeln
Genehmigungen erhält man in Marinas oder auf Hafenämtern, fragen Sie an der Rezeption.

Flagge und Flaggenführung
Die kroatische Flagge zählt 25 rote und weiße Felder mit einer Krone darüber. Yachten fahren sie steuerbords unter der Saling, Motoryachten am Bug oder an einem Geräteträger an Steuerbord.

Die Nationalflagge von Kroatien.

Flora der Ostadria-Region
Sie werden viele Pflanzen und Blüten wiederfinden, die wir auch in unserer Heimat kennen, meist sind die Blüten üppiger und das Blühverhalten früher im Jahr. Ich erwähne hier nur einige wenige Pflanzen, die mir bei Landgängen aufgefallen sind. An erster Stelle steht da für mich der Oleander, er kann zart weiße bis tiefrote Färbungen zeigen. Was nicht so bekannt ist: Alle Teile dieser Pflanze sind giftig!
Weiter entdecken wir immer wieder die charakteristische Form der Zypressen und auch der Pinien. Häufig ist auch der Ginster, die Sträucher werden hier z.T. haushoch. An Nutzpflanzen entdecken wir Oliven, Mandeln, Feigen, Orangen und natürlich Wein. Im Spätsommer blüht auf manchen Inseln sehr eindrucksvoll flächendeckend der Lavendel, insbesondere auf HVAR und PAG.

Fluginformationen (über Telefon)
Split: 021-203 555
Zagreb: 01-4562222
Dubrovnik: 020-772 232
BRAČ: 021-648 615
Croatia Airlines: 021-203 305

Funkärztliche Beratung
Über diese UKW-Küstenfunkstationen haben Sie erste Ansprechpartner, wenn plötzlich ernsthafte medizinische Probleme auftreten.
Rijeka Radio, Kanäle 20, 24, 04
Split Radio, Kanäle 21, 23, 28, 07
Dubrovnik Radio, Kanäle 07, 63, 04

Geld
Die seit Jahren sehr stabile Landeswährung ist der Kuna (100 € = 760 Kn und 100 Kn = 13 €). Man wechselt Euro in Kuna erst im Lande, dort gibt es einen besseren Kurs!

Gesundheit
Nehmen Sie vorsorglich einen Auslandskrankenschein Ihrer Krankenversicherung mit auf die Reise, dann sind Sie für den Ernstfall vorbereitet.

Hafen- und Küstenhandbücher
Für den Urlaubstörn hat sich seit Jahren der vorliegende »Revierführer Kroatische Adria« als völlig

ausreichend erwiesen. Weitergehende detaillierte Informationen über praktisch jede Bucht im Revier finden Sie im Hafen- und Ankerplatz-Atlas von K.H. Beständig »808 Häfen und Buchten« oder im Hafenhandbuch Mittelmeer Teil IIIA (Adria Nord) und Teil IIIB (Adria Mitte) und Teil IIIC (Adria Süd) vom Nautic-Verlag Gräfelfing (über den Fachbuchhandel erhältlich).

Hafenämter (telefonische Erreichbarkeit)
Pula: 052-222 037
Šibenik: 022-217 214
Rijeka: 051-214 031
Split: 021-362 436
Senj: 053-881 301
Ploče: 020-679 008
Zadar: 023-433 778
Dubrovnik: 020-418 989

Informationen vor der Reise
Die kroatische Zentrale für Tourismus ist der zentrale Ansprechpartner dafür:
Berlin Tel.: 030-214 1124, Fax: -214 1359
Düsseldorf Tel.: 0 135 754, Fax: -5853
Frankfurt/M. Tel.: 069-252 045, Fax; -252 054
München Tel.: 089-223 344, Fax: -223 377
Wien Tel.: 01-585 3884, Fax: 585 388 420
Zürich Tel.: 01-361 3127, Fax: -62 1439

Jadrolinija-Fähren
Diese Schiffslinie verbindet das Festland mit allen bewohnten Inseln, aber nur die großen Schiffe befördern auch Kraftfahrzeuge. Alle Informationen und Buchungsmöglichkeiten für Pkw-Transport erhalten Sie über www.jadrolinija.hr oder Tel.: 00385-51-666 100 und 111.

Jugo
siehe »Winde an der Adria«.

Kroatische Wörter, die das Leben erleichtern können

Guten Morgen	dobro jutro
Guten Tag	dobar dan
Guten Abend	dobra vecer
Wiedersehen	do videnja
Arzt	doktor
Krankenhaus	bolnica
Tankstelle	benzinska stanica

Kroatien, die Republik
Das Land ist seit Dezember 1990 selbstständig und wurde im Januar 1991 von der EU anerkannt. Die Einwohnerzahl beträgt 4,8 Millionen. 90% sind römisch-katholischen Glaubens, der Rest serbisch-orthodox und andere Religionen.

Kroatische Ausdrücke in Seekarten
B	bijelo	weiß
Bk	brak	Sandbank
c	crveno	rot
cv	cvor	Knoten (sm/h)
D	draga	Bucht, tal
	grad	Stadt
Gr	greben	Klippe, Riff, Felsen
Hr	hrid	Unterwasser-Riff
L	luka	Hafen
M	more	Meer
	most	Brücke
	novi	neu
O	otok	Insel
Plic	Plicina	Untiefe
p	prolaz	Durchfahrt
Rt	rat	Kap, Huk
	star	alt
u	uvala	Bucht
v	veli	groß
	zaljev	Bucht

Liegegebühren
werden fast überall erhoben, wo man anlegen oder ankern kann, auch in Buchten.

Leuchttürme
Einst lebenswichtige Bestandteile der Seefahrt, verlieren immer mehr an Bedeutung. Heute werden solche Bauwerke als Urlaubsunterkunft vermietet, mehr Informationen über www.adriatica.net.

Maestrale
siehe »Winde an der Adria«.

Notrufe per Telefon
Polizei 92
Unfallrettung 94
Erste Hilfe 94
Allgemeiner Notruf 112
Seenot 91155 (oder VHF Kanäle 16, 10, 74).

Pannendienst auf See
24-h-Notdienst Tel.: +385 (0) 62 200 000.

Ports of Entry (Zollhäfen)
siehe »Einklarierungshäfen«.

Reparaturstationen für Motoren
Diese finden Sie, wenn mir bekannt, im Text bei der Beschreibung des Hafens, den Sie gerade ansteuern. In anderem Falle fragen Sie im örtlichen Gasthaus oder auf der Polizeistation.

Sea Help
siehe »Pannendienst auf See«.

Schiff-zu-Schiff-Gespräche
Dafür steht der Kanal 72 zur Verfügung. Es ist möglich, das Gespräch über Kanal 16 einzuleiten (der ja meist offen ist) und für die weitere Gesprächsabwicklung sofort einen anderen Kanal zu vereinbaren, heute kann man immer mehr auch das Mobiltelefon benutzen.

Seekarten
Ich verwende, wenn immer möglich, die Seekarten des Landes, dessen Gewässer ich befahre. Aus diesem Grunde rate ich zu den kroatischen Seekarten. Sie sind übersichtlich und werden immer aktuell gehalten.
Aus Erfahrung kann ich Ihnen sehr empfehlen, eigene Karten auf das Charterschiff mitzunehmen, oft sind die an Bord befindlichen unvollständig oder in Teilen unleserlich (oft gerade dort, wo es darauf ankommt). Diese kroatischen Karten erhalten Sie in Buchhandlungen oder beim speziellen Seekartenversand Eckardt Messtorf in Hamburg oder Geobuch in München.

Seenotrettungszentrale
Tel.: 9155 (ohne Vorwahl) oder VHF Kanäle 16, 10, 74.

Sommerzeit
In HR gilt die gleiche Sommerzeit wie im übrigen Zentraleuropa.

Tauchen
Für das Tauchen mit Ausrüstung ist eine Genehmigung erforderlich, die Sie in den meisten Hafenämtern oder bei den örtlichen Tauchclubs erhalten. Auskünfte darüber gibt die Kroatische Tauchsport-Vereinigung Tel.: 00385-1-4848765 oder www.diving.hrs.hr bzw. info-@diving-hrs.hr.

Tauchunfälle
Rettungsdienste: VHF-Kanäle 16, 10, 74.

Tankstellen für Wasserfahrzeuge
Tankstellen habe ich bei den einzelnen Anlegeplätzen vermerkt, hier die Orte von N nach S: Koper, Izola, Portorosz, Piran, Umag, Novigrad, Poreč, Vrsar, Rovinj, Pula, Veruda, Opatija, Rijeka, Crikvenica, Novi Vindolski, Cres Marina, Krk Hafen, Rab Hafen, M. Lošinj, Nerezine, Novalja, Zadar, Preko, Zaglav, Sukosan, Biograd, Hramina Murter, Jezera, Tribunj, Vodice, Šibenik, Trogir, Rogač (ŠOLTA), Split, Vis, Milna, Sumartin, Hvar, Bol, Vrboska, Veta Luka, Zelenika, Kotor, Budva, Korčula, Makarska, Ubli, Ploče, Sobra, Dubrovnik.

Wichtige Telefonnummern
Vorwahl für (HR) 00385, für (D) 0049, (A) 0043, (CH) 0041, (NL) 0031, (DK) 0045
Polizei: 92 Notruf, Erste Hilfe 94, Seenotrettungszentrale: 9155 oder VHF-Kanäle 16, 10, 74.

Winde an der Adria
Die Bora weht aus NNE bis ENE. Sie ist ein trockener kalter Fallwind, der plötzlich und meist sehr heftig auftritt. Sie ist einer der gefürchtetsten Winde im Mittelmeerraum, weil sie schwer vorherzusagen ist und urplötzlich einsetzt. Manchmal zeigt sich kurz vorher eine Wolkenwalze über dem Festlandgebirge. Dann heißt es, schnell die Segelfläche reduzieren. Lieber einmal zu viel gerefft als mit vollen Segeln von einer Bora erwischt zu werden. Suchen Sie dann einen borasicheren Hafen auf (Hinweise finden Sie in den einzelnen Kapiteln).

Der Jugo – oder Schirokko – fällt aus ESE bis SSE ein und kann leichter vorhergesagt werden. Er ist ein gleichmäßiger, sehr warmer Wüstenwind, der auf seiner Bahn über das Mittelmeer viel Feuchtigkeit aufnimmt. Die Luft ist schwer, der Himmel verhangen, oft regnet es anhaltend. Der Jugo kann sich in seiner Stärke im Laufe von drei Tagen steigern.

Der Maestrale ist ein Wind aus SSW bis WNW. Er tritt bei Hochdruck im Sommer oft auf, ist meist harmlos und erfreut dann von ca. 11:00 Uhr bis Sonnenuntergang alle Segler. Er kann aber auch sehr stark wehen, man muss darauf gefasst sein.

Wetter online
www.wetteronline.de (klicken Sie weltweit/Europa/Süd/Kroatien).

Zugverbindungen nach HR
Es bestehen verschiedene Schnellzug- und auch Schlafwagenverbindungen bis Ljubljana oder Rijeka: www.hznet.hr sowie www.bahn.de.

Zypressen
Zypressen sind für alle Mittelmeerländer charakteristisch, so auch für dieses Land an der Adria.

Zypressen verleihen selbst einfachen Adria-Orten ein »feudales« Aussehen.

① Pfriemenginster
② Zwergpalmen
③ Mannshoher Mimosenstrauch
④ Ginster
⑤ Immergrüner Lorbeerstrauch
⑥ Olivenbäume
⑦ Immergrüne Steineichen
⑧ Lavendel
⑨ Weißfilziges Geißkraut
⑩ Granatapfelbaum

Stichwortregister

A
ACI	15
ADAC-Stützpunkte	245
ADAC-Notruf	s. LZ
Ärzte	245
Allgemeine Informationen	245
Ambiente	15
Ankerreitgewicht	16
Ansteuerungspunkte	15
Artaturi-Bucht	72
Autor	17

B
Balvanida-Bucht	71
Bar	243
Baška	89
Baška Voda	183
Beli	55
Bijar-Bucht	61
Biograd	142
BIŠEVO	207
Blača-Bucht	190
Blaue Grotte	59
Bobovišce-Bucht	187
Bok-Bucht	128
Bol Hafen	188
Bora	245
Borik Marina	106
Božava	127
Borasichere Häfen	245
BRAČ	185
Bracol-Bucht	90
Brbinj Hafen	128
Brela	183
Brela Soline	183
Brgulje-Bucht	120
Brgulski Zaljev	120
Brioni-Nationalpark	36
Brna-Bucht	216
Busse nach Kroatien	245

C
Cavtat Hafen	232
Čikat-Bucht	71
Cres Marina	51
CRES	46
ČUNA-Bucht	126

D
DAKSA	227
Dalmacija Marina	141
Delphine in der Adria	245
Diokletianspalast	177
DRVENIK-Inseln	166
Dubrovnik	227
DUGI OTOK	125
Dumbočica-Bucht	118

E
ECO-Center Beli	55
Einführung	12
Einklarierungshäfen	245
Einsiedelei Blača	190
ELAFITI-Inseln	224
Entfernungen	15
Eufemia-Kloster	96
Euphrasius-Basilika	27

F
Fähren, Jadrolinija	247
Fahrradverleih	246
Farfarikulac-Bucht	133
FENERA	38
Feiertage in Kroatien	246
Festmachebojen	16
Fischen und Angeln	246
Fischereimuseum	207
Flora der Adriaregion	246
Flughäfen	246
Frapa Marina	164
Führerscheine	15
Funkärztliche Beratung	246
Funtana Marina	29

G
Gänsegeier	55
Gefahrenstellen	15
Geld, Währungen	247
Gezeiten	15
Glagolitische Tafeln	56
Glavotok	88
Gradina-Bucht	209
GREBENI-Feuer	227
Griparica-Bucht	121
Gruž-Bucht	228

H
Hafenämter	247
Hafenhandbücher	247
Häfen, sichere	15
Haustiere an Bord	15
Hiljaca-Bucht	137
Hramina-Marina	144
HVAR Insel	193
Hvar Stadt	199

I
ILOVIK-Kanal	70
Internet-Hinweis	17
IST Insel	120
ISTRIEN	22
ISTRIEN SW-Teil	30
IŽ Insel, IŽ Veli	117
Izola	21

J
Jadrišcica-Bucht	80
Jadrolinija-Fähren	247
Jelsa, Hafen	195
Jezera Marina	145
Jugo	249
Jurjeva-Bucht	217

Stichwortregister

K

Kablin-Bucht	118
KAKAN Insel	157
Kamporska Draga	92
KAPRIJE Insel	157
Kaštela Marina	172
KATINA Insel	132
Kavada Durchfahrt	63
Klapa Gesang	183
Kneza-Bucht	216
Kolocep	226
Kolorat-Bucht	81
Komiža Hafen	206
Komolac Marina	228
Koralleninsel ZLARIN	155
KORČULA Westteil	208
Korčula Marina	213
Kornaten-Archipel	134
KORNAT Insel	134
Kornati Marina	142
Kornati Nationalpark	130
KORČULA	212
Koromačna-Bucht	81
KOŠLJUN Klosterinsel	84
Kravljačica-Bucht	134
Kremik Marina	163
Krijal-Bucht	122
Krivica-Bucht	71
KRK Insel	82
Krk Ort, Hafen	87
Krka-Nationalpark	151
Kroatische Zentrale für Tourismus	247
Krusevica-Bucht	133
Küstenfunkstellen	247
Kukljica-Marina	113
Kuna-Wert	17
Kvarner-Golf	44
Kvarner Westteil	45
Kvarner Ostteil	82

L

Labin	39
Landin-Bucht	115
LASTOVO Insel	217
Lavsa-Bucht	135
Levrnaka-Bucht	134
Liegegebühren	15
Liegeplätze	16
Limski-Fjord	31
Lojena-Bucht	135
Lopatica-Bucht	134
LOPUD Insel	226
LOŠINJ Insel	65
Lovišče-Bucht	194
Lovran	42
Lubenice	58
Lucice-Bucht	187
Lučina-Bucht	125
Luka-Bucht	189
Luka Hafen (D.OTOK)	129
Luka Krijal Hafen	122
Lumbarda	215
Lungomare	40

M

Maestrale-Wind	249
Magarna-Bucht	156
Makarska Riviera	182
Mala Lamjana-Bucht	113
Mala Luka	90
Mala Proversa	134
Mala Rava-Bucht	129
Mali Lošinj	72
Mali Nozdra-Bucht	157
Malinska	88
Mali IŽ	117
Mali Ston	220
Manastir-Bucht	194
Mandalina Marina	151
Maračol-Bucht	77
Marina-Standard	16
Martinšcica Hafen	60
Maslinica Hafen	180
MAUN Insel	98
Medizinische Notfälle	246
Medulin Marina	37
Meeresströmung	16
Milna Marina	186
Mir-Bucht	133
Mitteldalmatien	167
Mitteldalmatien Südteil	204
Mittelmeervegetation	250
MLJET Insel	221
MOLAT Insel	120
Molat Hafen	120
Moščenice	42
Muna Hafen	158
MURTER Insel	143

N

Nationalparks	131
Nautica Novigrad Marina	27
Nečujam-Bucht	180
Nedelja-Bucht	192
Nerezine	66
Nin	103
Notrufe	248
Novigrad	27

O

OLIB Insel	123
Okuklje-Bucht	223
Olive Island Marina	112
Omišalj Hafen	88
Omiš Hafen	182
Opat Bucht	135
Opatija Marina	40
Opatija Riviera	41
Orebic Hafen	219
Osor-Kanal	61
Osor Ort	62

P

PAG Insel	98
PAKLENI-Inseln	202
Pakostane (Biograd)	142
Palmižana Marina	201

PANITULA Mala	136
Pantera-Bucht	125
PAŠMAN Insel, Hafen	114
PELJEŠAC Halbinsel	220
Piskera Marina	136
Platte von Baška	89
Plitvicer Seen	140
Podskolj-Bucht	223
Polače Hafen	222
Polizei Notruf	248
Pomena	222
Pomer Marina	38
Porat Bucht	80
Poreč Marina	28
Porer-Feuer	38
Porozina Fährhafen	47
Portorosž	20
Ports of Entry	248
Potkucina-Bucht	158
Povlja-Bucht	190
Preko Hafen	113
PREMUDA Insel	121
Primošten	161
Privlaka-Kanal	73
Promillegrenze	16
Proversa Mala, Vela	131
PROZID Insel	210
Prozura-Bucht	223
PRVIC Insel	156
Pučišca	189
Pula Marina	34
Punat	84

R

Rabac Hafen	39
RAB Insel	92
Rab Marina	95
Rab Ostküste	97
Rasline	148
RAVA Insel	129
Ravni Žakan-Bucht	135
Reitgewicht	16
Rijeka	43
Riviera von Opatija	41
Reparaturstationen	248
Restaurantempfehlungen	16
Rivas	16
ROGOZNICA	163
Roski Wasserfall	153
Rovinj	32

S

Sakuran-Bucht	125
Sali Marina	129
Salona	178
Saplunara-Bucht	223
ŠCEDRO Insel	194
Schiffsgeschwindigkeit	16
Seenotrettungszentrale	248
Seezeichen	LZ
Senjska Vrata	90
Sepurine-Bucht	156
SESTRICA Insel	134
SESTRUNJ Insel	118

Šešula-Bucht	180
Šibenik	149
Sicherheitsausrüstung	16
SILBA Insel	123
Šimuni	99
ŠIPAN Insel	224
Šipnate-Bucht	134
Sir-Käse	98
Sičenica-Bucht	165
Skradin	152
Slano-Bucht	225
Smarska-Bucht	193
SMOKVICA Vela Insel	160
Sobra-Bucht	223
Soline-Ankerbucht	114
Soline-Bucht (PAKLENIS)	203
Soline-Bucht	36
Solitudo-Marina	217
ŠOLTA Insel	180
Sommerzeit	248
Spinut- Marina	174
Split	175
Stiniva-Bucht	205
Starigrad	197
Stiegenwirt	92
Ston Veliki, Mali	220
Stonski-Kanal	219
Stomorska	180
Strižnj-Bucht	134
Studena-Bucht	191
Sturmsichere Häfen	16
Stupica Vela-Bucht	158
Süddalmatien	204
Sunj-Bucht	226
Supetar	186
Supetarska Draga-Marina	93
SUSAK Insel	77
Sutomišcica Marina	112
Sv. Ante-Bucht	123
Sv. Ante-Kanal	148
Sv. Martin	76
Sv. Nikola-Bucht	124
Sumartin BRAČ	190
Sučuraj-Bucht	195

T

Tankerkomerc-Marina	106
Tankstellen	248
Tauchen	248
Telašcica-Bucht	132
Tisno-Durchfahrt	145
Tkon Hafen	115
Tramuntana	46
Tratinska-Bucht	158
Tribunj-Marina	147
Triluke-Bucht PAŠMAN	115
Trogir Marina	170
Trsteno-Naturpark	232
Tučepi-Marina	184

U

Ubli	217
UGLJAN Insel	111
Uhrzeiten	17

Stichwortregister

Umag	26
UNIJE Insel	77
Ustrine-Bucht	60

V

Valata Marina	31
Valun	56
Vela Luka Hafen	209
Vela Luka Bucht	90
Vela Proversa	132
Vela Rava	129
Vela Stupica-Bucht	158
Vela Travna	205
Velebitski-Kanal	100
Veli Drvenik	166
Veliki Ston	220
Veli Iž Marina	117
Veli Lošinj	67
Veli Rat Marina	126
Veruda Marina	36
Vignette	17
Vinišce Marina	165
Vrbnik	91
Vrboska-Marina	196
VRGADA Insel	115
Vrsar Marina	29
Vrulje-Bucht/KORNATEN	134
Vrana Karawanserei	146
Vrana-See	142
Vinogradišče-Bucht	203
VIS Insel	205
Visovac Kloster	155
Vlaska Marina	187

W

Wassserqualität	16
Wassertemperaturen	17
Wetterprognosen	17
Wissenswertes von A–Z	15

Z

Zadar Marinas	106
Zadar Stadt	107
Zadarski-Kanal	111
Zaglav-Bucht/HVAR	193
Zahnärzte	s. Ärzte
Zaklopatica-Bucht	218
Zanja-Bucht/Blaue Grotte	59
Zapuntel-Bucht	121
Zarače-Bucht	194
Ždrelac-Enge	116
Zincena-Bucht	115

Auf hoher See...

Wilfried Krusekopf
Segeln bei Dunkelheit
112 Seiten, 63 Bilder,
43 Zeichnungen,
Format 140 x 205 mm
ISBN 978-3-613-50634-3
€ 14,95

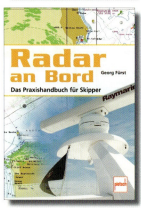

Georg Fürst
Radar an Bord
176 Seiten, 78 Bilder,
Format 170 x 240 mm
ISBN 978-3-613-50590-2
€ 19,95

Hans G. Isenberg/Winfried Strittmatter
Revierführer Schweden
West-, Süd- und Ostküste, Schären, Göta- und Trollhättekanal

Schweden ist mit seiner einmaligen Schärenlandschaft und großartigen Natur ein Traumziel für Segler und Motorbootfahrer. Der umfassende »Revierführer Schweden« bietet alles Wissenswerte für eine ideale Törnplanung.

256 Seiten, 278 Bilder, 20 Zeichnungen, Format 170 x 240 mm
ISBN 978-3-613-50649-7
€ 29,90

Mirjam K. Fässler
Traumziele für Katamaransegler
160 Seiten, 137 Bilder,
Format 170 x 240 mm
ISBN 978-3-613-50563-6
€ 19,95

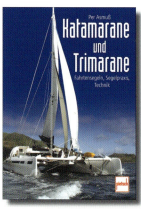

Per Asmuß
Katamarane und Trimarane
192 Seiten, 32 Bilder,
139 Zeichnungen,
Format 170 x 240 mm
ISBN 978-3-613-50560-5
€ 19,95

IHR VERLAG FÜR MARITIM-BÜCHER
Postfach 10 37 43 · 70032 Stuttgart
Telefon: 01805/00 41 55*; Fax: 01805/959 729*
www.pietsch-verlag.de

*0,14 €/Min. aus dem dt. Festnetz , max 0,42 € pro Minute aus Mobilfunknetzen

Stand Februar 2011
Änderungen in Preis und Lieferfähigkeit vorbehalten